地域経済社会学

人びと
People

地域
Region

想像力
Imagination

寺岡 寛［著］
Teraoka Hiroshi

同文舘出版

はしがき

明治以降の日本社会の歴史を振り返れば、それは中央集権化のそれであった。いつの時代から か、わたしたちの思考方法も、またこの流れに沿ったものとなった。人びとの意識構造は、〈知覚（認識）→学習→行動〉のサイクルの下で形成される。これは社会学が指し示す。ただし、人びとの知覚というものはさまざまである。

人びとは生まれた地域環境、家庭環境、教育環境、職場環境などによって、感じ方や考え方は必ずしも同じではない。人びとの知覚は、そうした環境との相互作用という学習の下に形成され、そして人びとは行動する。その行動がさらにその人たちの知覚をかたちづくる。同様に、国民という意識も、国の政策や制度という環境との相互作用によってかたちづくられ、学校という環境の場で標準化・統一化されたプログラムの下で、さらに固められ、その行動に影響を及ぼす。

中央集権化史としての日本近代史は、〈知覚→学習→行動〉の先に国家＝中央に重きをおく歴史でもあった。そうしたなかで、それまでの藩が行政単位的に、あるいは形式的に県に置き換えられた。そのなかで、それまでの地域意識＝地域分権的意識がどこかで根絶されてきたのではあるまいか。人びとの意識もまた植物の根と同様に、養分や水分が断たれると枯れる。

そうしたなかで、経済のグローバル化への対応がつよく叫ばれ、その反作用として日本的なるものの国民意識が、他方で強調されてきた。画一的な国民意識が強調されればされるほど、皮肉にもその描くイメージは空疎なものとなる。先にみた知覚には、学習や行動における反作用の働きがある。実は、この働きがあるからこそ、人びとは、創造的に社会のあるべき姿を自分の足元＝地域から描こうともする。

その意味で、中央集権化とは、他方で地方分権化との相互作用のなかで健全な方向を維持しうる。とはいえ、片肺飛行的な中央集権化は、その過程で数多くの問題を引き起こしながら進んでもきた。それでは、健全な地域社会を維持し発展させるための経済的かつ文化的基盤とは、一体何であるのか。むろん、地域社会の発展を考える際に、地域経済以上に地域文化の重要性を指摘する人たちもいる。だが、そうした地域文化もまた地域経済のきちんとした基盤なくしては健全に成立し、継承されるとは思われない。

わたしたちは、全国や世界の動きについては、マスメディアを通じて知る。だが、わたしたちの実感は、自分たちの狭い生活圏にある。わたしたちの生活時間のほとんどは、普段、生活する地域―地元―のなかで費消される。わたしたちの多くは失業問題の深刻さ、景気回復の実感、消費生活の充実、教育問題の複雑さ、福祉問題の深刻さ、生活環境の悪化等々は自分たちの生活圏の変化を通じて実感する。

他方、わたしたちは、自分たちの生活圏における実感を通じて、他の地域ではまたしてどうであろうかと常に問いかけているのだろうか。おそらく、多くの人たちにとって、それはマスメディアが報じる地域ニュースに即応して、ほんの一瞬だけ思い起こすだけかもしれない。わたしたちは、そうした感じを持続させ、自分たちの地域の想像力として他地域、全国、そして世界へと拡大すべきだ。現在のインターネット社会で、キータッチひとつでそれが可能であるとはいえ、それが想像力につながるのだろうか。

そうした地域の想像力こそが、わたしたちの社会が抱える問題への有力な接近方法となりうる。また、明日への展望力になるようにも思える。米国の社会学者ライト・ミルズ（一九一六〜六二）は、その種の素朴な個人ベースでの想像力を「社会学的想像力」ととらえた。調査研究などは、エコノミストやコンサルタントなど職業専門家によってますます標準化され、あるいは政府、調査機関やシンクタンクなどによって組織化されるなかで、ミルズは、わたしたちが個人に立ち戻って社会の諸問題に立ち向かうことを強く説いた。

ミルズの最後のまとまった著作となった『社会学的想像力』（*The Sociological Imagination*）で、社会学的想像力の大切さを説いてからほぼ半世紀が経過した。いま、あらためてそのような想像力が必要となりつつある。個人史では、もっぱら「中小企業研究」を生業としてきたわたし自身、米国中小企業（スモールビジネス）研究において、ライト・ミルズの著作に出会って四半世紀以上が経過した。今回、あらためて四〇歳代半ばで逝った孤高の「知的職人」――intellectual craftsman――・社会学者ライト・ミルズの著作のほぼすべてを系統的に読み直してみた。そして、ライト・ミルズの亡くなる三年前ほどに公刊した『社会学的想像力』を導きの糸――刺激――として、いろいろな側面から地域経済社会を考えてみた。

本書では、なんでも「グローバル論」で語られる経済論や政策論のなかにあって、なんでも「地域論」で語るつもりはない。だが、わたしたちが地域＝経済社会について、どのような姿を描くべきなのかをわたしなりに探ってみたい。なぜ、不況や災害などがあっても、人びとは自分たちの地域を去らず、なぜそこに踏みとどまったのか。あるいは、その地域はなぜ人たちを惹きつけてきたのだろうか。

この問いへの模範解答とそこから導かれる政策方向は、現在の地域経済社会を単にかつての地域経済社会へと復帰させ再現することではない。失ったものをそのまま取り戻すことなどできない。とすれば、地域の現状はともかくとして、今後の地域社会を考える上で重要な諸要素は何であるのか。これらの点を整理しつつ、地域的想像力を生かした地域経済社会論を展開させたい。そして、その先に地域経済社会学をどのようにして確立できるのか。その途についても探ってみたい。

二〇一六年八月

寺岡　寛

目次

地域経済社会学

―人びと・地域・想像力―

序論　地域経済社会論

地域調査は、図書館と実験室に顔を向けている専門家と、自己が住む都市とその地域に顔を向けている田畑で働く人とを接触させる架橋なのである。

〈ルイス・マンフォード〈関裕三郎訳〉『新版・ユートピアの系譜』〉

地域経済社会論では、地域社会の分析を単にその経済的基盤から行うのではなく、地域の社会的構造や社会的意識の面からも行う。人びとは、単に経済的合理性だけで行動するホモエコノミクスではない。人びとは、自分たちの地域の社会的価値観や社会構造に深く関わった行動基準をもったホモサピエンスでもある。

従来からも、地域研究は経済学だけではなく、さまざまな学問分野の対象となってきた。しかし、地域を総体としてとらえる地域学のような学問分野があったのかと問えば、必ずしもそうではなかった。地域の問題や課題を経済的な側面や政治的利害、文化面などではなく、全体的―ホリスティック―にとらえる研究こそが重要なのではあるまいか。

地域問題への糸口をどのように見つけ、その解決にむけてどのような実践方法があるのか。そうした地域経済社会論の試みは、ますます重要となってきている。本論では、その試みのヒントなどをライト・ミルズ、タルコット・パーソンズ、ジェイン・ジェイコブス、カール・ポランニー、エルンスト・シューマッハーなどを通じて取り上げたい。

彼らや彼女らを社会学者、経済学者、都市研究家などの肩書だけでくくることなどできない。そうした人たちは地域と社会、社会と経済、経済と政治などのさまざまな接点にも目を配った。彼らあるいは彼女の視点を、地域経済社会論の分析にどのように生かすことができるのか、まずはライト・ミルズを中心に探りたい。

地域経済社会論

「論」と「学」の間には、多くの試行錯誤が必要である。学問はその対象によって規定される。地域社会を対象とする学問体系は、必然、多岐にわたる。地域社会の分析においては、地域の人びとの「認識」、「学習」、「行動」を規定する社会構造の分析に加え、地域の経済基盤を支える経済構造、地域のさまざまな利害関係に関わる政治構造などの明示化が必要となる。

そこには種々の地域論があって当然である。本書では、多くの視点を含む地域経済社会学を展開したい。そうした地域経済社会学は、多くの地域経営社会論の積み重ねの上に構築される。先ず「地域経済社会学」のまえに、「経済社会学」にふれておく必要がある。経済社会学者の渡辺深は、『経済社会学のすすめ』で、経済社会学について「簡単にいうと、『経済現象に適用された社会学的視点』である」と定義づける。

経済現象とは、家計や企業の経済行為—生産・分配・消費など—であり、社会学的視点とは、社会学がもっぱら分析対象としてきた「社会的相互作用、地位、役割、文化（規範や価値）、集団、ネットワーク、勢力、紛争、不平等、制度、階層、ジェンダー、エスニシティなど」とされる。要するに、人びとの経済行為は金銭的な損得利害のみに基づくのではなく、そこに他者、家族、所属組織、地域との相互作用—「ネットワーク」あるいは「つながり」—のなかで

＊ウェーバーは、『経済と社会』（一九二一～二二年）の第一部第二章で、「経済行為の社会学的基礎範疇」、第二部第一章以下で「経済と社会集団」を論じている。ウェーバーは、価格は単に需給関係によって決定されるのではなく、「利害闘争」の勢力関係—社会・政治関係—の結果としてもとらえる。

＊＊経済学者の玉野井芳郎（一九一八～八五）たちがポランニーの著作から一〇編を選んで組んだ『経済の文明史』を参照。

＊＊＊日本での地域経済社会論は、経済学分野で従来はきわめて狭い範囲でしか展開されてこなかった。多くの研究蓄積は、宮本常一（一九〇七～八一）のような民俗学者の仕事のなかにあった。わたしたちは、そのような研究蓄積をきちんと現代社会を考えるうえで再構成してきただろうか。このことを気づかされるのは社会学者の掲げる「主要社会学者影響図」—玉野和志編『ブリッジブック社会学』（信山社）—である。そこには、社会学誕生の始祖としてデュルケム、マルクス、ウェーバー、ジンメ

決定される。これらの視点はマックス・ウェーバー（一八六四〜一九二〇）の『経済と社会』[*]以来のテーマでもある。

ウェーバーだけではなく、その後も多くの社会学者は、経済と社会との関係を分析してきた。カール・ポランニー（一八八六〜一九六四）なども、経済は非経済的な諸要因—制度など—によっても組みこまれていることを歴史的視点から明らかにしようとした[**]。対照的に、財政学者などは別として、多くの経済学者は社会と経済との関係を真剣に問うてきただろうか。

前述の渡辺は、経済学では「予測と説明で、記述は重視されない傾向がある」、社会学では「記述と説明が分析の目的である」と規定したうえで、経済社会学は「データの収集から始め、現象を記述し、データから経験的な法則を一般化し、現象を説明する」学問と定義づける。課題はデータ化—数値化—できない現象をどのようにとらえるかである。換言すれば、データ化されるまで、認識されない現象を無視してよいはずはない。わたしたちはそうした事象のもつ重大性に気づき、その本質を想像できる能力が必要である。そうした現象は、国家レベル、あるいは地球レベルに至るまでにそれぞれの地域にすでに発露していることが多い。この意味で、さまざまな地域社会論や地域経済社会論があってよい[***]。

重要なのは、地域社会を分析するために必要不可欠な方法論とは何かである。この課題への取り組みがまさに地域経済社会学への途をかたちづくる。重視されるべきは、地域社会での気づき＝自分たちの地域での社会的想像力である。参考になるのはミルズの「社会学的想像力」論である。紹介しておこう。

ルから始まる。現代のギデンズに至るまで、残念ながら日本人社会学者などは一人も登場しない。

社会学者の玉野は、「日本における社会学の位置」について、「社会学は社会主義と同じように危険なものと見なされていた。社会学と社会主義がなぜ一緒にされたかというと、いずれも『社会』という言葉がついているからである」として、東京大学での最初の社会学講座の建部遯吾（一八七一〜一九四五）や戸田貞三（一八八七〜一九五五）、京都大学での米田庄太郎（一八七三〜一九四五）の苦難の歩みを紹介している。日本という明治以来の官治社会＝国家においては、市民社会の学としての社会学はなかったとみる。

この点について、首藤は「国家が優越してきた日本においては、学問の世界においても法学が尊重され、続いて経済学が地位を確立し、社会学はいまだに実学としての地位は認められずに教養的な知識としてかろうじて存続しているだけである」と指摘する。首藤前掲書。

社会学的想像力

1

チャールズ・ライト・ミルズ（一九一六〜六二）は、米国社会のあり方に深く切り込んだ社会学者であった。ミルズは、自身の研究の集大成として「比較社会学」を構想していたといわれる。惜しくも、ミルズは研究者としては脂の乗り切った四六歳で亡くなっている。だが、二〇年間ほどの短くも充実した研究生活のあとに、一〇冊余りの著書が残された。

ミルズは亡くなる三年ほど前の一九五〇年代、既発表の諸論稿を一冊の本にまとめあげた。オックスフォード大学から出版された『社会学的想像力』である。この著作は、ミルズ社会学の骨格を知るうえで非常に刺激的である。わたしの手元には同書『四〇周年記念版』（二〇〇九年）がある。ニューヨーク大学教授で社会学者のトッド・ギットリンの「あとがき」が、新たに付け加えられている。ギットリンは、自身のミルズ論を語る。彼は、ミルズとは社会学者の枠に収まりきらなかった「パラドクスの塊のような存在」であったとする。

ギットリンも指摘するように、パラドクスに満ちたミルズ社会学を読み解く鍵用語は、彼自身が好んで使った「（独立）職人」である。職人とは、自らの技法をテキストやマニュアルにして人に伝授することは得意ではない。だが、多くの人は職人たちの技法で作られた作品にある種の凄さを感じる。ミルズの残した作品―著作―の多くは、研究手法や学問的方法論を事細かに論じていない。「自分の技を盗めるなら盗んで作品をつくってみろ」が彼のメッセージである。ギットリンもこの点にふれ、つぎのように述べる。

「ミルズは厳密性を尊重したが、職人技を身につけることを熱望し、かなりの批判をうけることなど恐れなかった。職人技能、それは方法論ではない。この違いは重要だ。方法論とはきちんとつくられたほぞ穴のようなものだ。それは役に立たないような厳密性、そして統計的な処理へと形式化された厳密性であり、それらが盲目的に信じられて研究上の本当の関心を覆い隠してしまう。職人技は素材、目的の明確さ、崇高なドラマの意味、知的生活への尊敬の下での仕事だ。職人技は厳密性を重んじるが、厳密性は職人技を保証するものではない。……ミルズの広く読まれた著作である『社会学的創造力』は、補論「知的職人論」で終わっているが、これはすべての大学院生が読んでおくべきものだ。」

ギットリンも暗示しているように、社会学だけではなく、経済学でもいままでは「何を問題にするのか」ではなく、「どのようにして分析したのか」という方法論的厳密性だけが一人歩きする。重要なのは、分析方法論の厳密性のチェックの前に、何が問題なのかを探し当てる職人技の有効性と制約性への意識である。

『社会学的想像力』以前の著作である『新しい権力者』、『ホワイト・カラー』や『パワー・エリート』について、ギットリンが「ミルズのこれら一連の代表作は方法論や理論ではなく、もっと大きな主題と、さらには冒険心に貫かれている」と指摘するのも、同様の意味であろう。ミルズの『社会学的想像論』で展開される職人技を、どこまで具体的に「社会学的方法論」として地域社会の分析に生かせるのだろうか。

わたしたちが抱える問題、たとえば、失業問題を考えてみよう。自分の失業状態が自身の職業的能力不足の問題であるのか。あるいは、個々の能力をはるかに超えた構造的な問題が、反映された結果であるのか。ミルズも『社会学的想像力』で同様の事例を挙げている。ミルズはいう。

「人口一〇万人のある都市で、たった一人が失業している場合、それは個人的な問題（personal trouble）であり、問題解決にはその人の性格や能力（skill）だけでなく、すぐにでも手が届くような就職機会にきちんと着目しておけばよい。だが、五〇〇〇万人の雇用者を抱える国家で、一五〇〇万人が失業状態にあるとき、それは緊急問題であり、その解決は個々人の就業機会という範囲内で解決を見出すことに期待できない。……この問題をきちんと規定し、そして可能な解決策を見出すには、単に個々人のさまざまな性格とか個人的状況だけではなく、その社会の経済的かつ政治的な諸制度を考察しなければならない。」

さらに考察すべき点を付け加えれば、失業問題とは全国画一的なものではなく、その地域社会のもつ問題がそこに如実に反映される。そうした諸点を想像できることが重要なのだ。すべての社会問題には、個人的問題を超えた何かを想像しておかねばならない。ミルズは、「経済が不況（slumps）を起こす仕組みになっている限り、失業問題は個人の解決で済まされるものではない」と指摘する。付け加えれば、個人の解決が可能な地域と困難な地域がある。それでは、ミルズ自身は社会学的創造力をどのように位置付けたのか。ミルズは、社会学的想像力に不可欠なツールを掲げる。彼は、問題をまず二つの領域に分けるべきとする。

（一）「個人的（私的）問題」領域――「あくまでも私的な事柄であり、自分が重視する価値観が脅かされていると感じる事柄である。」

（二）「社会構造という公的問題」領域――「個々人の内面生活の範囲を超え……公衆（public）が重視するなんらかの価値観が脅かされると感じる事柄である。」

重要なのは、私的価値観とそれらが折り重なって形成された社会的価値観との関係である。ミルズもこの点にふれ、「公的問題と私的問題を区分するには、現代においてどのような価値が重要視され、どのような価値が脅かやかされているのかを問わなければならない……（中

＊「無関心」（indifference）について、ミルズは「人びとが重視する価値観もなく、なんの脅威も感じていないとすれば、それこそが無関心という経験であり、

略）社会科学者の主要な政治的かつ知的な―ここでは両方が合致するが―仕事とは、現代の不安と無関心(*)の構成要素を明らかにすることにある……（このためにも）社会学的創造力にもっとも必要なのはわたしたちの精神性であると、わたしは信じる」と指摘した。

この指摘のように、わたしたちが抱える諸問題のうち、どれが自分自身で解決可能なもの―範囲―なのか、どれが社会のもつ構造的問題なのか、わたしたちの意図や努力をこえて立ちはだかるものをつかむには、それなりの創造力が必要となる。そのような「社会」の構造的問題の何かを想像し追及することのできる能力こそが、ミルズの「社会学的創造力(**)」ではなかったろうか。

米国人ミルズが生きた当時の時代は、米国が旧ソ連との冷戦関係を強めつつあった時代であった。だが、人びとはそのような政治外交問題よりは、自分たちの私的生活にもっぱら関心があったのである。ミルズはそのなぜを問いかけた(***)。

2

ミルズにとり学問とは社会学に限らず、社会科学として人びとが自身で社会事象を判断できるために、共通分母（common dominator）を提供すべきものであった。だが、多くの人びとにとって、判断基準とは、自分たちの文化生活を主導する共通分母である「一～二年経てば取って代わられる一時的な流行」である。はたして、それでよいのか。ミルズはいう。「社会学的想像力とは流行（fashion）ではない、社会学的想像力とはわたしたちの身近な現実をより広い社会の現実と関連させて理解できることを約束してくれる精神性なのだ。……社会学的想像力を広範かつ巧みに使いこなすことによって……大きな役割を果たすようになるのだ」と。

ミルズは彼の生きた時代においてさえ、自然科学によって裏打ちされた技術は、「科学的」

そこにすべての価値が含まれていたとしても、それは無感動・無関心（apathy）なのだ。結局、人びとはいかなる重要な価値観をも意識することなく、脅威を感じていないとすれば、それこそが不安（uneasiness, anxiety）という経験なのだ……」と指摘する。C.Wright Mills. *The Sociological Imagination*: Fortieth Anniversary Edition, Oxford University Press, 2000.

**ミルズは、社会学的想像力をつぎのようにも定義づけている。「社会構造という考え方を意識して、この考え方を使うことは、実にさまざまな課題のなかでそれぞれの結びつきを追うことができることである。それができることこそ社会学的創造力をもっていることにほかならない。」ミルズ前掲書。

***ミルズの「なぜ」の背景には、いら立ちもあったであろう。ミルズは、「幼児労働ではなく漫画本、貧困（問題）ではなく大衆レジャーが人びとの関心の中心にあった……」と述べている。ミルズ前掲書。

共通分母によって進歩とみなされていた。それが、やがてわたしたちの個人生活や社会にとって、脅威と不安の種になることを的確に指摘していた。わたしたちが今後、抱える諸問題は、決して自然科学＝技術＝「見せかけだけの嘘っぽい救済主」によってだけで解決されないことも見通していた。

また、抽象理論偏重による演繹法的な方法よりも、現実政治―したがって、経済や技術―に関心と興味をもつミルズにとって、眼前の諸課題から帰納法的に当時の米国社会の勢力関係をとらえることに固執した。ミルズは、「理論なき経験論」とともに、「抽象化された経験論」をも嫌った。だからこそ、彼は、「理論なき経験的データの盲目性とデータなき理論という空論」は避けなければならないと強調した。

課題は、大きすぎる概念（broader conception）や、抽象的すぎる理論とそれに基づく調査結果が示す詳細な情報（detailed information）について、その相互関係をどうとらえるかである。ミルズは、「その相互関係を確かめるまえに、真面目に小さな地域の調査にきちんと取り組むことが馬鹿げたものにみえたとしても、その場合、結果が何であれ、その調査を通じて構造的な重要性をもつ問題を明らかにし解決するうえで、何らかの結論をえることができる」と指摘する。(*)

理論と実態との間にある乖離を、抽象化された理論などから理解しようとすると、理論そのものが、論理的整合性を離れたイデオロギーとなる。逆に実態から抽象化された理論を解釈しようとすると、これもまた経験論というイデオロギーとなる。地域間比較や国際比較を軽視した、あるいは、歴史的考察のない経験論は、容易に現状肯定だけのご都合主義へと転化しやすい。それゆえに、理論と調査の間をつなぐのが、ミルズのいう社会学的想像力なのである。(**)

社会学的想像力が試されるのは、何を「構造的であるか」ととらえるかによる。換言すれば、

＊ここで、私事にふれる。政府や地方自治体などで計量モデルを使ったマクロ分析や、ミクロ分析である地域産業調査に長年従事したわたしの経験からすれば、ミルズのいう理論と調査から浮かぶ上がる実態との間には相関関係があるとはいえ、ときに相矛盾し、理論設定の前提となる枠組みからはずれたようなことなどしばしば起こりうる。

多くの多様な個別状況のなかで、そこに「構造」的状況を見出しておく必要がある。ミルズも、「詳細な研究が必要な課題の選択には、構造的な重要性をもつ問題がなければならない。対象課題から変数を観察し取り出し、構造を検証するにはどの変数が重要であるかを見極めるべきである」と指摘する。

ましてや、多くの実態調査で実施されるインタビューという研究スタイルでは、ベテラン研究者であっても、かなり長期間にわたる労働集約的な取り組みがなければ、実際に構造的な問題—「ある種の社会構造が問題を生み出している」—を見出すことは容易ではないだろう。必然、方法論的正当性に固執したビッグ・データ主義や、理論適用主義の誘惑がある。この誘惑は、ミルズの時代よりはコンピュータや統計処理技術の発展が著しい現在のほうが一層強まっている。

知的職人（intellectual craftsman）を自認したミルズにとって、安易なデータ主義や、観察者の能力に大きく依存するがゆえに針小棒大させがちな経験論ではなく(***)、わたしたちの社会にある根本問題の構造を発見できる想像力とは何かを自問していたのは間違いない。この思いは、一〇章と補論から構成された『社会学的想像力』のあちこちに散見できる。ミルズはいう。

「狭い専門分野に特化し自分の能力をつかう社会科学者といえでも、自らの生きている時代の政治対立・勢力争いの外で自分の研究をしているのではない。社会科学者はすくなくとも間接的かつ結果として、自分たちの社会制約を受けている。だが、社会科学の知的作業を完全に理解している人たちでさえ、そうした構造をわかっているわけではない。実際のところ、そのような構造を明らかにし、その構造を全体のなかで位置づけることこそが社会科学者の仕事なのだ。」

社会構造の発見は、社会事象に付随したイデオロギーやイメージを剥ぎ取ることになる。ミ

＊＊ミルズは、この点に関してつぎのようにも指摘する。「個人的行為の重要要因や構造問題に気づくにはもっと広範な経験主義が必要である。たとえば、米国社会の構造—通常、ある時点でサンプルとなる都市を選ぶが—においてさえ、社会科学者が必要と考える社会的・心理的な共通尺度が手に入らない」。ミルズ前掲書。

＊＊＊ミルズは、この種の社会調査の政治性についても警鐘を鳴らしていた。「今日では、社会調査がしばしば軍上層部やソシアルワーカー、企業経営者に直接奉仕するものとなっている。このような官僚的利用はますます増えてきた。今後も増えることは間違いない。研究は社会科学者や他の人びとにおってイデオロギー的に利用される。」ミルズ前掲書。

ルズは、「権力（power）の配置と権力者の支配を正当化することで、イメージや観念は権威へと転じる。現行の権力配置と支配者を批判し、その誤りを証明することは、支配者から権威を奪うことになる。権力と権威という課題から注意をそらすことにより、社会自体の構造的な現実からも注意をそらすことになるのだ」と説く。逆に、社会調査には、権力と権威を正当化するイデオロギーの登場が予想される。

ミルズは、「新しい権力の中心が現れても、それが正当化されておらず、権威の既存のシンボルに身を置くこともできずにいるとき、正当化のためのイデオロギーが必要とされる……（たとえば）労働組合と政府が労働者や市民の忠誠心を勝ち取ろうとしているとき、自分たちの権力を正当化してくれる新しいシンボル（＝イデオロギー）をすぐにでも欲しがるのだ」と述べる。彼が「歴史的にみて、社会科学はイデオロギー的により利用されてきた」と指摘するのもそのためである。(*)

ミルズの危惧したのは社会諸科学のイデオロギー化ではなく、むしろその官僚主義化にあった。彼のいう「官僚主義（bureaucratic ethos）」とは、「現在行われている抽象的経験主義（bureaucratic empiricism）のことであり、研究方法などが調査機関、財団や企業などの調査部により「標準化」、「合理化」、「組織化」、「システム化」され、特定目的―たとえば、広告宣伝など―のために役立つような研究へと堕しつつあったことではなかったか。そのような研究活動が公言された実用諸目的に役立つかぎり、近代社会での官僚制支配の効率性と評価を高める―その普及にも―のにも役立つことになる」とした、ミルズの指摘にもうなずける。

個人の社会学的想像力＝知的職人力に期待するところが大きかったミルズにとって、システム化された研究予算の費用負担に耐えるのは大組織だけである。ミルズは、大組織の実務家たる個人は、「自分自身にとって本質的な問題の設定にほとんど関心を持たず、自身の特定問題

＊ミルズは、米国での社会科学（者）の歴史を手厳しく批判する。米国での社会科学は、多種多様な問題を対象にして、その原因に複数要因などを探ぐろうとするバラバラな動きにみえるかもしれない。だが、そこには「社会研究スタイルとして本質的にリベラルな実用主義（liberal practicality）がある」とミルズは主張する。しかし、このリベラルな実用主義は、社会の改革運動に結び付いたのではなく、企業、軍隊や政府に「役に立つか」のかどうかが重視された。

ミルズは、この種のリベラリズムについて、「それは福祉国家での社会サービス行政以下の改革運動となり、社会学はその改革力を失ってしまった……『実用的（実用主義）』の意味合いも変わった。それは強大な制度の目的に合致することが『実用的』であるということになった」と指摘する。当時において、「必要とされた新たな実用主義（new practicality）とは、人事管理に携わる管理者や権力システムとしての法人企業の正当化にとって必要であった」とされ

を捨て去り他の問題へとさっさといつでも移ってしまうのだ」とため息をつく。ミルズにとっても、社会科学職人（individual craftsman of social science）の時代は終焉しつつあった。一方で、組織の時代が来ていたのである。(＊＊)

昨今、この傾向はとりわけ自然科学の分野で、「産官学」連携というイデオロギーの下で、ますます顕著になってきている。だが、事情は社会科学分野とて同様である。「社会研究の官僚制化（bureaucratization of social study）」に異を唱え続けたミルズは、この現状にどのような問題点を見出し、問題の本質を明らかにしようとしたのだろうか。

すくなくとも、わたしたちがこの問題の本質を探るには、まずは「科学的な見方」（philosophy of science）の内実を探るべきである。「問題」そのものを問題視できるかどうかについては、一定の科学的知見が必要となる。だが、その見方自体が問題である場合、どうするのか。この点については、「どの問題もそこに関連する価値と、その価値が明らかに脅かされないかぎり定式化されない」という、ミルズの指摘はもっともである。問題は、この「価値」なるものである。価値なるものは、それが危機に晒されたときに問題が何たるかを明示する。では、問うべき「価値」とは何か。

ミルズはこの点に関して、「わたしの信ずるところでは、古典的社会分析の共通軸の価値とは自由であり理性（reason）であった……社会研究の主たる課題とはこれら二つの価値を危険にさらしている条件と傾向への関心なのだ」と指摘する。問題は自由や理性が制限されているにもかかわらず、そのように感じていない人たちも一定数いることだ。そこには人間の多様性（human variety）と複雑性がある。

「社会科学とは人間の多様性に関わるものである……人間の多様性とは個々人の多様性であり、社会学的想像力がそれをつかみ理解しなければならない」というミルズの指摘もそのため

た。ミルズは大学に所属する社会科学者の没政治的で実用主義的傾向を強く批判する。ミルズ前掲書。

＊＊大学のような学術機関でさえ、知的職人を育てる力を維持できているかについても、ミルズは悲観的であった。ミルズは、若者たちが個人の社会的関心事よりもむしろ社会に出てうまくやっていく技術（techniques）に長けることを求めた現状について、つぎのように指摘した。「そうした若者は欠陥だらけの教育上のルーティンと腐りきった要求ばかりで、社会学的想像力を身に着けることができないエネルギーにあふれるが野心だけの技術屋たちにすぎない」と。ミルズ前掲書。

であった。そうした多様な人間がつくりだす社会の多様性の中から、何を共通項として導き出すのか。そこにはたして構造的なものがあるのかどうか。ミルズは、多様性のなかの構造的理解の重要性をつぎのように指摘する。

「振り返れば、社会科学者は政治制度や経済制度にもっとも注意をはらってきた……客観的な機能制度によるそのような分類は単純すぎるきらいがある。だが、便利なものでもある。もし、諸制度間の関係性が理解できれば、わたしたちは社会というものの社会構造を理解できよう。というのも、もっとも一般的に用いられる『社会構造』とは、それぞれの制度が果たす機能によって分類された諸制度の組み合わせであるからだ。……したがって、社会科学者の最広義の仕事とは社会構造のそれぞれの多様性を、その構成要素と全体性において理解することになる。『社会構造』という用語自体は、実にさまざまに定義され、他の用語もその概念化のために用いられるが、制度という概念とともに、個別状況と構造との区別を念頭に置いておけば、必要なときに、社会構造という考え方を理解できよう。現代では、もっとも包括的な社会構造の単位は政治的国家の下に組織されている国民国家（nation-state）である。」

国民国家という制度はきわめて大きな外枠であり、そのなかにさらにさまざまな制度があり、社会構造がかたちづくられている。(*) ミルズは地域問題を分析する際にも、「地方自治体の抱える諸問題は、国家的フレームに言及することなしに正しく位置づけることなどできない。社会科学の諸問題に取り組む者にとって、国民国家という単位は有効で実証的な根拠となりうる」と指摘する。

とはいえ、国民国家をもっと意識してきたのは、政治学者や経済学者—国民経済—である。ミルズにとって、政治学や経済学は、「社会構造の特殊な制度分野に関心を集中させ」、とくに

*ミルズは、経済学者や政治学者が国民国家という分析単位（prime unit）を重視するが、社会学者はさほど重視しない傾向にあることを問題視する。ミルズはいう。「社会学者、より正確には調査専門家たちは社会構造というとらえ方に信を置かず、分析単位として国民国家をあいまいで大きすぎると考えがちである…」。ミルズ前掲書。

経済学の場合はその傾向が強く、理論的モデルに固執しすぎるとみる。ミルズは、経済学者の関心の特徴について、とりわけ価格理論にふれてつぎのように指摘する。

「単に経済的であるだけの『価格理論』は、論理的には巧みかもしれないが、経験的には適切ではありえない。この理論では、事業管理制度や企業内外の意思決定者の役割を考慮する必要がある。また、コスト、とくに賃金についての期待心理、中小企業のカルテルによる価格設定や中小企業経営者についても、注意を払うべきである。同様に、利率を理解するには、非人格的な経済メカニズムと同様に銀行家と政府官僚との公式・非公式のやりとりも理解しておかねばならない。」

この指摘は、社会学者ミルズの経済学（者）観をよく示している。彼は人類学者の意識についても言及して、社会学者の「社会構造」概念に匹敵するのは「文化」であるとする。他方、文化人類学については、文献主義的なアプローチには限界があり、フィールドスタディーという「経験調査」を重視する「基本的方法論において社会学と区別されるものではない」と主張した。

3

現代では、社会科学内の分業＝専門化がさらに進展して、ミルズのように社会学を基盤としつつも学問横断的に社会調査（social research）を推し進め、社会構造の変化の全体像をとらえる学者は希少価値となってしまった。ミルズは、そのような傾向をいまから半世紀以上まえにすでに予想していた。ミルズはいう。

「社会科学をあまりにも深刻に細分化（departmentalization）させる危険性は、経済制度、政治制度や社会制度が互いに自律的なシステムであると仮定することにつながる。……（実際のところ、歴史的にそうであったとしても）……自律的な制度的な秩序が組み合わさった社会モデルが、社会科学における有効に働くただ唯一のモデルではないことは自明ではないか。……政治学、経済学、文化人類学、歴史学、社会学、そして心理学の少なくとも主流部門の学際的な取り組みの融合化（fusion）は、研究を理想的に企画するうえで、また、学問教育を計画するうえでも進められてきた。」

このうち、歴史研究—歴史学—について、ミルズは「歴史研究は社会科学なのか、はたまた社会科学であるべきなのかといった、うんざりするような論争は重要でもないし、興味も引かない」とする。だが、彼はわざわざそのために一章を割いている。ミルズの著作をみても、歴史学の成果は不可欠であったはずだ。ミルズも「社会科学者が自分たちの課題を果たすため、あるいはその課題を明確にするためには、歴史の素材を用いなければならない。歴史について超歴史的理論を想定しない限り、あるいは、社会における人間が非歴史的な存在であると仮定しない限り、社会科学は歴史を超越できるとは考えられない」と指摘したのもそのためだ。

非歴史的（ahistorical）ということでは、ミルズはそのような研究は、「静態的あるいは狭い範囲の短期的なものになりがちである」としたうえで、それゆえに、「何か変わりつつあるときに、わたしたちはより大きな構造に気づく。そして、適切な歴史の時間にまで自分たちの見方を拡大させたときにだけ、わたしたちはそのような変化にも気づくのだ」と主張する。たしかに、社会の構造変化を示唆する概念は、歴史的に何かが大きく変わったときに抽出されてきた。ミルズもこの点に言及する。

「社会科学でもっとも共通して用いられる概念の多くは、封建時代の農村共同体から近代の都市社会への歴史的転換に関係することでなければならない。たとえば、メインの『身分』と『契約』、テンニエスの『共同社会』と『利益社会』、ウェーバーの『身分』と『階級』、サン・シモンの『三段階』、スペンサーの『軍事型』と『産業型』、パレートの『エリート循環』、クーリーの『第一次集団』と『第二次集団』、デュルケームの『機械的』と『有機的』、レッドフィールドの『民族』と『都市』、ベッカーの『神聖な』と『俗な』、ラスウェルの『契約社会』と『要塞国家』―これらの概念[*]はどの程度一般化され用いられているかは別として、すべて歴史的に基礎づけされた概念である。」

「歴史的な観点から研究を進めていると思わない人たちであったとしても、概してこのような用語を使えば歴史的傾向の見方や時代感覚を示しているのである」とするミルズの指摘は当然であろう。だが、そこにも大きな落とし穴がある。先行研究という名の下では、ある種の学問専門史が論文の冒頭に掲げられる。だが、この中途半端さはなんであろうか。ミルズもつぎのように指摘する。

「実際上、本物というよりも儀礼的に『歴史の活用』が今日、社会科学に共通してみられる。現代社会研究という際に、『歴史的背景の素描』というパッとしない付け足しのようなことをわたしは言っているのだ。また、『歴史的説明をすれば』のような行き当たりばったりのやり方もそうだ。……」

つまり、「歴史的にみて……」という説明の曖昧さが問題なのだ。それは、本来取り組むべきことが「歴史的」ということで済まされ、きちんと説明されないことに、ミルズは苛立ったのだ。「歴史的にみて……」と言い方には、つねに二面性がともなう。一つめは、制度が歴史的に形成（evolve）されたもので、おいそれとは容易に「変革」できないとする見方である。これはわたしたちの日常生活においても、何か新しいことを試みるとき、「これは伝統的に……」ということで済まされることが多い。この種の見方は、容易に「保守的イデオロギー（conservative ideology）」に堕しやすい。

＊ヘンリー・メイン（一八二二～一八八八）―英国の比較法学者・社会学者。フェルディナント・テンニエス（一八五五～一九三六）―ドイツの社会学者。マックス・ウェーバー（一八六四～一九二〇）―ドイツの社会学者、経済学者。サン・シモン（一七六〇～一八二五）―米国独立戦争に参加したフランスの社会主義者。ハーバード・スペンサー（一八二〇～一九〇三）―英国の哲学者・社会学者。ヴィルフレド・パレート（一八四八～一九二三）―イタリアの経済学者・社会学者、チャールズ・ホートン・クーリー（一八六四～一九二九）―米国の社会学者、米国社会学会会長（一九一八年）。エミール・デュルケーム（一八五八～一九一七）―フランスの社会学者。レッドフィールド（一八九七～一九五八）―米国の人類学者・民族社会学者。ハワード・ベッカー（一八九九～一九六〇）―米国の社会学者。ハロルド・ラスウェル（一九〇二～七八）―米国の政治学者。

二つめは、これとは正反対の「急進的イデオロギー（radical ideology）」である。ミルズもこの見方にふれ、「制度は所詮、一時的（transitory）なものであり、したがって、特定の諸制度などは永続的なものでもなければ、人びとにとって自然なものでもない。それらはやがて変わっていくものだ」とするイデオロギーが生まれやすい。いずれにせよ、この二つの見方はある種の歴史決定論であり、やがて不可避的に何もしなくてもよいという姿勢（quiescent posture）につながる。社会学的想像力の職人を自認したミルズは、「わたしはそのような『運命』普遍史的範疇を受け入れるつもりはない」と明言する。たしかに、ミルズの社会観の背景にある米国社会などは、「鉄のような歴史的循環（iron cycle of history）に閉じ込められている」わけではなく、新しい社会事象が常に起こっている社会である。ミルズはいう。

「要するに、歴史の妥当性それ自体が歴史的特殊性の原理に左右される。たしかに、「すべてのこと」はいつでも『過去から派生』したが、そうした『過去から派生した』という言い方の意味が問題なのである。世界にはときにまったく新しいことが起こる。『歴史』は繰り返すこともあれば、繰り返さないこともある。その妥当性は、わたしたちが対象とする社会構造と時代によるのである。」

それゆえに、一時代の一国の歴史だけに依存するような研究態度に対して、ミルズは、「対象とする社会構造」が他の諸国では歴史的にはどうであったのかを同時に問う、国際比較研究の重要性を強調した。そうでなければ、「社会科学者、実際のところ、現在ではその多くが概念や手法の不適切な形式化によって歴史から隠遁しようとする。しかし、その試みは歴史や社会の本質について有益でも真実でもない。社会学的原則の手助けもなく歴史から逃げ出せば——注意深く言葉を選んではいるが——、この社会のもっとも現代的な特徴——なかなか理解が望めないが——を正確につかむことなど不可能だ」とされたのである。(*)

*ミルズは、この指摘のあとで経済学者などの「経済人」という一面的な人間理解についてふれ、

歴史的な視点では、ミルズは社会における個々人の生活をきちんと理解するには、個々の生活が組み込まれた生活史（social biography）を重視すべきとする。とくに、人は学生、労働者、職長、将軍、母親というように特定の制度の下で、いろいろな役割を演じるのであって、そうした個人の生活史を研究するには、ミルズは「まず、その人たちが果たしてきた、そして果たしている役割の重要性や意味を理解しなければならないし、そうした役割を理解するには彼らがその一部となっている諸制度を理解しておかねばならない」と指摘する。重要であるのは、個人の外的な生活史（external biography）ではなく、個人の内面の心理的理解である。ミルズはつぎのようにとらえる。

「最近の心理学や社会科学でのもっとも大事な発見は、人間のもっとも内面的特徴の多くが社会的にパターン化され、埋め込まれたものであることの発見である。……恐れ、憎しみ、愛や怒りなどの感情は生活史や社会的文脈との密接かつ継続的な関連のなかで理解されなければならない。……社会構造や構造変化が自分たちの内面性や経験に関係することを理解するとき、わたしたちは特定状況の自分では気づかなかった個人的行動や感情の原因を理解できるようになる。」

そうした理解の下に、社会構造の変革が実際に、社会を変革することにつながるのかどうか。ミルズは問うたのである。さらに、ミルズは、マルクス、ゾンバルトやウェーバーなどが関心を寄せたこの課題について、つぎのようにふれている。

「社会科学者の社会構造への関心は、未来が構造的に決定されているという見方からではない。…歴史への関心は、未来が必然的で過去によって決定されているとする見方からでもない。過去、人びとがある種の社会に生きたこと、それは自分たちが未来で創造できるかもしれない社会のかたちに厳密な、あるいは絶対的な制約を課すものではない。歴史研究とは、

現代社会での「人間性」を論じている。彼が心理学についてふれるのもこのためである。当時、社会心理学を構築しようとしていたエリック・フロム（一九〇〇～八〇）の取り組みにも言及した。

ミルズは、「人間性への関心の高まりは、歴史学と同様に心理学が社会科学においては基本的であり、心理学者が社会科学分野の諸問題に関心を寄せないから、社会科学者が心理学者となったのである。長年、社会科学者のなかでもっとも認知されてきた経済学者は、従来の快楽主義的で計算高いとされる「経済人」が経済諸制度のまっとうな研究の心理学的基礎となりえていないことに気づいている。人類学内部では、「パーソナリティと文化」への強い関心が高まってきているし、心理学と同様に社会学内部でも『社会心理学』がいまでは多忙な研究分野となっている。……もちろん、例外もある。とくに経済制度と宗教制度を関係づけ、人間類型のためにその意味を追求しているエリック・フロムもいる。」

ミルズ前掲書。

人間の理性と自由が歴史をつくりだせる選択肢を見極めるためである。歴史的社会構造の研究とは、つまるところ、そうした社会構造のなかに現行の、そして統制できる方法を見出すことである。このようにしてだけ、私たちは人間の限界と自由の意味を知るようになる。」

人間の未来決定のそうした自由とは、ミルズにとって、社会における決定方法の問題であり、誰がその決定権をもっているかである。この点について、ミルズは「組織的」、「道徳的」、「知性的」の三つの側面から分析する。組織的とは「決定機構の問題」、道徳的とは「政治責任の問題」、知性的には「人が関わる事象で可能な未来とは何かという問題」であるとされた。このうち、ミルズが『社会学的想像力』の最終章で取り上げたのは、社会変革のための「政治」であった。

4

社会科学者の研究成果は、しばしば官僚制のイデオロギーとして取り込まれてきた。この傾向に対して警鐘を鳴らしたミルズにとって、社会科学者の研究成果の政治性を論じたのは当然であった。ミルズは、社会科学者は自分たちの研究について、①「道徳的に自主独立しているか」、②「他者の道徳性に従属しているか」、③「道徳的に無定見か」を自問すべきとする。たしかに、社会を分析する社会科学者の研究成果は中立ではありえない。ミルズの指摘を俟つまでもなく、その解釈には「政治」という力が働く。

ミルズが説く政治にも、社会科学に関連して三つの意味がある。具体的には、

（一）真実なり、事実があるかどうか—社会学者が示す研究成果＝事実（≠真理）ということ自体が政治的になること。

（二）研究成果の真実性にくわえ正確性—理性の役割という価値に関わる課題があること。

（三）人間の自由―理性にくわえ、（西洋文系の中心的価値として）自由が「安易に掲げられ、基準や目標として適用された場合には、多大な意見の相違が出る。自由と理性という理想を明らかにすることが、社会科学者としての知的作業の一つなのである。」

ミルズは、これらの項目は社会科学者の「政治的役割」が何かを示唆するとみる。ミルズは、「社会科学者は研究において、人間事象（human affairs）を理解するうえで理性の利用を代表する」存在であると強調する。ミルズは社会科学者の仕事とは、かつては「王の助言者」、現在では「官僚制的利用」であることに注意を喚起する。ミルズにとって重要なことは、王や官僚の助言者ではなく、社会科学者が独立的な立場で、自身の研究成果を一般公衆（publics）に対して示すことであったのだ。

ミルズにとって歴史とは、その時期の「社会構造」と密接に関連して展開してきたものであり、近代史とは「経済」、「政治」、「暴力」などの結果であり、そのなかでもミルズは、社会学者は政治に無関心であってはならないと強調した。背景には、当時の米国社会が置かれていた国内政治・外交状況があったことは自明であろう。

ミルズは、前述の「理性」と「自由」について、「理性と自由という価値を受け入れたうえで、歴史における自由の制約と理性の役割の限界を明らかにすることが社会科学者の主要な仕事である」と指摘する。また、ミルズは、「中間階級の地位と権力の環境に生きる社会科学者」は私的問題での活動によって、社会の構造的問題を解決するには、普通人以上の恵まれた地位にいるわけではない。それだけに、私的問題を知的に超えることが社会科学者の使命であるととらえる。

ミルズは、社会科学者＝大学教授の教育者としての「公的」役割も重視する。個別問題や個別状況とされている事象は、決して私的というだけではなく、社会的なものであり、その解決の関心を社会的な課題へと高めること、さらに一般公衆を「自ら啓発できる公衆（self-cultivating publics）」を育てることが、社会貢献であるとした。彼はつぎのように述べる。

「大衆社会（mass society）の人間は、意識に関係なく、社会的な課題へと転化できない個人的問題にとらわれたままだ。大衆は私的状況での諸問題と社会構造の諸問題との相互関係を理解していない。真の公衆のなかの知識人はそれが理解できる。彼は自分で私的問題と考え感じることが頻繁に他者との共有問題であり、もっと重要なことでは、個人ではなく、彼が生きている集団の構造やときに全体社会の構造を変革することでしか解決できないことがわかっている。大衆の中の人間は諸問題を抱えるが、通常はその真の意味や原因がわかってはいない。だが、公衆の中の人間は諸問題に直面し、そしてその公共的意味合いをわかるようになる。

社会科学者―リベラルな教育にとっても―の政治的な任務とは、個人的な問題を公共問題としてとらえなおし、それをさまざまな人たちにとって人間的な意味をもつ用語へと移しかえることである。社会科学者の仕事―教育者であれば自らの人生で―とは、社会学的想像力を発揮することである。」

この結論は、ミルズ自身を鼓舞するためでもあったろう。ミルズは、社会学的想像力こそが、個別と全体、私的と公的との間に横たわる障害を飛び越え、そこにある社会構造を掘り起こすことのできる社会科学者の有力な道具とみたのである。(*)

補論

ミルズは『社会学的創造力』でも、タルコット・パーソンズ（一九〇二～七九）の大理論

＊ミルズは『社会学的想像力』の補論として、これから社会学などを専攻しようという若者を想定して「知的職人論」を展開する。彼は、ここでも若い人たちに社会学的想像力の重要性を繰り返し説く。ミルズはいう。「よき職人たれ。どんな厳密な手続論も避けよ。なかでも、社会学的方法論を開発、利用するように努めよ。方法や技術の盲目的崇拝（fetishism）を避けよ。気取りのない知的職人の復権をはかり、そのような職人たるべく努めよ。だれでも自分自身の方法論家たれ、だれでも自分自身の理論家たれ。再び理論と方法を職人技実践の部門にせよ。個人の学者を最高位とせよ。技能者の調査チームの優位性に反発せよ。人と社会の諸問題に立ち向かうことを心掛けよ」。ミルズ前掲書。

＊＊ミルズがウィスコンシン大学で、社会学で学位取得をめざしていたころ、パーソンズは英国やドイツでの留学を終え、ハーバード大学の新進気鋭の理論社会学者として名声を得つつあった。

（grand theory）＝「社会システム論」を強く意識して、自らの社会学を展開させた(**)。

ミルズは、『社会学的想像力』で、当時の社会学も含め「社会科学(***)」全般について、自戒も込めつぎのように批判している。

「わたしの考え方は、方法論的外見によって社会的探究（心）を禁じ、あいまいな概念でむりやり詰め込んだような、また、一般大衆に関係する問題とは無関係な些細な事柄に矮小化させた一連の官僚主義的テクニックの社会科学に反発しているのである。……社会学者のなかには、専門家チームの必要性を強調する者、……調査研究の方法や技術を洗練することに勢力を注ぐ者、知的職人の学問方式が放棄されつつあるためその復権を考える者、一連の厳密な方法論的手続きにそって仕事を進めようとする者、社会学的想像力を掻きたてて使おうとする者……なかには比較研究を無視して、一時点の一つの社会の小さな地域社会だけを研究して十分可能な比較方法によって世界中の国民社会構造を研究している者もいる……」。

こうした社会学者の試みを、ミルズはつぎの三つの傾向に整理する。

（一）歴史理論派―コントの社会学、トインビーやシュペングラーの業績。

（二）人と社会の本質の体系理論派―ジンメル、ヴィーゼ、そして大理論追及者（grand theorists）としてのパーソンズ。

（三）現代社会的事象や問題の実証研究派―ランドバーグやストウファーなど。

ミルズ自身は、このなかでもパーソンズの『社会システム論』＝「大理論」には大いに批判的であった。『社会学的想像力』の第二章で、わざわざパーソンズを取り上げたのもそのためである。ミルズは、お世辞にもわかりやすいとはいえないパーソンズの浩瀚な『社会システム論』について、「一五〇頁のほどのわかりやすい英語に」翻訳可能であり、「二～三の文章でも要約可能」として、パーソンズ理論をつぎのように説明してみせる。「『問いは、社会秩序はど

***ミルズは、社会科学に対しても疑義をとなえる。ミルズは、あくまでも「社会研究」（social studies）という表現に固執した。ミルズはつぎのように指摘した。「わたしは社会科学よりも社会研究という表現を大いに好む。それはわたしが自然科学を好きではないのではない（むしろ大好きである）。理由は『科学』という言葉が大いなる威信とむしろ不適切な意味を獲得したてしまったからである。……『行動科学（behavioral science）』も使うことはできない。……ベストの言葉は、歴史学（人間に関する限りにおいて心理学）も含んで、できる限り議論の余地のないものでなければならず、用語に関して議論するのではなく、用語をつかって議論するのである。おそらく、人間学（human disciplines）という用語がうまくいくだろう。しかし、気にせずともよい。あまり誤解もされないだろうから、慣例的に標準語の『社会科学』を使っておくことにする。」なお、社会学的創造力についても、単に社会学だけの分野ではなく、政治学や人類学でもそれぞれの

のようにして可能か？（パーソンズの）答えは共通する価値観である。』むろん、これだけではないが、これが（パーソンズの『社会的システム』論の）主要なポイントだ」と。(*)

ミルズは、自分の著作を同様に要約してみせれば、「（問いは）結局、誰が米国を動かしているのか？（答えは）誰でもでない。だが、なにかの階層が動かしているとすれば、それはパワー・エリートだ」とした。この見方は、ミルズの社会学的想像力＝職人的直観によるもので、パーソンズの社会システム的方法論による結果の結論とはいえまい。パーソンズは、ミルズが随所でこだわった「社会構造」をどのように定義づけたのだろうか。パーソンズ自身は、『社会システム論』で「秩序の問題、したがって、社会的相互作用の安定システムの統合、これがすなわち社会構造である。つまり、それは行為者（actor）の動機と基本的な文化水準との統合に絞ったものであり、行為システムの統合のことである」と解釈した。

要するに、人の行為・行動を規定―秩序立てる―する価値システムこそが、社会システムとして定義されたのである。つまり、重視されたのは「動機づけ面での文化パターンと具体的行為システムの相互関係」である。他方、仲介メカニズム＝人びとの行動を結び付けるものは社会システムではない、とされた。(**)

経済と社会の間

1

ミルズが『社会学的想像力』を出版した同じ年の一九五九年に、現代社会の構造問題をとら

分野での想像力の重要性についてもミルズは強調する。ミルズ前掲書。

*ミルズは、パーソンズの『社会システム論』を、四つほどの文節で要約可能ともする。（一）社会システムなるものがあるとすれば、諸個人が価値観や行動基準で標準的なもの―規範―を共有していること。そこに安定した規則性＝社会的均衡があるならそれは「構造的」であること。（二）社会的均衡維持には「社会化」あるいは「社会統制」による。にもかかわらず、社会変動は何によってもたらされるのか。ミルズはパーソンズの秩序理論について、「わたしの目的はその高みから眺めているような大理論追及者をどのようにして引きずりおろすのかである」と指摘する。ミルズ前掲書。

**パーソンズは、『社会システム論』で「システム」を随所で気前よく用いる。たとえば、「構造範疇のシステム」、「システムの構造比較」、「共同体としてのシステム」、「文化システムと社会システム」、「社会システムの機能的前提」、「社会システ

えようとして著作が出た。フリッツ・パッペンハイム（一九〇二～六四）の『近代人の疎外』である。ドイツ・ケルン生まれのパッペンハイムは、ナチ体制下の母国を離れ欧州諸国を経て、一九四一年に米国へ移住した。米国人となったパッペンハイムの『近代人の疎外』には、彼の米国生活での時代観とともに、それまでの欧州人としての時代観が反映されている。彼は、ジンメル社会学(＊＊＊)についても十二分な素養をもち、経済原理が支配を強めつつあった当時の社会状況を分析した。この意味で、パッペンハイムは経済社会学者であった。

パッペンハイムは、現代社会―当時の感覚において―では、人びとは「疎外」傾向にあると主張した(＊＊＊＊)。彼はつぎのように指摘した。

「疎外された人間が苦痛や衝突にさらされている状況に直面しながら、われわれは自分たちの苦悩を不運な再燃のせいだと考えるだろう。われわれは疎外のもつ固有な力と取り組むことをしないで、たんにノスタルジアや悲しみの感情で、または泣き言や空虚な抗議でそれに反応するだろう」（粟田賢三訳）。

この指摘は、個別状況だけにとらわれず、それが社会状況における変化の一端であることを想像せよ、というミルズのメッセージにも通じる。パッペンハイムもまた、社会学的想像力の必要性を説いたのである。パッペンハイムの「疎外論(＊＊＊＊＊)」に立ち入るまえに、すこし「疎外」という一般概念にふれておく必要がある。『岩波思想事典』では、疎外―Entfremdung (alienation) ―という言葉は、「他人のものとする」意のラテン語やギリシア語源に由来するという。中世ドイツ語では、疎外とは神学語ではないものの、「神から離反し疎遠になる」、「地上的なものから離反して神の恩寵に与る経験の開示」の意でもあった。

その後、この言葉はドイツ哲学とともに歩んだ。ヘーゲル（一七七〇～一八三一）やフォイエルバッハ（一八〇四～七二）などをへて、カール・マルクス（一八一八～八三）は、『経済

ムの分析のためのパラダイム」、「パーソナリティーシステムと社会システム」、「社会システム諸単位」等々。Talcott Parsons, *The Social System*, Quid Pro Books, 2012.

＊＊＊「形式社会学」の祖ゲオルグ・ジンメル（一八五八～一九一八）は、資本主義社会の政治、経済や文化などの活動の「相互作用」へ着目し、「権威」と「服従」の相互関係を明らかにしようとした。

＊＊＊＊パッペンハイムは、「疎外の力がわれわれの時代を支配しているという命題は、それ以前の時代にはそういう力が存在しなかったという意味ではない。この命題が実際に主張しているのは、そうした力が近代世界において非常な強度と重大性とをもつようになったということである」と指摘する。パッペンハイム前掲書。

＊＊＊＊＊パッペンハイムは、亡くなる年にイェール大学で「米国における社会主義」という演題の下で、学生向けの講演を行った。彼は、この講演で米国人

学・哲学草稿』―マルクス死後の一九三二年に公刊―で、近代社会批判において「疎外」論を展開した。パッペンハイムの著作も、マルクスの「疎外論」に多くを負っている。

パッペンハイムは、実存主義哲学者やゲオルグ・ジンメル（一八五八～一九一八）など社会学者の所論を検討したうえで、現代社会の人びとの「疎外感」について、つぎのように問題を提起する。

「疎外の発生を、われわれの世代の生活に―いわば―外部から押し寄せてきた、少数の孤立した、ほとんど偶然的な事件のせいにしているが、このような前提にはあまり価値がない。それが研究の範囲を不当に限局することになるからである。……疎外は近代生活のあらゆる領域に現れているもので、疎外の存在はたんに最近の歴史上のいくつかの偶発事件の結果ではなく、われわれの時代の基本的傾向の一つであることを示している」。

パッペンハイムが問題視したのは、「技術と疎外」、「政治と疎外」、そして「社会構造と疎外」であった。技術については、いまでは、パッペンハイムが生きた時代と比べようもないほどにコンピュータが発達し、われわれの仕事や生活はますます高密度・加速化されてきた。人びとの精神的疲労度―精神疾患―もまた高まってきた。さらには、人間が制御できない原子力エネルギーの暴走は、文字通りの臨界状態―critical condition（危機状況）―であり、わたしたちの平凡な日常生活も緊張度に晒されてきた(*)。

政治については、当時も現在も、政治の何を問題視するのかという点において、疎外論は古典的命題であり続けている。その背後の根本的課題は、わたしたちが生きる社会の問題＝社会構造をどのようにとらえるかである。まずは、社会だが、パッペンハイムは「アメリカおよびヨーロッパ諸国での社会学の仕事は、この近年いちじるしく自信を失ってきている。（数量分析の手続きや手法がとられることで―引用者注）社会学がいつかは厳密科学のもつ信頼度を獲得

学生に馴染みのなかったマルクスの疎外論、テンニエスの経済社会学理論の紹介もかねて、米国社会の日常的世界での疎外にもふれつつ、彼自身の「疎外論」を展開している。

このなかで、「個人的にマルクスの疎外論を彼の搾取論から分離させて理解することは間違いであると思う。疎外と搾取は互いにその条件となっている、それらは互いに関連する。マルクスの慧眼は人間の疎外は経済条件やその傾向から引き離して理解しないことがその重要な点である」と講演の冒頭で指摘している。

最後に、彼は「疎外の克服」を取り上げ、「わたしの信じるところでは、計画社会、すなわち、社会主義社会はこの目的に近づくためのより良き機会に恵まれている。……社会主義社会は疎外を克服するための前提条件である。これはわたしが大学時代に社会主義者となった理由の一つである。そして、一九六〇年代の米国で、わたしがなぜ社会主義思想により深くコミットするようになった理由でもある」と述べている。パッペンハ

するようになるだろうという希望が、完全に放棄されてしまったわけではない」と指摘する。

この点についてはミルズもふれている。社会科学の厳密性はある意味で、研究者にとって「技術と疎外」の問題でもある。コンピュータの発達で膨大なデータと多変量解析の処理が可能になった現在、研究とは統計的優位性という数量的分析の手続き的正当性に等値されるようになった。社会科学の自然科学化の傾向は、自然科学の社会科学化のそれとは比較にならないほど進展している。この傾向は、「社会構造」と「社会変化」についての社会学的思考―ミルズの言葉では社会学的想像力―に、どのような影響を与えているのか。パッペンハイムは、社会学史にふれたうえで、社会学の課題についてつぎのように指摘する。

「十九世紀の社会学体系の前提がもはや成り立たないことや、われわれが社会学と歴史との関係を定義し直さなければならなくなっていることについては、今日疑問の余地はない。……（社会学的分析と歴史的分析という―引用者注）区分が支配しているのは、社会学の仕事のうちで、社会構造をそれらの歴史的な土台や背景から絶縁して、それらと無関係に理解しようとしている部分である。……社会変化についての研究は、ある種の分野―アメリカの人口の年齢分布、近隣社会の人種的構成、食習慣、性的行動の規準―におけるいろいろな傾向について、莫大なデータを蓄積してきた。こうした研究の多くは、貴重なものではあるけれども、これまでのところ、特殊な孤立した分野に起こりつつある変化に注意を集中してきたのである。これらの研究は、我々の社会の基本的な形式の研究、すなわち現代社会を全体として変化の展望のうちにとらえることに対しては尻込みしているのである。」

たしかに社会事象は、決して過去とまったく断絶したものではない。それは、むしろ過去の帰結として生じていることは、だれしも理解できよう。だが、数量分析としての結果は、そのような歴史的連関性をどこかに捨象させてしまいがちである。パッペンハイムは、わたしたち

イムがその後の旧ソビエト連邦や中東欧諸国などの社会主義の現状を分析すれば、どのような分析結果を残したのであろうか。
Fritz Papperhaim, "*Alienation in American Society*" 1964, Monthly Review Press.

＊詳細についてはつぎの拙著を参照。寺岡寛『福島後の日本経済論』同文舘（二〇一五年）。

の社会の基本的な「変化」方向を明らかにするには、過去を現在にひきつける社会学的な接近方法を必要とすることを強調したのは、このためである。

パッペンハイムは、これを試みた社会学者としてフェルディナンド・テンニエス（一八五五～一九三六）の『ゲマインシャフトとゲゼルシャフト―純粋社会学の基本概念―』を取り上げている。テンニエスは、キール大学私講師への就職論文で、すでに社会構造を規定する社会集団の二つの類型概念の着想を得ていた。テンニエスはまだ三〇歳そこそこのときにこの著作を公刊している。当時、ドイツには社会学の正式な講座がなかったこともあり、社会学者テンニエスはキール大学教授として、当初は経済学を講じていた(*)。

2

テンニエスは、人間の「意志」を取り上げ、人間の内面には衝動的感情や自然欲求などを特徴とする「本質意思」と、合理的精神を基準とする「選択意思」の二つがあるとした。この二種類の意思に対応する社会類型として、前者を「ゲマインシャフト(**)」、後者を「ゲゼルシャフト」を対応させた。

パッペンハイムは、テンニエスの二つの類型概念についてつぎのように評価する。

「テンニエスの労作は、ゲマインシャフトからゲゼルシャフトへの変化を、本質意志から選択意思への移り行きと関連させることによって、心理学と社会学とを独特な仕方で結びつけている。……彼の労作は、時としては、社会過程と社会構造とを心理学的なそれに還元させてしまおうとする企図として、説かれたのである。われわれはこの解釈を正しくないと考えるが……われわれはテンニエスの基本的主張、すなわち社会の力と個人の意思とは相互に作用し反作用するという主張を見逃すことになりやすいのである。」

*テンニエスは、一九一三年にキール大学の正教授―一九一六～二〇年、研究専念のため一時離職―となったが、一九三三年にナチスによって解職されている。なお、テンニエスは一九二一年～三三年にドイツ社会学会の初代会長となっている。

**ゲマインシャフトは共同体あるいはコミュニティーと訳されたりする。

パッペンハイムの社会観にも影響を及ぼしたテンニエスのこの類型概念は、「資本主義の歴史を人間の疎外の歴史」としてとらえたマルクスの「社会学的想像力」とどのように結びつくのだろうか。マルクスと同様に伝統的なドイツ哲学の流れの一つであるヘーゲルの哲学に学んだパッペンハイムは、マルクスとヘーゲルとの関係をつぎのように俯瞰してみせる。

「マルクスはヘーゲルとは別の途を歩んだ。彼は普遍的な原理としての疎外に対しては、もともと関心がなく、現代の時期における疎外の役割に注意を集中したのである。ヘーゲルとは対照的に、彼は自分の時代を、疎外と静謐とに席を譲った時代、そして人類が自己自身との内的平和の状態に到達し、ついに分身へ帰り着いた時代とは見なかった……マルクスは、疎外を『それ自身から疎外された精神』として、精神の内部における出来事として頭に描いていたヘーゲルの傾向（***）に反対した。……彼（マルクス—引用者注）の関心を占めていたのは、抽象的な概念体系の内部における過程としての疎外ではなくて、人間の疎外を生み出す—と彼が考えている—ところの現実的、具体的な生活条件だった。」

いうまでもなく、「現実的、具体的な生活条件」とは経済であり、その人の総体としての社会との関係そのものが「疎外」であると、マルクスはとらえた。パッペンハイムもまた、その傾向がますます強まりつつあることを指摘した。個人の経済的有用性がその人の社会的有用性とは容易に結びつかず、社会の構成原理そのものが、経済原理によってますます取って代われる傾向が強まる。そうしたなかで、人びととの疎外感もまた強まる。それらは、ヘーゲルたちの主張した理性や、知の内的精神によってのみ克服できる性格のものではない。

この点は、ミルズが繰り返し、社会構造について指摘した個別状況と社会状況の関係にも似ている。それはパッペンハイムも同様に、『近代人の疎外』で強調して描こうとした社会状況でもあった。問題はいうまでもなく、「疎外を克服できるのか」という点にある。

***フリードリッヒ・ヘーゲル（一七七〇～一八三一）は、一八〇七年に公刊した『精神現象学』で、自己が自己とは異なる他者との関係で、自己を見失うこと—疎外—があっても、やがて相互作用のなかでより大きな自己へと発展していくことを主張した。ヘーゲルにとり重要だったのは、「論理」、「自然」、「精神」の三位一体—これ自体キリスト教的発想であるが—の弁証法的統合であった。

パッペンハイムは、「今日の人間が経験する疎外は、近代における経済的及び社会的な傾向の結果だと考えるわれわれの命題」について、「人間の生活の疎外が生じたのは、もっぱら近代の開始以後、特に商品生産が増大し、ゲマインシャフトからゲゼルシャフトへの移り行きが行われて以後のことだと主張するつもりではない。疎外への傾向はそれ以前の社会においても働いていた」と前置きしたうえで、「疎外を克服できるだろうか?」と問いかけ、わたしたちがその克服に立ち向かうべきだと説く。

マルクスたちは、労働力の商品化が無人の野を行くような資本主義社会の社会的変革＝社会主義に、テンニエスはゲマインシャフト（共同体的社会）とゲゼルシャフト（資本主義的社会）との統合としてのゲノッセンシャフト(*)に、近代人の疎外の克服をみようとした。パッペンハイムは、「今日、疎外の克服を求めている人たちの多くは、マルクスやテンニエスの示した道を進もうとはしていない。彼らは、疎外を一つの精神状態として考え、人間は内的変化、精神的再生によってこの状態から復帰することができると信じている」という時代精神を描こうとした。

日本でも疎外については、その克服を宗教や医学的な所見に求める精神疾患論、あるいは日本的プラグマティズム＝ノウハウ主義と結びついたりしている。また、学校改革も含め教育論もそこに絡む。当然ながら、政治的な取り組みへの期待も大きい。この点について、パッペンハイムもまた「政治生活の内部にある力を検討してみよう。わが国の地方自治の制度に浸透している精神を再び覚ませば、市民に公共的な仕事の関与を促し、市民を現在のような超然たる態度から解放することになるだろうという希望が、しばしば表明されている」と指摘する。

この指摘は、現在の日本のあちこちで、地方社会の活性論や再活性論として「まちおこし運動」が盛んに論じられていることを振り返ると、ドキッとさせられる。まちおこし運動の可否

＊テンニエスの造語ではなく、ドイツの法学者オットー・ギールケ（一八四一〜一九二一）が、ドイツ民族（ゲルマン民族）のかつての血縁団体がどのようにして近代国家あるいはその下での組織体＝団体へと発展してきたかを説明するために使った用語である。従来の親子関係に代わって人為的な「兄弟の契り」による組織原理を置く共同体理念として、ギルド共同体などを念頭に置きゲノッセンシャフト論を展開した。

は別として、パッペンハイムの慧眼に驚かされる。

ここでも「個人」と「社会」、「中央（政府）」と「地方（自治）」、さらには「部分」と「全体」について、その関係性を明らかにすることは、社会学のみならず社会科学全般にとって、現在でも基本的な課題であり続けていることを確認できよう。パッパンハイムもつぎのようにふれる。

「全体と部分との関係は決して単なる哲学的な問題ではない。それは、社会科学をも含めて、大部分の科学の部分に重大な意味をもつものである。……そのために、全体と部分との関係がはなはだこみいったものであること、全体に反抗する力でさえも全体によって形づくられ、支配される場合が多いことを見逃してはならないのである。……（中略）……社会問題について全体的にまとまった見解をつくりあげることは、決して容易な仕事ではない。これまでのところ、大部分の社会学者は口先でそれを言うだけで、それ以上ほとんど何もやっていない。彼らは、断片的なやり方、すなわち経済的、政治的、宗教的、制的等々の要因を孤立的に取り出したり、また研究対象となっている社会現象を多数の細かな区分に分解したりすることに目標を置くやり方を、まだなかなか放棄しようとはしていない。」

パッペンハイムは、全体を個別要因に分解させ分析するやり方は、方法論的精密さに固執する「断片的なやり方」である一方、「実質上は、全般的な変化の問題を回避」することであること、そしてそれ自体が現在の「疎外」問題から目をそらさせる結果となっているとみる。彼は、「現代人の疎外を近代社会の基本的構造と方向から生じているものとして説明する命題からは、はなはだ厄介な結論が出てくることを、彼らが感づいているからである」と指摘する。

「疎外の力」への対抗について、パッペンハイムは、わたしたちの社会の経済制度や政治制度などの具体的な変革を提案しているわけではない。だが、「疎外のすべての面が克服されないとしても、少なくともその経済的・社会的な面と闘争する機会が人間に与えられる段階のためにあえて危険を冒して奮闘するか、それとも社会秩序の転換が生み出すかもしれない危険に尻込みするか、そのどちらかである。われわれが後の途を選ぶなら、われわれは、人間をその同胞の人間から、自分を取りまく生活から、さらに自分自身からさえも引き離してしまう傾向がたゆみなく続いてゆく世界のなかで、あきらめて生きてゆくほかはない」と展望する。

パッペンハイムのこの指摘からすでに半世紀以上すぎた。現在、経済と社会との間にさらに大きく広がった感のある疎外の大河を前に、わたしたちはいかなる橋を架けようとしているのか、あるいは、橋を架けることをあきらめて生きているしかないのか。

3

「経済―貨幣経済―」と「社会―伝統的共同体社会の解体―」のアンバランスな関係の進展により、欧州資本主義諸国での哲学、そこから分離していくことになる社会学、さらにそこから分離することになる経済学が生み出された。「経済と社会」の関係を、どちらからとらえるのか。「経済→社会」あるいは「社会→経済」という方向性は、それぞれの学問体系をかたちづくってきた。

「経済と社会」の関係は、経済と社会のもつ作用・反作用という相互作用のなかで進展してきた。重要なのは、この相互作用を強く意識した分析視角をもつ経済社会学である。いうまでもなく、『近代人の疎外』で展開したパッペンハイムもまた経済社会学の視座をもっていた。

現在では、忘れ去られがちであるが、ミルズに影響を与えたドイツの社会学者ゲオルグ・ジンメル（一八五八～一九一八）は、近代社会の特徴を「貨幣経済の発達」に見出した学者であった。だが、ジンメルは、貨幣経済の社会への浸透をただ単に一方的な作用＝近代人の疎外とだけは見ていなかった。

そこには個人、さらには社会の反作用を見通していた。ジンメルは「近代文化における貨幣」（一八九八年）で「貨幣経済は、一方では、あらゆるところでは同一の作用を及ぼすきわめて普遍的な利害と結合手段と了解手段を提供したが、他方では、各々の人格に、より大きな下界からの距離と個人志向と、自由を与えた」としたうえで、自らの貨幣論をつぎのように総括した。

「指摘したいのはただひとつ、貨幣経済のような現象、どんなに純粋にそれ自身の内的法則に服従しているように見えても、最も周辺的なものをも含めて同時代の文化運動の早退を規定するリズムに従っているということだ。文化過程の総体を経済的諸関係に従属させる私的唯物論とは異なり、貨幣の観察は次のことを私たちに教えてくれる。すなわち経済生活の形成からその時代の心理的・文化的立場への根強い影響が生まれてくるのはたしかだが、他方で経済生活の形成自体もまた、歴史的生の大きな統一的潮流からその性格を受け取っているということを。……しかし、経済と文化のあいだにみられるこの形式同一性と深い相互関連は、貨幣もまた私たちの文化にあらゆる花を咲かせている根と同じ根から生じたひとつの枝であることを暴露している。……認識がその根っこに近づけば近づくほど、それだけ貨幣経済と影の部分との関係だけではなく、貨幣経済と私たちの文化のもっとも繊細で高次元のものとの関係もまた一層はっきり浮かび上がらざるを得ない」（北川東子編訳・鈴木直訳『ジンメル・コレクション』所収）。

貨幣経済とは、ありとあらゆるものを「市場化―商品化―」して止まず、わたしたちの経済活動をそれまでの共同体内での互いに顔がみえる関係から、より非人格的なものへと変えた。ジンメル自身は、そのような貨幣経済が、人びとに自分の生活する場としての社会と経済との葛藤をもたらした反面、人びとへの内的思考を深めさせたことの二面性を決して見逃してはいない。

この点は、パッペンハイムがジンメルから引き継いだ点でもある。だが、パッペンハイムと違って、ジンメルは社会と経済の葛藤と緊張が、人びとに疎外感をもたらすことを認めながらも、そうした状況の解決策としての社会主義に対して懐疑的であり続けた。ジンメルは、「社会主義とペシミズム」(一九〇〇年)—北川・鈴木訳前掲書所収—で、人間心理への深い洞察力(*)を通じて、社会主義の可能性を展望しようとした。

ペシミズムについて、ジンメルは「人生は投資と利益のあいだの、あるいは痛みに支払う犠牲と喜びから得る収穫の不均衡をその内容としている」と前置きしたうえで、そもそも「喜びと痛み」のあいだに「公平な割合」など存在しているのかと問う。このことを明らかにしなければ、「思考上の落とし穴」があることに警鐘を鳴らしている。

実際には、公平な割合ではなく平均値感覚がそこにある。ペシミズムではこの平均値感覚において、喜び(快楽)と痛み(苦痛)の比率は、「喜び(快楽)<痛み(苦痛)」である。だが、実際にそのような平均値など正確に算出することなど困難だ。この平均値論では、社会主義とは平均値測定に必要な快楽の総量の上に成立しうるというよりも、その分配面だけ、とりわけその際の「平等性」や「公平性」への関心を中心に、成立しうるかもしれないとみた。ジンメルはいう。

「この平等の理想に比べれば、高尚な文化財はもとより、幸福自体の総量も些末な問題となる。それどころかそれより小さな悪、かの要求の実現のためになら喜んで犠牲にささげられるべき代価として見下される。……ところが、(より大きな欠乏と不幸に甘んじてきた—引用者注)人々はあまり甘やかされてこなかった分、これまで所有する側にいた人々と比べる

*ジンメルは、ドイツのシュトラースブルク大学の教授として生を終えているが、それは晩年のわずか四年間ほどで、そこにいたるまでの道は平たんなものではなかった。一つはユダヤ系ドイツ人であったともされるが、彼自身が若いころに社会主義へ傾倒していたこともあった。社会学者としてのジンメルの関心は、身近な日常生活から抽象的な領域まで多方面にわたった。その底流には社会の「発展」と個人の「自由」との関係への大いなる関心があった。ジンメルはこの社会と個人との関係に「文化」のあり方も見据えた。

と外的な材の増加をより新鮮な気持ちで受け取り、より生き生きとした主観的幸福感でそれに反応する。したがって、経済的・文化的な平等化が進むと、当初はあたかも存在する幸福の総量が増加したかのように見える。……これまで少ししか所有してこなかった人々に幸福手段が分配されると、分配された幸福手段の量の割に高い幸福の成果が保証されるのはこの事実による。」

そうだとすれば、「完全な平等状態」とは、「人生の価値はその幸福の量によって高まる」とするペシミズムと、「人類の生活の価値はその財の分配に依存している」とする形式社会主義とは、交差する状況で成立しうるかもしれない。だが、ジンメルは、「……ところがである。(人というのは―引用者注) ペシミズムの前提から出発し、社会主義を迂回しながらペシミズムとは反対方向に進んでいく……ある一転に達するとふたたび踵を返してペシミズムへと戻っていく」とみた。

つまり、幸福を手にするための手段を平等に所有することになった人びとは、今度は他者との幸福感の差異に敏感になるものだという。ジンメルの人間観によれば、「人間の感覚は、平均的な満足度にすぐに順応し、それを出発点として、あらたな個人的欲望や悦楽を求める。……文化の歩みとはすなわち、高まりゆく意識化の歩みに他ならない。私たちはいわば幸福でありたい、と思っているだけではない……自分の主観的生活感情が一般的な人間の運命よりも一段高いところにあるという思いは、私たちにとって幸福の意識そのものにほかならない。私が言いたいのは、徹底した社会主義の理想が全人類の幸福を追求しようとすると、最後には状況の均質化によってこうした意識がもはや成立しなくなる一手にたどりつく」ものだととらえられた。

ジンメルは、社会主義はこの差異や比較という人間の心情―心理―を断ち切ることができなければ、成立し難いことを鋭く見抜いたのかもしれない。人びとは、「精神的要素」のなかに自分の幸福や苦労の量を測ろうとするものだ―だから、人はペシミズムに陥る―。ジンメルが「社会主義は倫理的オプティミズムを必要としている」と論じたのも、このためである。

ジンメルは、「人生の価値をその幸福の量」で測ろうとするペシミズムを人間の本性＝自然の衝動としてとらえたのだ。ゆえに、そこにはそのような「自我の肥大化」を自分で制御できない姿があるとみた。彼はつぎのように指摘する。

「自然の衝動に逆らう後者の道（自己抑制―引用者注）が前者の道（自我の肥大化―引用者注）よりも大きな成功を収めるためには、どうしてもそこに、いわば外部から提供された歯止めが必要となる。なぜなら、自我が進んでおのれを制限し、自分の感情や要求に自分から限界を設定するというのは、私たちの本質を規定しているルールにはないことだからだ。……自我の洪水をせき止めるこうした防波堤を与えうるのは、ひとつは明らかに宗教的な理念だ。……これにたいして社会的な観察方法と感受方法がめざすのは、要求と供与の双方の歩み寄りだ。しかも収益の拡大ではなく、投資の縮小による歩み寄りだ。……社会主義は自我の生活圏を制限することによって貸し借りのバランスを回復し、自我の破産をくいとめるのだ。」

ジンメルは、その後の旧ソビエト型社会主義の行き詰まりを予感したかのように、「耐え難い強制を別とすれば、……（社会的主義をオプティミスティックなものにするには―引用者注）労働の喜び、自発的奉仕しかなく、倫理的命令からではなく事柄や同胞への愛情のゆえに行う仕事と適応に求めるほかない」と主張した。社会主義が目指す経済と社会のバランス化とは、所得の「公正」な配分による平等化にあるとすれば、その平等化の先にある不平等化への人びとの希求を封じ込める理念や外部強制力を必要とせずに成立するものだろうか。人間と社会との関係を観察・考察し続けたジンメルは、その種の理念と外部強制力の「倫理性」に疑義を挟んだ。

経済社会民俗学

1

ジンメルの「社会主義とペシミズム」での指摘を俟つまでもなく、社会と経済、個別と全体の関係は、わたしたちの精神（心理）に投影され、その投影は再び社会と経済、個別と全体の構図へと戻っていく。この場合、わたしたちは陸の孤島にたった一人で生活しているわけではない。家族、地域、国家、世界のなかで、わたしたちは生きている。

ミルズは、『社会学的想像力』のなかで、社会学者としてのジンメルについて、レオポルド・ウィーゼ（一八七六～一九六八）と同様に、「あらゆる社会関係を分類し、そこにおそらく存在するだろう普遍的特徴を洞察のために用いることのできる概念」＝一般理論の下で、社会構造の諸要素を静態的かつ抽象的に明らかにしようとした形式主義者であったと、位置付けている。

たしかに、ジンメルは、さまざまな社会集団に共通する関係に着目して、そういった関係の「形式」の概念化にこだわった。ジンメルによれば、人間の創造的な活動は法律だけではなく、技術や芸術を生み出すが、やがてそれらは「形式」化し、独立化し、硬直化する。こうした形式化がなければ、人間の創造的な活動も形をとらなかった。だが、やがてそれは生と形式との対立を生み出す。ジンメルは一九世紀から二〇世紀にかけて欧州社会での変化をそのように感じ、記録し、分析した。同時に、彼は他者や社会との総合作用をもつ個々人の「心的精神」にも着目していた。そこにミルズのいう社会学的想像力がつねに働いた、とみるべきだ。ミルズは、同書でもマルクスと同様に、ジンメルもまた、とりわけ大都市（metropolis）での人びとの「疎外」を重視していたことにふれている。

パッペンハイムも、「疎外」の研究史のなかにジンメルを位置づけた。ヘーゲルなどの哲学者が疎外をとりあげたものの、それは一部の集団に限られ、その後、マルクスが資本主義社会の下での自己疎外として取り上げ、ジンメルだけが社会学のなかでこの問題に関心を寄せ、ますます深刻化することを予期したのではないかと評価する。ジンメルは、社会学者として実に多くの社会事象を具体的に取り上げ、近代人の内的精神の在処を示そうとした。パッペンハイムもこの点につぎのようにふれている。

「ジンメルのあげた例は、どれもみな、現代人の恐怖を反映している。自分の個性が破壊されてしまうのではないかという恐怖、自分を、否応なしに、自分の自我から疎外される人間にしてしまうような条件のもとに、生きているのだという恐怖がそれである。こうした懸念が、近代人の思考における決定的な力の一つになっているのである。……（中略）……ジンメルは生に対する形式の勝利について語り、人間が形式に屈服する場合、人間が自分自身であることがいよいよ困難になるかもしれないという危険について述べた。しかし、彼は実存主義者たちとはちがって、人間のなしうる偉業に対する信念を固く守っていた。そして、懐疑や絶望のムードによって、それが破壊されないようにするために奮闘したのである。」

同時代を生きた当時の社会情勢から、社会学の問題とすべき課題を探ったミルズ、そこにはパッペンハイムにも共通したベースがあった。その一つの鍵概念は「疎外」であり、双方がその社会学的想像力を生かして、この問題の背後にある社会と経済との関係を分析対象とした。他方で、ミルズやパッペンハイムは、ともにジンメルに代表されるそれまでの形式にこだわるような社会学に反発したのである。

ジンメル社会学＝形式社会学は、集団や組織の分析において、地位の上下関係―支配と服従関係も含め―、競争や闘争などの行為に「形（型）」という固有法則を見出そうとする。構造といってもよい「形（型）」が不変―静態的―ではなく、変化したときにあらたな「形（型）」を動態的に把握することが重要である。そのようなジンメルへの批判は、その後の社会学者がジンメル解釈主義に陥り、ジンメル社会学を動態的に発展させなかったところにもあった。しかしながら、現在でも、ジンメルの形式社会学の魅力は、さまざまな一見異なる社会事象に共通する構造＝形を見出そうとした点にある。

たとえば、ジンメルは『社会学的美学』（初出一八九六年）における「シンメトリー（相称性）」という形へこだわる。ジンメルは、「事物に理念と意味と調和を与えようとするならば、何をおいてもまず、それらをシンメトリックに造形し、全体を構成する各部分に相互に均し、ひとつの中心の周りに一様に配列しなければならない」としたうえで、政治に言及する。「諸要素を一貫した原則にしたがって同形に配置していくというシンメトリーへの傾向は、あらゆる専制的な社会形態に共通したものだ。……自由主義的な国家形態は非対称性を好む。……美的な力が社会的事実に及ぼす影響がいちばんはっきりと目に見える形で観察されるのは、社会主義と個人主義という現代の二つの傾向間の葛藤においてだ。……調和とシンメトリーをめざすこの独特の関心は、社会主義の合理主義的性格を示すものであり、社会主義はこれによって社会生活をいわば様式化しようとする。こうした関心が表面化するのは、社会主義ユートピアが理想国家や理想都市の空間的細部を構想するときだ。つまりそこではいつもシンメトリーの原則にしたがって円形または方形に都市や建物が配置される」と分析する。

集団主義（＝社会主義）のシンメトリーに対して、ジンメルは、「個人主義的社会は、多種多様な利害と。たがいに宥和しえない諸傾向と、幾度となく開始されはするが—個人によってしか担われていないために—やはり幾度となく中断されるもろもろの発展系列とを抱えている。……これに対して、均質化された社会主義社会は、有機的統一性とシンメトリックな秩序をもち、もろもろの運動は共通の中心点で相互に接触し会う。それによって観察する精神は、最小限の精神的労力で最大限の知覚を得、社会増を把握できる。この事実の美学的意味が、社会主義社会の心理状態に与えている影響は、こうした抽象的なものの言い方ではどうしても言いつくせぬほど大きなものであるに違いない。」ジンメルの慧眼であった(*)。

しかしながら、ミルズやパッペンハイムは、すべてに懐疑的なジンメルとは異なり、当時にあって社会主義に期待を寄せてもいた。当時の米国にあって、ミルズは社会主義への興味を持ち続けた少数派の社会学者といってよかった。ミルズ自らが手掛けることのできた最後の著作に、『マルクス主義者たち』（一九六二年刊）がある。だからといって、彼がきわめて純粋に政治的な意味と範囲でマルクス主義であったわけではない。

ミルズ自身は、『新しい権力者』や『パワー・エリート』などの著作で、「官僚組織」に対して懐疑的であり攻撃的であった。この視点は、彼の『社会学的想像力』でも、米国の社会科学者がすでに官僚的であり、官僚的技術としての方法論ばかりに固執して、社会構造や社会変化に取り組む社会学的想像力を欠いていることに対して、一貫して批判的であったことからもわかる。

ミルズは、その生きた時代での旧ソビエト連邦など社会主義圏の実態—一九五七年にはポーランド、亡くなる一年前と二年前には、旧ソ連を二回訪問している—やキューバ危機からも社

*北川編訳・鈴木訳前掲書所収。

会主義のあり方に関心をいだき続けた。ミルズにとって、社会主義への興味—スターリン主義への批判も含め—は、マルクスの社会科学者としての卓越した分析視点からきていた。ミルズは、『マルクス主義者たち』でマルクスやエンゲルスなど「古典的思想家たち」のほか、カウツキーやベルンシュタインなどの「社会民主主義者たち」、レーニン、トロツキー、スターリンなどの「ボリシュヴェキ」、ルクセンブルク、ヒルファーディングやドイッチャーなどの「スターリン主義批判」者たち、当時の社会主義圏の指導者たちであったフルシチョフたち、「共産圏以外のマルクス主義」者たちのゲバラなども取り上げた。

　ミルズは、同書第一章『理想とイデオロギー』で「政治と政治哲学にうんざりして、せまい個人生活にひっこむか、あるいはそこからぬけだしたことのない人びとのためのものでもある。……私はこの本を、この本を政治哲学者として書いているのであるが、このことは、政治の方向づけを読者とともに模索するものとして書いている……政治哲学は思想的に、道徳的な創作物である。それは高い理想、安易なスローガン、疑わしい事実、むきだしの宣伝、こじつけの理由を含んでいる(**)」と述べているが、これはいかにもミルズ流の導入となっている。

　ミルズは、最終章「新しい出発化」で、当時の社会主義圏の状況からこれからの展望を行っている。ミルズはいう。「マルクスは資本主義後の社会が存在しない世界情勢の中で書いたが、……（現在の社会主義諸国の—引用者注）政治家の方は、イデオロギーにしばられており、自由な理論家でありえないことは不思議ではない。また、かれらの方がヨリ具体的で実践的であること、かれらの理論的、もしくは『言葉の魔術』式の著作の目的が、何よりもまず、政治であり、政策決定であり、自己弁護であることは不思議ではない。（中略）……本物のマルクス主義の要素は、今日の世界の社会的現実を理解する。しかし、社会と資本主義として経済の「アンバランス」な関係は、はたして社会と社会主義としての経済との「バランス」ある関係

＊＊陸井四朗訳『マルクス主義者たち』青木書店（一九六四年）。

へとシフトできたかどうか。現実には、欧州諸国などにおいては、そのあり方は福祉国家観を中心とする社会民主主義への模索が続いた。そして現在では、その重すぎる国家財政への負担が社会と経済との関係の再構築を促してきている。

現代という時代は再び、社会と経済とのあるべき関係をミルズなどが生きた時代とはまた異なった状況の下で、その再考を迫っている。振り返って日本の状況をみておく必要がある。

2

日本経済の「停滞」がいわれて久しい。いま、再び、日本社会には力強い「成長」を必要とするイデオロギーがあふれている。経済と社会との関係では、「経済→社会」の時代的精神がそこにある。日本のいわゆる高度経済成長期のころには、公害問題や都市の過密問題―農村の過疎―などさまざまなひずみゆえに、「社会→経済」の時代的精神が強く求められていた。現在は、その時とはまさに対照的である。そこに経済と社会との関係におけるパラドクスがある。

日本の高度経済成長―正確には、高率経済成長―の時期には、日本経済の高率成長のメカニズムを解き明かす経済モデルがさかんに論じられた。この背景には高率成長がなぜ可能であるのかではなく、いつまでそれが持続可能であるかに、真の関心があった。その説明に英国の経済学者ロイ・ハロッド（一九〇〇～七八）の経済成長モデル(*)がよく利用された。

ハロッドは、三つの「経済成長率」概念を提示した。

（一）適正成長率―需要と供給が市場で一致している状況が、今後も継続されることが保証される場合の経済成長率である。

（二）自然成長率―技術進歩や人口（労働力）増加によって、最大限可能な経済成長率であ

＊ハロッドは、ケインズ理論の動学化を通じて、経済成長理論の形成に大きく貢献した。ハロッドモデルについては、同時期にポーランド出身の米国の経済学者エビセイ・ドーマー（一九一四～九七）も同様のモデルを発表していたことから、ハロッド・ドーマーモデルとも呼ばれる。このモデルの前提はそれまでの新古典派モデルと異なる。たとえば、生産要素については資本と労働の関係を固定的にとらえ、資本係数が固定的かつ労働供給面での制約がない条件となっている。

る。

（三）現実成長率―実際に達成される経済成長率である。

ハロッドは、この三つの成長率の関係をつぎのように示し、景気のサイクルを説明した。

（A）適正成長率＞自然成長率―この場合、現実成長率は下降し、不況が長期化することが想定される経済状況である。

（B）適正成長率＜自然成長率―現実成長率は、長期にわたって拡大しつづけるものの、現実成長率＞適正成長率となれば、景気はやがて下降することが予想される。

日本のかつての高度経済成長期には、このハロッドモデルがよく利用された。現在では、このモデルの有効性以前に、モデル自体が論じられることがなくなった。ハロッドモデルにしたがえば、適正成長率をどのようにとらえるかにより、現実の経済成長率への実感が変わる。エコノミストや政策担当者が好況であるととらえても、多くの人びとが同じような景況感をもつとは限らないからだ。

では、「日本社会」にとって成長とは何を意味するのか。また、「日本経済」にとって成長とは何を意味するのか。いずれも、これは単に数字だけの問題ではない。ハロッドモデルはこの在処を示唆する。経済学では、成長とは需要と供給の均衡点がつねに上向することである。しかしながら、市場における均衡点はつねに事後的である。需要が拡大しつづければ、それは物価高騰というかたちで需要が抑制され、供給との均衡が達成される。

だが、需要の拡大を眼前にすれば、企業など供給側はその供給力を拡大させようとする。ときに、それは供給過剰に陥る。これまた企業の事業縮小や倒産―失業率の上昇を伴いながら―などを通じて、均衡がはかられる。あるいは、そのような不況に対して、政府は財政支出の拡大により、有効需要を生み出し均衡点を達成しようとする。これはケインズ経済学が示唆するところである。

他方、社会にとってみれば、人びとの景況感に敏感に影響を及ぼすのは物価上昇率と失業率である。物価上昇は人びとの消費に影響するが、それにスライドした賃金上昇があり、また、インフレ期待から実物投資への積極的な動きがある場合、人びとは好況感をもつ。だが、失業率の上昇は人びとの景況感に影を落とす。政府は失業率上昇に無関心にいられず、インフレ政策にかじを取ろうとする。

物価上昇は、やがて企業と家計のあいだに葛藤と疲労感をもたらす。政府が期待するゆるやかな上昇率を超えて、物価が上昇し続ける場合、企業以上に家計が苦しむ。すくなくとも、各国の物価史はそのことを示唆している。ハロッドモデルにもどっておけば、現在では、人口増加率と技術進歩でうまく説明ができた日本の自然成長率が、適正成長率にうまく照合するような時代ではない。

理由の一つは、人口構造の変化である。人口増加率は総人口の減少傾向もあるが、重要なのはその中身である労働人口―年齢構成―の変化がもたらす影響力である。人口動態からみれば、日本経済の自然成長率はさほど大きなものにはならない。必然、自然成長率は適正成長率を上回ることなどできない。したがって、長期不況は長期化せざるをえない。これはバブル経済崩壊以降の日本経済の現状であった。

この関係を逆転させるには、巨額の国債発行によるコンスタントな財政出動で刺激を与え続けて、自然成長率を不自然に引き上げるしかない。日本政府が現在までとってきた経済政策がこれである。この影響は社会にどのような影響を及ぼしたのか。その影響は都市と農村、首都圏など人口集中地域と過疎地域、中核都市と地方都市とのあいだで異なり、さまざまな格差というかたちであらわれてきている。平均的な経済成長率の議論もさることながら、経済政策が地域的などのような差異を生んできたのか。社会学的想像力を必要とする。

3

日本の高度経済成長は、日本社会を変革・変容させてきた。高い経済成長率は、資本の移動—企業の新規立地や再立地など—だけではなく、労働力としての若年層の移動も促した。それまでの農業や軽工業を中心とした日本経済は、戦時経済下で重工業化していていた。戦後、その傾向に拍車がかけられた。ハロッドモデルでは、自然成長率＞適正成長率の状態によって、日本経済は成長し続け、人びとにそれまでの経済格差が縮小したことを意識させた(＊)。

とりわけ、製造業中心の労働市場では、労働力需要がその供給を上回ることで、労働賃金も上昇しつづけた。地域間や企業規模間の労働賃金格差(＊＊)もまた、縮小傾向にあった。その結果、消費のあり方もまた平準化し、日本社会にも中間所得層の拡大が進んだ。こうした所得やその結果としての消費の平準化は、人びとに他者とのちがいへの感性を鋭敏なものとした。

ジンメルの前述の「ペシミズム」論によれば、所得水準の完全な平等化でなくとも、その平準化によって、人びとの平等主義的—社会主義的—な幸福感が増進される。だが、その一方で、ある時点をこえると、人びとはそれとは逆の不平等化を求める。ジンメルは「文化の歩み」とは、人びとの平均的満足度への順応と、その後は自分の主観的生活感情において、普通の人びともまた他者とは異なる個人的欲望や悦楽をどこかで求めようとする社会的な存在であることにも気づいていた。

日本社会での「中流意識」の中核には、平均的な所得水準や消費水準から自分たちが抜け落ちることへの意識—恐れ—があり、広範に拡散した平等意識はやがて人並みより人並み以上を求める人びとの意識を発露させた。その後のバブル期は、そのような心情的なせめぎ合いのな

＊当時の総理府の経済成長に関わる国民意識の調査結果をみると、高度経済成長初期の楽観的な意識から物価上昇、都市の過密がもたらした交通渋滞や交通事故、公害問題などが深刻になったとする悲観的な見方が増えた。他方、国民間の格差が拡大したと感じた人たちの割合は、さほど高くはなかった。なお、日本経済の歩みについてはつぎの拙著を参考のこと。寺岡寛『日本経済の歩みとかたち—成熟と変革への構図—』信山社（一九九九年）。

＊＊むろん、これはあくまでも現金給与額であって、大企業と中小企業の間には、大企業にみられるこうした賃金以外の家族手当、住宅手当、教養・余暇活動など企業内福祉厚生などのフリンジ・ベネフィット（付加給付）も含めれば、格差水準はまた異なる。

かで加熱化した(*)。そして萎んだ。その後のいわゆる市場原理主義を基調とする新自由主義は、まるでジンメルが「社会主義とペシミズム」で論じたようなサイクルを描いている。現在、格差問題の是正は再び平等主義の時代となっている。

ただし、格差問題とは抽象的な事情ではなく、世代間格差や企業間格差にとどまらず、地域間格差の現実的な課題でもある。そこでは経済と社会との関係が改めて問われている。そうしたなかで、地域を見捨てる人—域外移動—もいれば、地域を見捨てずとどまる人たちもいる。わたしたちは、本書の副題でもある「人びと・地域・想像力」の時代に生きている。

＊高度経済成長とは異なる経済格差は、一九八〇年代のバブル時期から、土地や証券など資産格差が影を落とした。フロー面での所得格差に比べ、ストック面での格差が拡大したのである。

第一章　地域の想像力とは

社会学的想像力をもつ者は、多様な個々人の内面生活や外面的キャリアがどのような意味をもつのか、という点に関し、そのより大きな歴史的状況を理解することができるのだ。
（ライト・ミルズ『社会学的想像力』）

一九七〇年代半ば、世界八六か国一七〇人の写真家が世界各地で撮った四三一枚を集めた写真展「パラダイスへの途上」（Unterwegs zum Paradies）―日本では「人間とは何か？明日はあるか」―が、世界五一か国、三六七か所の美術館などを巡回した。(*)当時の西ドイツの雑誌社が企画したこの写真展は、海外では美術館での開催であったが、日本では百貨店を中心に全国二二か所を巡回した。

企画者の一人カール・パーベクは、世界写真展の意義を「人間の行動半径がひろがってくれば人間はその生まれ故郷との結びつきが弱まってゆき、揚句は大地におろした根をひきちぎられてしまう。あるいはまた、工業社会の発展も大切な自然を破壊してしまう―ということであり、この写真展は、そうした点からも視線を外してはいない……光の存在は影を描くことなしには表現できない。この写真展の底を流れる人類の明日への楽天的な思想を裏付けるためには、その影響の部分を構成する多くの事実の提示が必要であった」としたうえで、わたしたちが直面する「影」についてつぎのように指摘した。(**)

＊「人間とは何か？」というテーマでの第三回目の世界写真展であった。第一回目は一九六四年の開催で、世界で三五〇万人が訪れた。写真は毎日新聞社編『第三回人間とは何か？世界写真展「明日はあるか」』に収録されている。

＊＊毎日新聞前掲写真集の写真展開催序文。

「人間が続いて登場するところには、悪と絶望が影のようにともなうが、そこにはまた宗教・政治・消費社会などの形で、敬虔な期待と希望もうまれる。この敬虔な人々―その一部は消費社会だけを信じこんでいる人々であるにせよ―の希望は、私たちの世界の現実―人口危機・過密・物質的精神的環境破壊・人種闘争・侵略・戦争・破局・そして死―に突き当らざるをえない。人間はこのような様々な脅威に対してどう反応するのだろうか。」

しかしながら、同じ写真をみても人の感じ方は大いに異なる。パーベクがいう脅威をさほど感じない人たちだっているだろう。写真に対する誤解は、言葉が異なる人でも写真をみれば、言葉を超えてわかりあえるものがあるだろうという期待でもある。はたしてそうだろうか。

パーベクも、「写真は、ある人があるものを認識するだけの能力がないとき、そのものをその人の目から注ぎ込んでやれるようなジョウゴではない。人は写真の中に彼がすでに知っているものだけを見るのである。……写真という媒体がもつ固有の精神的な効果は、私たちの意識を動員するということにあるのである」と指摘する。必要なのは一枚の写真のなかに、自分たちの狭い体験や知見を超えて、社会の構造を見通すことのできる社会学的想像力なのである。

先進諸国の経済発展という光の影である自然破壊の写真も多く含んだこの写真展を通じて、世界中の人びとの気づきに楽観的な期待をもっていたバーベクとは異なり、スイスの劇作家ロルフ・ホーホフートは、「パラダイスへの途上」写真展に対して、医者であり劇作家・詩人であったドイツの医師ゴットフリート・ベン（一八八六～一九五六）の言葉―「神なき信仰」、「確信なき希望」、「目標を知らぬ憧憬」―を引用して、長文のやや悲観的なエッセイーを寄稿している。

ホーホフートは当時にあっても、技術の進歩が私たちの社会の抱える諸問題を解決できるとは、楽観的には考えてはいない。彼は世界史を振り返ったうえで、それでも人はそうであるべき世界＝パラダイスを夢見ることができること、そしてわたしたちが「その途上」にあることを想像できることを示唆した。ホーホートは期待したのは、世界の出来事に関する写真をみる人たちが、訪れたことのない場所でも、そこに想像力を働かせる重要性であった。わたしたちが自分たちの生活する地域から、どのような想像力を引き出すことができるのだろうか。

地域的想像力

1

英国では、大不況下の一九三〇年代に地域政策のあり方が問われていた。課題は、失業率における南北問題であった。相対的に失業率が低い英国南部から、失業率が高い北部地域の間に労働力が移動することによって、失業率の改善以前にその平準化が期待された。だが、そのようにはならなかった。理由は労働力という人格をもった「商品」は、市場原理だけで移動しなかったのである。

なかには、リバプールやマンチェスターを棄てて、職を求めてロンドンなどへ移動した人たちもいた。だが、多くの人はそうしなかった。政府は労働力の移動ではなく、資本の移動を促す政策を地域政策のかたちで試行することになる。資本の移動によって労働力を移動させるこのやり方は、日本ではきわめて逆説的に、地域開発政策の名の下で用いられた。英国ではロンドン首都圏の過密な経済活動を是正し、地方の発展を促す資本分散政策が、地域政策の名の下で模索された。

日本では逆に東京や大阪などの首都圏への経済活動の一層の集中化のために、むしろ積極的に資本の集中化がはかられた。資本の集中はやがて地方からの若年層、さらには出稼ぎや季節労働というかたちでの中高年層を引き付けていく。多くの企業が首都圏とその周辺に集中し、その外部経済効果により東京への経済集中は一層加速化された。

経済集中はある一定の時点まで有効に働くが、その後、過度の集中によるさまざまな問題—災害への脆弱性も含め—を引き起こす。当時の「国民意識調査」にみられたように、日本人の生活環境は悪化していた。同時に、都市の過密問題は、地方の過疎問題を生み出した。この意味では、本来の地域政策とは、国土の均衡ある発展を促すものであるとすれば、それはむしろ資本の集中ではなく、均衡ある分散を促すものでなければならない。過度集中の是正には、かなりの困難がともなう。それなら、当初から「過度」ではなく「適度」という社会的合意の下で、国土利用の均衡ある開発こそが、地域政策の本質であるべきである。

高度成長期の日本では、都市圏への集中がそれまで蓄積されたプラス効果を切り崩し、マイナス効果を逆蓄積させることへの想像力をどこかに押しやっていた。ハンガリー出身の経済人類学者カール・ポランニーは、「制度化された過程としての経済」で、「経済とは制度化された過程である」として、つぎのように指摘する（『経済の文明史』所収）。

「経済過程の制度化はその過程に統一性と安定性を与える。すなわち、それは社会内に明確な機能を持つ構造をつくり出し、また、社会における経済過程の位置を変え、そうすることによってその歴史に意味を加える。……人間の経済は、したがって、経済的な制度と非経済的な制度に埋め込まれ、編みこまれているのである。非経済的な制度を含めることが肝要である。なぜかといえば、宗教と政府が、貨幣制度や、労働の苦しみを軽減する道具や機械そのものの利用が可能性と同じくらいに、経済の構想と機能にとって重要となることもあり

＊ポランニーは、労働、土地、貨幣は本来、商品でないことについて、「商品の経験的定義によれば、これらは商品ではないのである。第一に、労働は、生活

うるからである。」（玉野井芳郎他編訳）。

この指摘は、英国と日本の地域経済政策の差異をとらえるうえで、有効であるだけでなく、先進国と後発国のキャッチアップ政策を考えるうえでも重要である。既述のように、英国での地域間経済格差は、経済過程のレッセフェール―自由放任主義―の結果であって、その是正は企業の新規立地や再立地などへの経済的インセンティブによってはかられようとした。逆に、日本では地域的な経済集中そのものを、経済的インセンティブによりはかろうとした。

レッセフェールの下での経済と社会の関係は、制度化された経済と社会のそれとは異なる問題点と課題をもたらしていく。ポランニーは「自己調整的市場と疑似商品」で、「経済的秩序は、常態としては、それを包み込む社会秩序の一機能であるにすぎないのである。……重商主義のもとでも、社会のなかに分立した経済システムは存在しなかった。経済活動が単独なものとされ、特殊な経済的動機に帰せられるようになった十九世紀の社会は、特異な新しい展開」であることを繰り返し強調した（玉野井芳郎他編訳前掲書）。

だが、すべてのものを商品化・市場化してやまない経済的秩序は、土地に象徴化される自然に対しては破壊、そして人類に対しては肉体的・精神的疲労、そして貨幣は「擬制化(*)」の度合いをさらに高める。ポランニーは、そのことで生じる社会的混乱に警鐘を鳴らした。市場経済制度―市場メカニズム―は、労働力としての特殊な商品だけではない生身の人間の織りなす「文化」という緩衝材なしには、本来、無制限に自己肥大化しえない。

また、ポランニーは、前掲論文で「市場メカニズムが人間の運命とその自然環境の唯一の支配者となることを許せば、……社会の倒壊を導くであろう」として、つぎのように指摘する。

「文化的諸制度という保護の覆いを奪われれば、人間は社会に生身をさらす結果になり、滅びてしまうであろう。人間は、悪徳、倒錯、犯罪、飢餓などの形で、激しい社会的混乱の

それ自体に伴う人間活動の別名であり、その性質上、販売の為に生産されるものではなく、まったく別の理由のために作り出されるものである。また、その人間活動も、それを生活のその他の部分から切り離して、それだけを蓄えたり、流動させたりすることはできないものである。つぎに、土地は自然の別名でしかなく、人間によって生産されるものではない。最後に、現実の貨幣は購買力を示す代用物にすぎない。……労働、土地、貨幣はいずれも販売のために生産されるのではなく、これらを商品視するのはまったくの擬制なのである。にもかかわらず、労働、土地、貨幣の市場が現実に組織されるのはこの擬制のおかげなのである。……それゆえ、商品擬制は社会全体に対してももっとも重要な組織原理―多種多様な形で社会制度のほとんどはすべてを左右する組織原理―を生み出すのである。すなわち、この原理は、商品犠牲に沿った市場メカニズムの現実の機能を妨げるような取り決めや行動の存在をけっして許さないのである。」ポランニー前掲書。

犠牲となって死滅するであろう。自然は個々の要素に還元されて、近隣や景観はダメにされ、河川は汚染され、軍事的安全性は脅かされ、食糧、原料を生み出す力は破壊されるであろう。最終的には、購買力の市場管理が企業を周期的に倒産させることになるであろう。……たしかに、労働市場、土地市場、貨幣市場は市場経済にとって本質的なものであることは疑いない。しかし、ビジネスの組織だけでなく、社会の人間的、自然的実態が、粗暴な擬制のシステムという悪魔の挽臼の破壊力から保護されなければ、いかなる社会も、そのような組織の擬制のシステムの力に一時たりとも耐えることはできないであろう。」

ポランニーにとって、それまでの地域的な需要に応じた手工業生産を中心とした商業的社会から、工場生産―機械化をともないながら―を中心とした工業社会へ移行するにつれ、経済と社会との関係も大きく変わっていくことを見据えた。だが、ポランニーはこの変化を非常に重視するものの、経済の空間的展開についてはさほどふれてはない。労働力、土地、貨幣の三要素についてみれば、貨幣の「越境性」に比べて、労働力や土地には「地域性」がある。前者の越境性は、つねに地域性をもつ後者の緩衝によって調整されてきた。これにも制約がある。地域政策の課題はまさにそこにある。

2

戦後の日本経済は、経済活動の空間配置からとらえると、大都市を中心としつつも、地方との相互作用のなかで発展した。だが、それは高率の経済成長によって支えられたもので、経済成長率―高率の経済成長は、資源面だけではなく土地利用を含めて自然環境の制約や社会問題の激化でやがて困難となる―の鈍化とともに、その相互作用性もまた低下していった。

だが、強大な人口集中によって大規模化した大都市圏は、強大な消費市場圏でもある。その経済活動は世界との連動性を高め、国内地域との相互補完性を低下させやすい。相互補完性とは、都市圏が資本や労働力を地方圏から一方的に引き出すだけではなく、都市圏との取引関係の拡大によって、都市圏と地方圏との間に相互的な経済活動が形成されることを意味する。換言すれば、「引き出し（プル）」と同時に「押し出し（プッシュ）」も生じることである。多くの経済地理学者は、この相互作用の分析に取り組んできた。日本の現状と歴史を振り返れば、相互作用が双方互恵的に進展していなかったことを示唆している。都市圏は資本や労働力を地方圏から引き出してきた。だが、地域資源を押し出すだけの潜在力が地方圏で低下すれば、都市圏と地方圏の相互作用もまた低下する(*)。

　こうしたなかで、なぜ、ある地域は活発な存立をみせ、ある地域は沈滞し閉塞感に苦しむのか。活発な存立をみせる地域社会では、どのようなメカニズムで地域の活性化がすすめられてきたのだろうか。そのような地域では、なぜ人はその地域を見捨てずとどまり、自分たちの地域の問題に取り組み、その解決に尽力したのだろうか。あるいは、そのような地域が人びとを押し出すのではなく、どのような人たちを引き付けてきたのだろうか。そのような取り組みを知ることは、さまざまな問題に苦しむ多くの地域にとって、自分たちの地域的想像力を高めることでもある。地域的想像力は単に成功を収めてきた地域のやり方を模倣・踏襲する力ではない。やり方を模倣できたとしても、その背後にあった条件などを自らつくりだすことなどできない。真の模倣とは想像力なくして成立しない。

　地域的想像力とは、他の地域の成功や失敗の原因をきちんと探り出し、自分たちの地域への応用において、場合によれば全くの正反対のやり方で、場合によっては同じやり方でもすこし工夫することで、成功できるかどうかを想像する力でもある。

　都市研究家のジェイン・ジェイコブス（一九一六〜二〇〇六）は、『都市と国富―経済生活の

＊日本の明治維新後の中央集権化による近代化政策を振り返れば、江戸期の二五〇余藩の多様性がもたらした多彩な人材の供給なくしては困難であったろう。しかし、皮肉にも中央集権化―画一制度の過度の普及―はそうした地方分権による多様性の潜在力を枯渇させ、画一的な近代化がもたらした諸問題の解決することを困難にさせてきたのではあるまいか。

諸原理―』（邦訳『発展する地域、衰退する地域―地域が自立するための経済学―』）で、地域活性化の鍵を握るのは、その地域の「輸入置換」力と「臨機応変」力であると強調する。ジェイコブスのいう輸入置換力(*)とは、その地域が供給できる財やサービスなどを他地域から移入や輸入に頼らず、自分たちの地域で対応して、それ以外の財やサービスを輸入することである。地域は、置換過程に積極的に取り組むことで、自ら財やサービスを自給しつつ、他地域とも自分たちの地域で自給できない財やサービスの交換を通じて経済関係をもちつづけることができる。ジェイコブスはこの過程が地域の活性化に不可欠であるとした。

他方、臨機応変力(**)とは、地域を取り巻くさまざまな環境変化に対して、過去のやり方などに固執せず、柔軟に対応できる能力を指す。いずれもその地域のもつ想像力なくして、輸入置換力も臨機応変力の形成は困難である。

地域的創造力

1

先に、地域活性化に必要となる人の意識と行動についてふれた。活性化する地域について、人はなぜその地域を見捨てずとどまり、自分たちの地域問題に取り組もうとしたのか。この事例は各地の「町（村）おこし」を中心に紹介されてきている。

その担い手は、ボランティア、NPOやNGO(***)、最近では社会的起（企）業家（SE, Social Entrepreneurs）であり、彼らあるいは彼女らが果す役割が重要視されてきた。背景には、営

＊ジェイコブスは、輸入置換力についてつぎのように指摘する。「国民経済とよばれる集合体と都市経済とを区別することは、現実を把握するためにだけ重要なのではない。つまり両者の区別は、経済活動を再形成しようとする実践的な試みにおいて、決定的に重要である。……輸入置換（import-replacing）あるいは輸入代替（import-substitution）というきわめて重要な機能は、現実には、何よりも都市の機能であって、『国民経済』には達成できないということを見逃した……かつては輸入していた財を、自力でつくる財で置換することによって、都市がいかに成長し経済的に多様化するか……およそ有効に輸入を置換する都市は、加工品を置換するだけでなく、同時に、数多くの生産財やサービスを置換する。」（中村達也訳）。

ジェイコブスは、自分たちの地域も、輸入置換によって他地域から新しいタイプの財を今度は輸入することによって、それらの財の重要な市場を提供し、相互の経済発展に寄与できることを論じた。

利民間組織の事業収支上—より正確には予想される収益性—の制約がある。つまり、民間企業のやり方が地域社会にとって「意義」のある事業にはなかなかなりえない実情がある。とはいえ、営利・非営利を問わず、あらゆる事業には、さまざまな費用が発生する。とりわけ、民間の営利組織—もっぱら企業—では、その費用に見合った収益を確保することが困難とされる。

換言すれば、そのような事業は「社会的」には意義があるが、「経済的」あるいは「経営的」には成立しえない。一般に、資本の運動法則は、G→W→G′（=G+△G）—G=貨幣、W=商品、△G=剰余価値（利潤）—で表される。この資本の運動法則にしたがって、営利事業と非営利事業は、つぎのように整理できる。

（一）営利事業（G′>G）—前提は△Gが黒字であることで、事業が継続できること。

（二）非営利事業（G′<G）—前提は△Gが赤字でも、事業が継続できること。

（二）のような非営利組織の事業展開にしても、そこにはなにがしかの費用が発生する。したがって、事業継続のためには、だれかがその費用（=赤字補てん）を負担せざるをえない。多くの場合、個人や財団の寄付金、政府や地方自治体の補助金や減税措置などで補われる。実際、NPOなどは補助金や寄付金でよって運営されているところも多い。他方、社会的起（企）業家はどうであろうか。

一般的には、社会的起（企）業家とは、社会問題の解決に事業を通じ寄与することを強く意識する事業家たちと考えられてきた。NPO活動が盛んな米国社会で、この考え方を実践する事業家たちが現れたもの（****）、世界的に社会起（企）業家という考え方が普及するきっかけは、バングラデシュのグラミン銀行の創設者であり、その運営にあたったロバート・ユヌス（一九四〇〜）が功績を認められ、二〇〇五年にノーベル平和賞を受賞してからである。

ただし、米国と日本では、社会的起（企）業家の概念は必ずしも同一ではない。社会的とい

＊＊ジェイコブスは、臨機応変力—インプロビゼーション—が「すべての経済発展に不可欠な精神のあり方を育てる。インプロビゼーションという実践それ自体が、それをうまくやってのけるという喜びを育み、また非常に重要なことだが、一つのインプロビゼーションがうまくいかないとしても、他の似たようなうまいインプロビゼーションがあるはずだという信念を育む。発明、実践的な問題解決、インプロビゼーション、イノベーションはすべて密接な関連がある」としたうえで、「もしも経済発展を一語で定義するとすれば、それは『インプロビゼーション』ということになるだろう。しかし、実行できないようなインプロビゼーションでは意味がないから、より正確に言うなら、発展とは、日常の経済活動の中にインプロビゼーションを取り入れることができるような状況のもとで、絶えず創意を加えて改良する改訂である。こういう状況を生み出せるのは、相互に流動的な交易を行っている都市だけであり……」と論じた（中村達也訳）。

うことでは、それぞれの国が抱える問題には共通する領域もあれば、きわめて異なる領域もある。たとえば、米国でいえば、移民問題や人種問題がある一方で、日本には現在のところ米国ほどの移民比率は高くはない。したがって、日本にもそのような問題があるものの、その表出的現象は米国とは異なる。他方、移民国家としての米国は若年層の社会流入の比重が高いゆえに、少子高齢化がもたらす社会問題の位相も異なる。日本ではこの問題は地域により、きわめて深刻な社会問題をもたらしている。

　起業家や企業家についてみても、その内的精神は異なる。それは、彼らあるいは彼女らに影響を及ぼす社会的規範が彼我で異なるからである。それゆえに、社会的起（企）業家の経営マインドも異なって当然だ。米国の社会的起（企）業家では、先の資本の運動法則での二つの類型では、社会的事業であっても収益の確保が可能なビジネスモデルを追い求める事業家たちが多いことである。

　営利的事業として存立しえないためにそこから取り残された社会層にも、できるだけ優れた商品やサービスを提供することで、双方にとって社会的有益性を確保させることが社会的起（企）業家の社会的使命とされる。それゆえに、慈善家ではなく起業家や企業家こそがその使命を果たすことで、その種の事業が自立性と持続性を確保できる。自立性と持続性が納税や地域の雇用創出などを通じて、地域社会に貢献できることが社会的起（企）業家の使命となる。

　この点が、日本ではしばしば誤解されてきた。社会的な事業であるから、その収益が軽視され、その事業の持続には補助金の前提が当然視されるような社会的規範が生まれた。それゆえに「貧困ビジネス」で象徴されるような「反社会的」な社会的事業が展開されたりしてきた。そこにあるのは健全な利潤の確保ではなく、違法な補助金確保や不当にダンピングした賃金に依拠することで成立している事業のあり方である。社会的起（企）業家は新たな工夫によって、

＊＊＊ＮＰＯ（Nonprofit Organization、非営利組織）は、営利を目的とせず、特定の使命を実行するために設立された組織の総称である。広義には学校、病院、労働組合のほかに、各種文化団体や社会団体、さまざまな宗教弾劾も含まれる。

　米国などでは一九六〇年代末から連邦政府や州政府、地方自治体などがさまざまな社会問題の有益な解決策が見いだせないなかで、住民などが地域の教育問題、福祉問題、環境問題などの自主的解決を目指した自発的組織が結成された。やがて、ＮＰＯ活動は地域を超えて、途上国の人権問題、環境汚染問題、経済格差などの諸問題にも取り組むようになった。

　政府など公共体に代わってこのような国際的な課題に取り組む非営利組織はＮＧＯ（Non-Governmental Organization）とも呼ばれるようにもなった。また、ＮＧＯは元来、国連でその関係機関と経済開発、人権問題や自然保護等の分野で協力関係にあった政府以外の非営利組織を指していた。こうした組織は「国連憲章」でも規定されて

一定の収益を確保できるマネジメント手法を確立させて、事業の継続と発展をはかる存在である。この観点は地域の持続的な発展を促すうえでも重要であり、地域社会のあり方にとっても多くの示唆に富む。

ところで、ジェイコブスは『都市と国富—経済生活の諸原理—』で、「都市と資本」の関係を取り上げ、先述の輸入置換の重要性について論じたうえで、つぎのように指摘する。

「活気のある都市をもたない地域に、借款、交付金、補助金がつぎ込まれても、その場合には、不活発で不均衡な、あるいは依存的な地域が形成される可能性があり、自立的な経済の創造、つまり、輸入置換都市の創造には役に立たない」（中村達也訳）。

ジェイコブスの視点から今後の地域社会のあり方を考えるとき、社会的事業と地域経済との関係をいかにうまく築けるかが大きな鍵を握る。地域社会が資本、土地などの自然、労働力—その質も含めて—の人的資本をいかに有効に活用していくべきか。個別事業での社会的起（企）業家の重要性と同様に、地域社会の全体像を描くことのできる想像力をもつ人たちが地域においてどれほど存在しているのかが、重要なのである。

2

人びとと地域との関係は、人びととの行動を類型することでより具体的になる。たとえば、縦軸に「衰退」地域と「発展」地域を取り、横軸に「移動する」人たちと「移動しない」人たちのマトリックスをとると、つぎのように類型化できる。

（一）衰退地域から発展地域へと移動する人たち。
（二）衰退地域から発展地域へと移動しない人たち。
（三）発展地域から衰退地域へと移動する人たち。

いた。なお、日本では平成一〇［一九九八］年に「非営利活動促進法」が制定された。

＊＊＊古くは、英国の工場経営者で劣悪な労働条件の下で働く少年などの待遇改善に乗り出したロバート・オーウェン（一七七一〜一八五八）や、日本の倉敷紡績の経営者で従業員の待遇改善や地域の社会・文化事業に取り組んだ大原孫三郎（一八八〇〜一九四三）を挙げることもできよう。ただし、彼らは、当初からそうした事業に取り組んだりしたかどうかという点では、現在の社会起（企）業家たちとは異なる。

（四）発展地域から衰退地域へと移動しない人たち。

これら四つの人びとの類型行動では、（一）の場合、衰退地域から発展地域への人びとの「移動経路」は、その所属集団によって異なる。これには個人移動と組織を通じての移動の二つの経路がある。個人移動では、現在の所属集団から離れて、別の所属集団へと属することで地域移動が可能である。衰退地域に立地する企業や事業所を辞めて、発展地域の企業などに再就職するキャリア選択である。あるいは、発展地域の大学など学校に進学して、そこで就職するキャリア選択もこれにあたる。

組織を通じての移動では、複数事業所をもつ企業が衰退地域での事業所縮小や閉鎖によって、従業員などを発展地域の事業所などへ転勤—再配置—させる場合である。中小企業の場合は単一事業所が多いので、衰退地域を閉鎖して発展地域に事業者を再立地させることは、大企業ほどには容易ではない。

（二）の衰退地域から発展地域へ移動がむずかしいケースでは、中小企業の事例が典型的である。中小企業の場合は、大企業とは異なり、企業内の人員再配置による企業内異動＝地域間移動での対応は困難である。また、年齢別の移動をみた場合、若年労働層—とりわけ、まだ家族を持たない単身者層など—の移動は容易であっても、中高年労働層の移動には種々の困難が伴う。この場合、「移動しない」のではなく、むしろ「移動できない」のである。

（三）の発展地域から衰退地域への移動は、通常そうあることではない。（一）や（二）と異なり、そこには人の強い意志や意図が働く。かつては、地方出身者で、大都市などで生活していた人たちが再び故郷にもどり、就職・再就職・定住することを「Uターン」と呼んだ。また、都市出身者が地方で就職・再就職・定住することを「Iターン」、さらに地方から大都市などへ故郷ではなく、近隣の地方都市へ就職・再就職・定住することを「Jターン」と呼ばれるようになった。個人のこの種の意思の強弱は、就職や再就職する機会が限られている場合、自ら起業し自らを雇用する意志の問題でもある。

（四）の発展地域から衰退地域へ移動しない場合、（三）の場合と異なり、移動すれば、現在の生活環境を激変させることにつながる。ほとんどの人たちは、この類型に分類されうる。人はよほどの事情がないかぎり、快適な生活環境を自ら捨て去りはしない。これは（二）の場合とシンメトリックな関係である。通常は（三）の発展地域へ移動可能であるにもかかわらず、あえて衰退地域に残るにはかなりの勇気が要る。

考察対象とすべきは、もっぱら（二）と（三）の場合である。これは衰退地域をどのように活性化させるかの課題でもある。地域経済の発展にとって重要なのは、自分たちの地域資源をどのように認識―再発見―し、それらを活用するかにある。一般に、地域資源には三要素がある。「人材」、「資本」、そして「市場」である。人材についてみれば、（二）のように衰退地域に踏みとどまり、地域の活性化に熱心に取り組む人材層の厚さがそこでは必要である。地域にそのような人たちがいなければ、（三）のように他地域からその地域に移動してくる人材層がいるのかどうかが鍵を握る。

他方、十分な資本が地域内で調達できたとしても、それを十二分に活用できる人材がいなければ、地域内経済連関性を高める有益な事業を見つけ出し、それを発展させることは困難である。地域内経済連関性とは、最終製品や最終サービスまでの迂回生産（＊）や、分業関係の地域内完結性が高いことを意味する。地域内経済連関性の高さは地域経済活性化にレベレッジ効果をもたらすことができる。

また、どんなに優れた製品やサービスが地域で供給されても、最終的な消費市場がなければ、経済循環は容易に起こらない。どのような消費市場を対象とするのかは、地域のもつ創造力に

＊迂回生産―最終製品の完成までに経営資源の一部を生産財などの生産に利用し、こうした生産財の活用により、結果的には、最終生産財の生産性向上を通じて生産量を拡大させる生産方法である。カール・メンガー（一八四〇～一九二一）の限界効用理論を受け継ぎ、オーストリア学派を形成したベーム・バヴェルク（一八五一～一九一四）は、この迂回生産による収穫拡大分を「迂回生産の剰余収益性」＝資本の物的生産性ととらえた。

左右される。市場を創造する力が、はたして地域にあるのかどうか。これにはつぎの三つの市場類型がある。

（一）地域内既存市場の置き換え—これは先のジェイコブスの輸入（移入）置換力と共通する。他地域からの輸入（移入）市場に対して、地域内で代替させることのできる財やサービスを創造できることである。

（二）新たに地域内で市場を開発する—地域のニーズに合致するような市場を新たに創造して開拓することである。

（三）地域内で市場がなくても、地域内で供給することが可能な財やサービスを必要とする他地域—海外市場を含め—を見つけ出し、その可能性を創造できることである。

地域にさまざまな人たちが踏みとどまり、地域経済さらには地域社会を活性化させるには、この種の創造力を必要とするのである。資本や市場という発展要素以上に、まちづくりに携わる人たちが強調するように、人材が鍵を握る。

地域力への途

1

「地域力」とは、つまるところ、〈地域的想像力〉×〈地域的創造力〉のことにほかならない。発展地域は人材を引きつけ、資本を引きつけ、そして市場を形成してきた。衰退地域にはこれとは逆のサイクルが作用してきた。だが、衰退地域では、すでに発展した地域とは異なる発展をするための将来像を想像し、創造する能力が求められる。単に、発展を経済活動の量的拡大ととらえるだけでは十分ではない。経済活動のみに地域発展を見出そうとして、多くの社会問題を抱え込んだ地域や都市も多いのである。そこには、質的拡大＝発展ととらえる地域像が必要である。

衰退地域では自然の再生エネルギーの活用あるいは再活用が重要である。そこでは、地域循環エネルギー・システムの開発と実践が鍵を握るだけではない。従来の動脈産業だけではなく静脈産業の重視(＊)、地域資源の有効なリユースやリサイクルの社会システムの構築、環境負荷の小さな社会交通システムの充実をはかる必要もある。

このような試みを通じて地域づくりを進め、そこに生活する人たちの生活スタイルや生活の質を充実させることのできる地域へと変化できれば、それまでの発展地域との関係もまた変化しうる。

そうした地域のデザインをすすめるには、改めて、かつての自然との調和——景観も含め——と、高エネルギーではない低エネルギーを基盤とした街づくりをいかに想像し、その方途をいかに創造するのかが地域力となる時代に、わたしたちは生きている。

2

地域力を形成する〈想像力〉と〈創造力〉に共通するのは、積極的にその地域を見捨てなかった人たちと、その地域とのつながりを重視する人たちの存在ではなかろうか。なぜ、人はその地域を見捨てず、とどまろうとしたのか。何がその人たちをその地域にとどめたのか。この何かが、今後の地域社会と地域経済の活性化にとって重要である。

情報化の時代になり、情報インフラも各地に整備され、かつての情報格差は縮まってきた。

＊動脈産業とは自然資源を利用して製品をつくりだす産業であり、動物の血液循環システムに例えた総称である。動脈産業に対して、静脈産業とは動脈産業が生み出した製品の廃棄物などをリサイクルあるいはリユースする産業の総称である。

縮まったからこそ、実際に顔を合わせることのできるコミュニケーションの価値が強調され、大都市圏の経済的優位性が指摘されてきた。はたしてそうなのだろうか。

地域の〈想像力〉と〈創造力〉を構成するのは、企業などの経済主体だけではない。人材育成機関としての高等教育機関の存在、とりわけ、その教育上の特質が問われる。地域のもつ教育力は重要である。産業クラスター論では、産官学連携の強弱だけが機能論として重視されてきた。学である大学や大学院などの高等教育機関の研究開発力だけが論じられた。だが、より本質的に重要であるのは、産官学といった場合、機関としての産官学の協力体制だけではなく、地域に貢献できる人材の育成である。

かつて北欧、とりわけ、フィンランドのサイエンスパークとそこでの産官学連携の実態調査をしてきたわたしの知見(*)では、産官学のうち、学についてみれば、その地域の研究水準を際立させるのは、優れた研究者の存在である。優れた研究者の周りには、必ず世界各国からやはり優秀な研究者の「卵」—大学院生や研究生・研修生—が集まる。そのような研究者集団のスピルオーバー効果を求めて、世界各地から関連企業が事業所を設けている。

こうしたなかで、ある地域はバイオクラスター、ある地域は情報通信クラスター、ある地域はエネルギークラスターというように棲み分けが形成されてきた経緯がある。比喩的にいえば、それぞれの地域力をもった専門店街的な存立基盤がある。その点、日本はなんでもそろう専門店街と、一通りの一流品が揃う巨大百貨店が東京のような巨大都市圏に存在する。他方で、そのミニバンともいえるミニ東京が各地に存在する。問題は品揃えはなんでもあるが、魅力的な商品は揃ってはないという感じではなかろうか。

先のフィンランドのケースにもどると、いくつかの医療・バイオクラスターがフィンランド各地にある。ある地域についてみると、ヘルシンキのような広範囲な医療・創薬分野ではない

＊詳細はつぎの拙著を参照。寺岡寛『比較経済社会学—フィンランドモデルと日本モデル—』信山社（二〇〇六年）、同『起業教育論—起業教育プログラムの実践—』信山社（二〇〇七年）、『スモールビジネスの技術学—Engineering & Economics—』信山社（二〇〇七年）。

が、世界的な研究者がいる。その人物へのアクセスを求めて、内外から優秀な研究者、研究開発企業などが集まる。この集積効果は地域の特徴をつくり、その水準が外部に発信されていったのだ。

では、優秀な人物がその地域にとどまったのか。あるいは、戻ってきたのか。わたしのインタビュー調査経験では、その地域の出身者が大半を占めると当時に、他地域からやってきて大学・大学院で学び、その後もその地域にとどまったケースも結構多いのである。大学・大学院の研究レベルの高さは当然ながら、自然環境、地域文化などへの愛着、人間関係の豊かさなどがその人たちを地域にとどめたのである。

日本でも江戸期を通じて二五〇の藩(**)があり、それぞれの藩が育んだ人材と文化が日本の近代化にとって重要な資産であった。だが、皮肉なことに日本の近代化が同時に中央集権を推し進め、それまでの豊かな地域文化と地域分権の潜在力を低下させ、画一的な制度と文化を定着させた。だからといって、江戸期へと回帰することはできないが、それぞれの地域のもつ固有の地域力を育成することが、地域発展の遠回りのようで近道となりうる。

**江戸期ではおよそ一万石以上の領地をもつ大名—親藩、譜代、外様—の支配地域と支配機構の総称である。明治四［一八七一］年に廃藩置県によって消滅。

第二章　地域経済と想像力

都市の過去の発展は、将来の発展を保証するものではない。なぜなら、都市はその経済の中に新しい仕事を追加することを急にやめることがあるし、従って沈滞してしまうことがあるからだ。

〈ジェイン・ジェイコブ『都市の原理』（中江利忠・加賀谷洋一訳）〉

前章で、地域経済の分析方法などについてふれた。ここでは地域社会を経済面だけではなく、経済と社会との相互作用のなかで、そのあり方を見据える想像力を探りたい。地域社会の担い手は、個人、家庭、企業、地方公共団体や中央政府の出先機関などの公共体である。

こうした担い手の機能や役割を論じるまえに、地域社会をどの範囲までとらえるべきなのか。それは、行政単位としての地域社会なのか、経済圏としての地域社会なのか、あるいは文化圏としての地域社会なのか。経済圏の場合、それはかつて人びとや物流や資金の交流範囲と同義であった。いまでは、交流の範囲は技術の発展により、物理的―時間的―にも心理的にも拡大した。移動時間が同じでも、〈徒歩→馬車→鉄道〉や〈船舶→自動車→航空機〉などの交通手段の発達により、経済圏の交流範囲は実質上拡大してきた。さらには、通信手段もまた、インターネットの発達と普及により、時間的物理距離は移動感覚以上に心理的には縮まった。

こうした経済交流のあり方と範囲は、ここ一〇年間をとってみてもドッグイヤーのように変化した。世界的にみて、大都市の支配圏はいままで以上に拡大した。その結果、大都市と都市との関係は、大都市が中小都市の人口を吸引してきた。そして、中小都市と周辺の地域との関係もまた同様な傾向を示してきた。

他方、実際の地域はこうした経済圏と同義ではなく、そこには行政圏によって政策的―より正確には政治的―に、あるいは制度的に空間が配置されてもきている。平成の大合併の対象となった市町村を思い浮かべればよい。実際には、地域という空間範囲は経済圏、行政圏、文化圏として重層的に組み合わされている。行政圏という政治的な判断によって、労働力や資本の移動が自由になった欧州連合諸国では、行政権に寸断されていた地域間がかつての経済圏に回帰した地域もみられる。逆に、日本では市町村間の合併によって、それまでの経済圏が新たな行政圏によって変化を受けた地域もある。わたしたちは、地域経済をどのようにとらえ、その発展をどのように想像することができるのか。

いうまでもなく、地域と経済圏は密接な関係をもつ。経済は産業の発展によってその内実が与えられてきた。農業から工業への変化は、大規模な都市を生み出していった。都市は人口規模で農村とは大きく異なる。人口集中が都市を成立させた。都市の成立＝都市生活は、さまざまな産業を生み出した。人口集中自体は相対的なものであり、古代社会でも起こったが、その絶対的な規模は工業社会のなかでより大きくなった。

日本でも、かつての旧城下町、門前町、港町のように、行政や物資流通の拠点都市は存在したが、工業化が加速された第一次大戦後に、各地に工業都市が成立する。さらに、第二次大戦後の高度成長期において、とりわけ太平洋ベルト地域で中核工業都市の形成が進展した。

工業化はそれまでの人びとの社会生活にも大きな影響を与え、生産の迂回化は関連産業分野のすそ野を広げ、それまでの原材料立地型の生産を消費者立地型へと変化させた。従来の原材料立地型の前提となった原料の枯渇によって、遠隔地からの輸送が必要となり、消費者に近い地域での生産も可能になった。また、それまでの水力など自然エネルギーから石炭・石油、電気などのエネルギー源への転換によって、工場立地のあり方も変化した。

人の移動についても、工業へ直接かかわる人たちの教育・養成だけではなく、都市の交通システムや生活インフラの維持にも、人材育成が必要となり、教育機関なども都市に立地した。各国の都市史とは、従来は商品、職人、僧侶、知識人などの居住地であった都市が、工業とその関連分野—商業やサービス業など—に関わる人たちが、広汎に居住する場へと変貌を遂げていった歴史でもある。

都市史は、同時に、都市、とりわけ大都市の成立史であり、それまで経験されたことのない社会問題への人びとの取り組みや、問題解決への努力の歴史でもある。具体的には公害などの環境問題をはじめとして、住宅不足などの住環境、災害、道路、交通、公的施設の問題である。これらの諸問題は経済問題であり、財政問題でもあり、環境問題でもあり、なによりも社会問題であり続けている。

1　地域と都市形成

都市社会学は、都市問題を社会構造の視点から分析してきた。一つめは、社会学伝統の「階級」や「階層」であり、二つめは、そうした伝統的概念ではとらえることのできない新たな社会集団への着目である。都市社会学は都市のもつ原理を、都市の地域構造、経済構造や社会構造などから明らかにしようとする。これらの要素は独立しているわけではなく、きわめて有機的に結びついている。

都市の地域構造は、都市のもつ経済的支配権と密接な関係をもつ。具体的には、企業の中枢管理機能と生産・サービス供給機能の分化、職住の分離に加え、郊外化の進展と買物行動の変化によって、都市の経済圏は拡大し、人びとの集団行動も変化し、その結果、都市の社会構造も変化する。都市規模の拡大は人口増によって、それを支える都市の機能を生み出してきた。

都市の人口増は、消費市場を成長させ商業やサービス業の都市中心部への集中をもたらす一方で、生産に関わる事業所や人びとの住居を郊外へと分散させてきた。都市とは、そのような集中と分散を繰り返しながら成長してきたのである。この集中と分散を管理するための交通システム―物流システムも含め―や、行政システムなどの諸機能がなければ、都市の成長もなかったはずである。そのような都市の成長は、必ずしも自立的であるとはいえない。食糧自給度の低い都市は、食糧供給の農村の存在なしには存立しえない。都市への人口集中は、都市での自然増と他地域、とりわけ農村地域からの人口流入という社会変化によって可能であった。農村からの人口流入は、農業技術の発達や機械化による生産性の向上によって促された。

都市は、ある一定の規模を超えると、集積・集中の利益よりもその不利益が目立つ。一例としてスプロール化現象(*)がある。これは都市中心部の過密集中のために、市街地が虫食い的に都市圏の外縁部に拡大して起こる現象である。各種インフラ整備が先行した都市中心部の地価上昇のために、新たな流入人口の中心は上下水道、道路や公共施設などの生活環境インフラが整っていない地区へと虫食い的に移動する。このため、住宅環境整備、公共交通整備、道路整備などが後追い的に、しばしば、重複投資とやり直しの連続で、都市財政悪化の原因となって、

＊スプロール化現象は、やがて都市中心部のドーナツ化現象を引き起こす。これは昼間人口と夜間人口の差が大きいほど顕著となる。

現在に至るまで多くの課題が残されてきた。

都市の均衡ある発展にとって、乱開発による自然破壊などを防止し、生活環境の悪化を防ぐための適正規模があるのだろうか。だが、人口が急増しすでに人口規模が大きくなった都市において、再び都市を最適規模に戻す住民参加型のコンセンサスの形成が可能だろうか。このため、それぞれの地域の特性が考慮されないままに、画一的な基準で都市整備が展開した。問題は、自分たちの地域への自覚や責任が十二分に形成されないままに、行政主導の町づくりが日本各地に展開してきたことだ。

2

一般に、都市の規模を規定する量的基準は、人口密度に集約できよう。都市の質的定義は、人びとの生活がそれまでの農業ではなく、製造業や商業・サービス業に依拠する人たちの割合変化である。産業別就業人口は、都市の特徴的な産業活動を示唆する。それは、第一次産業ではなく、第二次産業や第三次産業に大きく依存する構造(**)をもつ。

とはいえ、大都市圏には製造業企業の本社機能などが集中しているものの、実際の生産にかかわる事業所は、地方都市や農業地域に立地するケースも多い。現在では、都市の産業構造は、むしろ第三次産業に依存している。日本では制度上の都市の定義は、もっぱら人口数で規定される。この意味では、人口指標は形式定義であり、産業構造などが実質定義である。

近代都市の成立＝都市化は、工業化の進展とともに各国ともほぼ共通して見られてきた。人口の大部分は都市に集中してきた。都市には、巨大都市とそれぞれの地域における中核都市が存在する。都市をめぐる経済社会構造は、都市と都市との関係や、都市とその他地域との関係からとらえられる。つぎのように整理できよう。

**農業から工業や商業・サービス業に立脚する人びとの生活への変化は、農村から都市への人口移動を一層生み出し、人と人との農村的な結びつきや意識も大きく変えてきた。農村生活での顔の見える社会関係は、都市生活では顔の見えない社会関係と大衆社会を生み出した。この意味では、都市への変化＝都市化は単に人口密度の高まりや産業構造の変化だけではなく、人びとの価値観や生活スタイル、人と人の諸関係をも変化させてきた。

（一）巨大都市と巨大都市の関係—巨大都市と巨大都市を結ぶ高速鉄道網などの発達によって、両都市は競合関係と同時に補完関係を取り結ぶことになるものの、成長のスピードは、両都市の産業構造や交通や住宅などのインフラ整備の進展度合いによって異なる。
（二）巨大都市と地方中核都市の関係—その関係は競合的なのか、あるいは補完的であるのかにより、地方中核都市の発展のあり方が変わる。
（三）地方都市とその他の都市との関係—（二）と同じように両市の関係によってその発展のあり方が変わる。
（二）と（三）の関係には連動性がある。中核都市が大学など勉学機会、就職など就業機会を十分に供給できなければ、若者たちは地方都市やその周辺地域から巨大都市へと移動する。また、都市は単に勉学や働く場だけではなく、文化やスポーツなどの場が少なければ、都市の魅力は半減する。さらには、医療や福祉についても同様だ。地方都市に魅力がなければ、高速交通が整備されれば人は中核都市へと移動し、地方都市と中核都市との関係もアンバランスなものとなる。事実、そのようになってきた。

3

昭和五［一九三〇］年の『国勢調査』によると、日本の総人口は六四四五万人であった。都市の人口規模では、もっと人口が多かったのは東京市（都）の二五〇・一万人で、二番目は、大阪市の二四五・四万人となっていた。東京市内では、浅草区と本所区（現在の墨田区南部）の二区で四七・七万人と東京全体の二〇%ほどを占めた。

東京府下では、いまでは繁華街となった渋谷は、当時、東京市に編入されておらず渋谷町

（一〇・二万人）、現在、交通の結節点である品川（品川町）で五・六千人であった。大阪市の場合、港区（三六・三万人）と東成区（三三・一万人）の二区への集中が顕著であった。

いまでは、三大都市圏の一つとなった名古屋市は三番目で、九〇・二万人と東京や大阪とは大きく隔たっていた。四番目は、神戸市の七八・七万人、五番目は、京都市の七六・四万人、横浜市の六一・九万人となっていた。ここらあたりまでが六〇万人をこえた都市であった。二〇万人以上の都市は、広島市、福岡市、長崎市の三市のみ、一〇万人以上の都市は、一九市――人口規模順には函館市、仙台市、八幡市、札幌市、呉市、熊本市、金沢市、小樽市、岡山市、鹿児島市、静岡市、新潟市、堺市、和歌山市、新潟市、浜松市、門司市、下関市、川崎市――であった。いずれも、県庁所在地あるいは交通の結節点であった都市であった。

五万人以上、一〇万人以下の諸都市では、一〇万人を少し切った大牟田市などを筆頭に四三都市――尼崎市はちょうど五万人――を数えた。いずれも、県庁所在地や県域にあって、産業都市や交通の結節点であった商業都市であった。三万人以上、五万人以下の諸都市は、四・九万人の千葉市など二八都市――倉敷市は三・一万人――であった。いずれも、工業都市や商業都市である。二万人台の都市は、高田市など五都市であった(*)。

道府県別に、主要都市の人口規模をみておこう。北海道・東北地域は、二八一万人のうち函館市に一九・七万人、札幌市に一六・八万人、小樽市に一四・五万人、室蘭市に五・六万人、釧路市に五万人、旭川市に七・七万人が住んでいた(**)。青森県八一・三万人のうち、青森市に七・七万人、五・三万人の八戸市、九八・八万人の秋田県には五・一万人の秋田市、九七・六万人の岩手県の六・二万人の盛岡市、山形県一〇八万人のうち山形市には六・二万人、四・五万人の米沢市、三・四万人の鶴岡市があった。宮城県一一四・三万人のうち、仙台市には一八・五万人が住んでいた。一五〇・八万人の福島県では、郡山市に五・一万人、福島市に四・

＊調査結果には佐世保市、津山市、山口市、今治市、都城市、那覇市、首里市の一部人口が未発表ということで含まれていない。

＊＊当時の樺太には大泊町（三・三万人）と豊原町（三・二万人）があった。

五万人、会津若松市に四・二万人が住んでいた。こうした東北地域の都市は、県庁所在地であり、経済や旧城下町以来の行政上の中核都市であった。

東京市という首都圏を抱える関東地域では、東京府下で巨大都市の二〇五・一万人の東京市のほかに、五・二万人の八王子市があった。隣接の一六二万人の神奈川県には、六一・九万人の横浜市、一〇・四万人の川崎市、軍港都市の八・四万人の横須賀市がある。一四七万人の千葉県には四・九万人の千葉市、一四五・九万人の埼玉県には三・五万人の川越市、当時の浦和は市制ではなく町で二・五万人であった。

一一四・二万人の茨城県では、五万人の水戸市、一一八・六万人の群馬県には、八・五万人の前橋市、高崎市には六万人、桐生市には五・三万人が住んでいた。一一四・二万人の栃木県には八・一万人の宇都宮市、六三・一万人の山梨県には七・九万人の甲府市があった。行政の中心の県庁所在地のほかに、桐生市のような繊維関係の事業者が多いところや、高崎市のように交通の結節点で連隊のあった都市もあった。

北陸地域では、隣接の一九九・三万人の新潟県の場合には、一二・四万人の新潟市のほかに、五・八万人の長岡市のような中核都市が複数存在していた。七七・九万人の富山県では七・四万人の富山市、五・二万人の高岡市、七五・七万人の石川県には一五・三万人の金沢市、六一・八万人の福井県には六・四万人の福井市がある。北陸地域では金沢市が突出していた。

東海地域では、一七九・八万人の静岡県では、一三・四万人の静岡市、一〇・八万人の浜松市、五・六万人の清水市や四・四万人の沼津市があった。両市はいずれも漁業の中心地であった。なお、浜松市の西隣には経済的なつながりが強かった愛知県の九・七万人の豊橋市、六・五万人の岡崎市があった。一一七・八万人の岐阜県には、九万人の岐阜市、三・九万人の大垣市、一一五・七万人の三重県には五、五万人の津市、五・二万人の四日市市があった。愛知県と岐阜県に隣接する一七一・七万人の長野県には、七・四万人の長野市、七・二万人の松本市、三・五万人の上田市があった。県庁所在地のほかに交通の結節点にある商業都市や旧城下町が特徴である。

関西地域では、六九・二万人の滋賀県には三・四万人の大津市、日本の古都である一五五・三万人の京都府では、その半数近くの人口の七六・四万人の京都市、五・一万人の宇治山田市、三・一万人の伏見市、三五四・〇万人の大阪府では、二四五・四万人の大都市の大阪市のほかに、一一・六万人の堺市、三・五万人の岸和田市がある。二六四・六万人の兵庫県では、海運や造船業などの事業所が多かった七八・七万人の神戸市、隣接する五・九万人の姫路市や三・九万人の明石市があった。古都の五九・六万人の奈良県には五・一万人の奈良市、八三・一万人の和歌山県には一一・六万人の和歌山市があった。

中国地域では、一二八・四万人の岡山県には、一三・九万人の岡山市のほかに、三・二万人の紡績関係の倉敷市があった。一六九・二万人の広島県では、二七万人の広島市、海軍を中心とした軍都である一六・七万人の呉市、陸軍関連施設のあった三・八万人の福山市、海運交通の結節点であり商都の二・九万人の尾道市があった。日本海側では四八・九万人の鳥取県には三・七千人の鳥取市、七四万人の島根県には四・四万人の松江市だけである。

四国地域では、七一・七万人の徳島県には九万人の徳島市、七三・三万人の香川県には八万人の高松市と二・九万人の丸亀市、一一四・二万人の愛媛県には八万人の松山市と四・四万人の宇和島市、七一・八万人の高知県には九・六万人の高知市があった。

九州地域では二五二・七万人の福岡県には、行政や経済の中心地の二二・五万人の福岡市のほか、一〇・四万人の下関市、鉄鋼など重工業地域の一六・八万人の八幡市や八・七万人の重工業の小倉市、五・二万人の戸畑市、一〇・九万人の石炭などの久留米市や九・六万人の大牟田市があった。対岸には交通の結節点にあたる一〇・八万人の門司市、六・一万人の工業都市の宇部市があった。

山口県全体では人口は一一三・六万人であった。六九・二万人の佐賀県には四・六万人の佐賀市、九四・六万人の大分県には五・五万人の大分市、一二三・三万人の長崎県には造船業が盛んであった二〇・三万人の長崎市、一三五・四万人の熊本県には一六・四万人の熊本市、七六万人の宮崎県には五・五万人の宮崎市、一五五・七万人の鹿児島県には一三・七万人の鹿児島市があった。いずれも旧城下町から発展した都市である。

その後の各地の都市の発展からは、先にみた都市への人口集中がさらに進んだことがわかる。こうした都市は行政の中心であったほかに、商業施設、文化施設などの都市文化の形成によって周辺からも人口を吸引し、商業やサービス業も発展することでさらに人口を吸引していた。都市文化の担い手は有閑階級(*)としての中間所得層であった。

定期的な祭事だけの農村とは異なり、都市での中間所得層は農村の祭事とは異なる休日の余暇サービスの潜在需要を高めたのである。都市では繁華街が形成され、さまざまな商店や飲食店だけではなく、駅などのターミナルには百貨店が立地し、その周辺には劇場や映画館が建設された。それらの町は住宅環境問題なども抱えつつも、そのような利便性のある空間は、多くの人たちにとって魅力ある都市文化の中心地と映っていた。

先ほどの昭和五年の『国勢調査』の結果が発表された翌年の『文芸春秋』正月号には、愛媛県の松山市の様子についての記事がある。筆者は、観光地として高浜湊へ船などで上陸してから、「伊予鉄道を利用して頂きたい。此のマッチ箱を連ねた様な小さな軽鉄がこよなく閑かな夢の国への案内車なのだ……高浜を出てから三十分にして松山市の西玄関古町駅に着く……高浜線が電化するという噂がある……」と道案内しつつ、松山市内や道後の様子をつぎのように

＊有閑階級（レジャークラス）――ノルウェー系米国人経済学のソースティン・ヴェブレン（一八五七～一九二九）は、『有閑階級の理論―制度進化における経済研究―』で、資本主義社会における所有権の確立が、資産があることで生活のために労働する必要がなく、社交、娯楽や消費に時間を費やすことのできる有閑階級を生んだことを論じた。ヴェブレンは有閑階級の消費スタイルなどが社会の消費傾向に影響を与えることに着目した。中間所得層が資産効果によってまったく自ら労働する階級ではないが、余暇をもつことのできる階級であり、都市での彼らの消費スタイルが都市の消費市場に影響を与えていた。

描いた。ちなみに、高浜線はこの記事が出てからまもなく電化されている。

「道後は松山市の一部ではない。が、ほとんど町続きになっている。市に編入されるのも遠くはあるまい。……松山の心臓街道港町は、御大典記念に道路が舗装されて散歩者を喜ばせている。大街道にはキネマ館が三つある。トーキーも完備してはいるが松高高商生其他限られた人々には喜ばれるが営業上立ち行かぬとあって取り止めている。松山ＡＢＣ其他カフェーは沢山ある……」

当時の八万人余りの人口の松山市は、愛媛県の行政の中心地だけではなく、すでに俳人の子規や虚子を生み出した地として全国的に知られていた。道後は、当時、松山市に編入されていなかったが、温泉では有名になっていた。松山はこの道後―漱石の「坊ちゃん」効果もあっただろう―を抱え、高等学校や高等商業学校など教育機関もあり、高松市とともに四国最大の都市でもあった。映画館やカフェーなどの都市文化もあった。

都市の人口規模では日本最大都市であった大阪市は、その後、東京市が周辺地域を編入することで首都東京に抜かれる。この年に発表された『国勢調査』では、大阪府の人口は四二九・七万人と五年間で七五・七万人の増加であった。東京府は、六三七万人と同期間で九六・一万人の増加であった。日本の総人口は六九二五・四万人と同期間で四八〇・四万人の増加であった。この増加人口の半数近くが、東京府と大阪府の二大都市圏に集中していた。

先に紹介した『文芸春秋』は、昭和一〇［一九三五］年二月号でも、横浜市と大阪市の都市の現状記事を掲載している。紹介しておこう。同誌は神戸市と並んで日本を代表する港湾都市であった横浜市について、海岸公園―山下公園―で「バラック建ての会場」をつくって「儲けることばかりに齷齪」する万国博覧会開催を批判する一方で、伊勢佐木町にあった百貨店へ「横浜駅の前から、百貨店の送迎自動車」サービスがあったこと、深夜営業の小料理屋、ダンス・ホールが増えて、六軒となったことを報じている。いずれも農村にはない大都市の様子であった。

大阪については、市内中心部の中之島に、地上八階・地下二階の新大阪ホテルが竣工して、河岸に朝日新聞の社屋、三井ビルディングなどが立ち並び「大阪もどうやらこのあたりだけは、どうやら近代都市らしい風貌を具えてきたものだと思わせる」とした。同誌は中之島周辺には大学生や若いサラリーマンだけではなく、年配の常客の喫茶店、千日前から道頓堀にかけては大阪松竹少女歌劇、関西大歌舞伎の中座、映画は常設館があるものの、「東京と同時に封印されるが外国物の常設館となると、先づ道頓堀松竹座だけといっても差支へないのが現状だ」と報じた。

とはいえ、同誌はそんな大阪でも、外国映画の常設館が増えつつあることにくわえ、食道楽の街ならではのさまざまな飲食店、とりわけ、小さな喫茶店も増えてきたこと、また、映画鑑賞のあとに立ち寄れるドイツのビアホールのようなしゃれた店もできたことを紹介している。戦時体制まえの大都市の華やかな消費文化の姿がそこにあった。

その後、戦争体制下の軍需生産や空襲を避けて、都市圏にあった工場などが郊外へ、さらには山間部などに疎開立地することで、日本の人口配置はそれまでの農村から都市ではなく、都市から農村へと人口の逆流現象が展開する。だが、敗戦後の高度成長期から再び人口は都市を中心として集中していく。

4

先にみた昭和五［一九三〇］年の日本の人口配置と都市の関係は、その後、どのように展開したのであろうか。戦時体制下の児童だけではなく、軍需施設の疎開、都市の食糧難で人口は都市から農村へと逆流した。敗戦の混乱の下で統計整備が遅れた当時、雑誌記事などが当時の状況を伝えている。敗戦後の東京、大阪、神戸の様子が、当時のさまざまな雑誌で取り上げられた。すこしみておこう。

戦前、農商務省の海外実習生として渡仏、ピカソに傾倒し日本での戦後のピカソブームの火付け役にもなった画家の伊原宇三郎（一八九四〜一九七六）は、『主婦の友』（昭和二一〔一九四六〕年三月号）に、「新東京スケッチ・ブック」で四枚の絵と文で東京の姿を伝えている。伊原は「ずっと昔銀座で見かけたようにマドモアゼル達は、今どこに潜んでいるものか……この焦土の東京に、高度の文化風景が生まれ出るのを、私は何としても見届けたいものだと思ひながら家路についた。……銀座から新橋へそんなことを考へながら歩いて行ったが、……あの夥しい闇露店での所帯じみた買出しの九割が男で、私の雑嚢も河岸で買ったばかりの干物や切身でふくらんでいたのである」と描いた。伊原は、人が戻りつつあるとはいえ、まだまだ混乱の真っただ中にあった東京の姿を伝えている。

大阪出身で大阪庶民の姿を描き続けた織田作之助（一九一三〜四七）は、『文芸春秋』（昭和二一〔一九四六〕年八月号）で、「焼けなかった唯一の都会だと思へば、ことにみじめに焼けてしまった灰色」の「大阪の憂鬱」を憂いを込めて描いている。また、織田は、「何でも売っている」大阪の五大闇市場―梅田、天六、鶴橋、難波、上六―を取り上げ、このうち梅田新道の道の両側にあった闇煙草屋を紹介する。織田は、そのような大阪についてつぎのように描いた。

「月並みにいへば、たしかに大阪の町は汚い。ことに闇市場の汚さといっては、今更言ってみても仕様がないくらい汚い。わずかに、中之島界隈や御堂筋に在りし日の大阪をしのぶ美しさが残っているだけで、あとはどこもかしこも古濡市のように汚い、おまけに、ややこしい。……かつては大阪のすくなくとも盛り場界隈だけは、どこの路地を抜ければ何屋があり、隅隅まで知っていた。大阪の町を歩いて道に迷うようなことはなかった、ところが、梅田あたりの闇市場では既にして私は田舎者に過ぎない。……（千日前、心斎橋や道頓堀の――引用者注）これらの盛り場は復興した。……千日前や心斎橋や新世界や法善寺横丁や雁次郎横丁が復興しても、いや、復興すればするほど、大阪のあはれなやせ型が目立つ仕様がないのである。闇市場で煙草や主食を売っているといふのも、いや売らねばならぬといふのも、思へば大阪の逞しさといふより、むしろ、大阪のあはれな悪あがきではなかろうか。」

画家の伊原宇三郎は、敗戦後、それまでの伝統を打ち捨てて、米国文化に浮かれる日本文化の薄ぺらさを嘆いて、東京の今後の文化復興に期待をかけた。他方、庶民作家の織田作之助は、闇都市大阪の汚らしさと同居する逞しさに感心しながらも、商都大阪のあはれな「痩せかた」を憂いた。

神戸で教師と作家の二足の草鞋を履いていた白川渥（一九〇七～八六）も、横浜と並んで日本の代表的港町であった神戸の敗戦後、復興中の姿を『朝日評論』（昭和二四［一九四九］年八月号）に寄稿している。白川は、戦後の船舶需要で息を吹き返しつつあった造船所近くや、四つの鉄道・市電路線の結節点であった三ノ宮周辺の「ジャンジャン市場」――闇市的盛り場――が元気なものの、闇市を撤去する神戸市の計画をつぎのように紹介する。

「最近当局はこのジャンジャン市場を撤去して、もっと目立たぬ東神戸のスラム街の方へ移す計画だと言う。しかし、それが国際都市の玄関口がこれではあまり体裁が悪いという理由だけなら感心しない。玄関口ばかりを掃き清めて、勝手口を汚しておくのは、どこかのマダムのやりそうな趣味だ。策を立てるならば、もっと根本的な見解に立ってほしい。いずれ、戦争のために溜ったアカとゴミだ。敗戦の傷が癒えない限り、ジャンジャン市場は依然ジャンジャンと流行るだろう。」

さらに、白川は敗戦の混乱のなかで、「麻薬吸飲者の多いことでは、今も昔も神戸が日本一だが、戦後急激に増加した」麻薬密売都市神戸―代表的地場産業であったゴム工業についても、原料の生ゴムの密輸もあった―の実態にふれたあとで、「このような暗黒面とは別にミナト神戸にはいまひどく明るい話題もある。それは中共軍の上海占領とともに、上海に代わって神戸港が極東の貿易、観光、造船の中心として新たにクローズアップされようとしていることだ。……これまで上海にふりまかれていたドルは、代わって神戸へ落ちるということになる。又上海、香港で修理を予定していた外国船が戦禍の不安から川崎、三菱などの日本造船所へ転換するものが多く……（六甲山周辺は―引用者注）準国立公園に指定され、外国にも類例のないほどの完備した観光地帯が出現するとのこと。何年先のことがわからないが、これも港都の明るい夢の一つとして附加えておこう」と展望した。

小説家白川のこの神戸経済展望は慧眼であった。翌年の朝鮮戦争勃発によって、米国本土よりも戦地に近く、海上交通の便利さに加え、艦船などの修理技術の高い神戸は朝鮮特需の恩恵を受け、急速に復興し始めた。大阪の方も、東京よりも早く、砲弾や兵器修理などの特需、繊維製品などの衣料品需要の拡大によって復興の途につき始めていた。

その他の地域については、どうであったろうか。日本経済の復興の弾みとなる朝鮮特需の日本各地への影響については、『朝鮮戦争勃発の五か月後に発行された『毎日情報』（昭和二五［一九五〇］年一一月号）に興味ある記事「巷を行く朝鮮ブーム」が掲載されている。紹介しておこう。

横浜―「変貌する風太郎(*)の生態」ということで、市内の公共職業安定所の求人状況が紹介されている。「朝鮮動乱は連合軍と特殊な関係をもつハマの労働市場にかなりの変化をもたらした。…動乱前には二日に一日働ければまずまずだったのが、動乱後は一週間に六

*風太郎（ぷーたろう）―第二次大戦後、横浜市の桜木町駅やその周辺で働き口を求めて集まった日雇い労働者を指した。「風のごとく集まり風のごとく散っていく」ことから名づけられたとされる。

日、少なくとも四、五日は働けるようになった……朝鮮動乱でハマの風太郎たちはホクホクだがこの好景気はいつまで続くか……横浜職安でも今後の求人面としては特需で潤った民間工場などの求人に唯一の期待をかけている。」

挙母町（現豊田市）―当時、労使対立による大量解雇で揺れ動いていたトヨタ自動車の工場があった地域である。朝鮮特需のトラック発注で「クビ切りの嵐は何処へ」とされた。トヨタ自動車の発展は名古屋市にも影響を及ぼすことになる。

大阪―証券金融業界の中心である北浜での株式市場について、「アメリカの南鮮援助も本格化の見通しがつき、加えて産業界の先行活況期待から株式の挑戦ブームが約八月一杯続いた」なかで、「戦争につきもの」の船舶緩解、機械、金属に加えて、繊維や窯業などの株価が高いことが報告されている。

北九州―「朝鮮動乱がはじまってから第一線化した」地域であり、「職業安定所で聞いた話であるが、ここには毎日百人から百五十人の他県人が職を求めてやってくるそうである」ものの、景気が良いとはいえない状況が報告されている。

この記事がでた年の翌年―昭和二六［一九五一］年―、税務署への府県別確定申告最高額の納入者一覧表が、『オール生活』（昭和二七［一九五二］年五月号）に掲載されている。掲載された三四府県のうち、八県―福島県、石川県、大阪府、岡山県、福岡県、佐賀県、長崎県、大分県―が鉱業（石炭）関係である。所得トップは福岡県の石炭業者約一・三億円の申告額であった。第二位、第三位、第四位は佐賀県、長崎県と大阪府の石炭業であった。また、朝鮮戦争で海上物資輸送などが増えたこともあり、神奈川県、兵庫県、鳥取県で船舶関連業者がその地のトップであった。

当時、絶対的不足から復興需要に加え輸出が大きかった衣食住の分野では、埼玉県、山形県、愛知県で紡績業や織物業など、戦後の住宅建設需要の拡大から、和歌山県、徳島県では製材業者、北海道では建設業者が、食糧不足を反映した東京と宮崎県で漁業関係者がトップであった。変わったところでは三重県では真珠業者が所得トップとなっていた。

ドッジラインによるインフレ鎮静化のための緊縮財政で、「瀕死の重体」にあった日本経済も、朝鮮戦争を契機として高度成長への入り口に差し掛かっていた。経済成長は、人びとに職業選択への意識―それまでのなんでもありから、なにを選ぶか―を変えつつもあった。昭和二六［一九五一］年の『週刊朝日』四月一五日号には、「新サラリーマン読本」に産業別大卒初任給の記事が登場している。日本社会は安定化に向かっていた。同記事は業者や企業によって初任給はバラバラとしつつも、つぎのように伝えている。

「王座は、何といっても糸ヘンと金ヘン、倉敷レーヨンの一万三千円がまず最高水準をゆき、化学繊維とならんで紡績鉱山、製紙がいずれも一万円を割っていない。商事会社も目立って高い。少し落ちるのが銀行、造船会社などでこの辺がまずAクラス、Bクラスとなると、機械電気工業、印刷、土建で、九千円台から七千円までのところ、これ以下がCクラスに入るだろう。同じく、大学出の初任給といっても、ほぼ二倍の開きが出ている。特需景気が一部産業だけに限られた現象であることを、初任給のデコボコが如実に物語っている。」

ここで紹介された初任給水準と先にみた高額納税者の所属業種は、概ね一致をみせている。糸ヘンという繊維、金ヘンの鉄鋼、金属、そして機械が日本経済をけん引していた。その後の日本経済の進捗は、復興需要や輸出需要に関連する産業をもつ地域と、そうでない地域との産業別格差が影を落とした。東京・神奈川、愛知県、大阪・神戸、北九州・福岡を中心とする工業地帯の発展は、東京都、横浜市、名古屋市、大阪市、神戸市、福岡市などの都市を成長させていった。

5

日本社会が戦前の工業水準に戻るのは、昭和三〇［一九五五］年前後であり、その後の高度経済成長の入り口に差し掛かっていた。地域社会学者の北川隆吉たちは、『現代日本の都市社会』で、東京における昭和五［一九三〇］年と昭和三〇［一九五五］年の社会層の変化をとらえている。注目されるのは、俸給生活者（サラリーマン）層の割合の顕著な増加と、自営業主や小経営主など零細企業経営者層の比重低下である。俸給生活者＝被雇用者層の拡大は、新規学卒労働市場の拡大と並行して起こった。若者は東京をはじめとして都市へと移動し、巨大都市圏が高度経済成長の下で形成されていく。そうしたなかでも、府県別人口の動きは必ずしも同じではなかった。

わが国の総人口が一億人を超えたのは、昭和四〇［一九六五］年の『国勢調査』結果においてである。ただし、その前の『国勢調査』結果との比較では、すべての地域で人口が増加したわけではなかった。県別に示しておく。

前回結果の人口数を下回ったのは、次の県である。

岩手県（▲二・八％）、秋田県（▲三・〇％）、山形県（▲二・九％）、福島県（▲一・九％）、山梨県（▲二・四％）、長野県（▲一・二％）、福井県（▲〇・三％）、鳥取県（▲三・二％）、島根県（▲七・五、％）、岡山県（▲一・五％）、山口県（▲三・六％）、徳島県（▲三・八％）、香川県（▲二・〇％）、愛媛県（▲三・七％）、高知県（▲四・九％）、福岡県（▲一・一％）、佐賀県（▲七・五％）、長崎県（▲六・八％）、熊本県（▲四・六％）、大分県（▲四・三％）、宮崎県（▲四・三％）、宮崎県（▲四・八％）、鹿児島県（▲五・六％）。

地域別の特徴は、北海道・東北地域では北海道、青森県、宮城県を除いて人口が減少した。他方、関東地域では、山梨県を除いて減少県が見当たらない。それどころか、埼玉県（二八・二％増）、千葉県（二四・六％増）、神奈川県（二三・五％増）で人口増が顕著であった。昭和三五［一九六〇］年調査で、一千万人をこえた東京都も五年間で五・〇％増となった。

同じことは、名古屋市という巨大都市を抱える中部地域も、関東圏ほどではないにせよ、愛知県（一二・二％増）、岐阜県（三・五％増）、三重県（一・九％増）となっていた。関西地域では、大阪府（二〇・九％増）、兵庫県（一〇・三％増）、京都府（五・五％増）、滋賀県（一・二％増）、奈良県（五・八％増）、和歌山県（二・五％増）となっていた。

こうしてみると、東京都、名古屋市、大阪市という巨大都市での企業の新規立地や再立地によって人口が引き寄られ、同じことは周辺でも起こった。ただし、企業などの事業所が、さほど増加していないにもかかわらず、人口が増加した地域では、中心都市へのベットタウン化が進行したことを物語る。

他方、四国地域では県庁所在地など地方中核都市を飛び越えて、関西地域へと若年層を中心に人口移動が促された。四国の四県はいずれも人口減をこの時点ですでに経験していた。中国地域でも、広島市や福山市など工業・商業都市をもつ広島県（四・四％増）でこそ、人口が増加したものの、日本海側の島根県や鳥取県、隣県の岡山県や山口県でも、人口減となった。九州地域では中心県の福岡県をはじめ全県で人口減となった。

その後の人口動態は、北海道・東北地域で人口増に転じたものの、各県とも平成に入ってからは、人口減の傾向がますますはっきりしてきている。関東地方では、東京都や神奈川県で依然として人口増が続くなかで、周辺県の人口増加率は鈍化した。

北陸地域でも、各県で微増であったものの、その率も鈍化しはじめた。中部地方では愛知県では人口増、静岡県、岐阜県、三重県でも増加率が鈍化した。直近の動きでは、東京都、神奈川県、愛知県以外では人口は減少に転じている。関西地域では、大阪府や兵庫県で人口増が続いたあと横ばいとなった。周辺県は滋賀県を別にして、横ばいとなっている。中国地域では、日本海側の鳥取県と島根県は人口減少が続く。

岡山県や広島県は、人口増のあと横ばいである。山口県は人口減少である。四国地域でも、各県で減少が続く。九州地域では、福岡県や沖縄県で人口増が続いたものの、その他の県で横ばいあるいは減少となった。

現在の都道府県別の人口動態は、自然増減率では沖縄県などごく一部の地域をのぞいて全般的に減少傾向にある。地域間人口移動を示す社会増減率では、東京都への人口集中が続き、神奈川県、愛知県や福岡県では、微増という傾向にある。社会増減率のうち、増加率の中心は巨大都市圏を抱える地域でもっぱら若い世代であり、送り出す地域の高齢化がさらにこの傾向を加速化させる。

国立社会保障・人口問題研究所の「日本の地域別将来推計」(二〇一三年三月での推計結果)によれば、二〇四〇年時点では、六五歳以上の高齢者年齢層の比重は、全国平均で三六%を超える。

都道府県別では、北海道、青森県、秋田県、徳島県、高知県では四〇%を超えることが予想されている。しかしながら、若年人口層を引き寄せてきた東京都でも、高齢者層の割合は三四%近くに達し、一四歳までの年齢層は九%を割り込む。この時点で三%を割り込むことが予想されているのは北海道、青森県だけであることを考えると、改めて東京という地域のあり方を考えさせられる。

6

都市にも最適規模がある。それは単に工業や商業などの産業のための空間だけではなく、居住のための空間、住民が快適に過ごすための公共空間、都市内あるいは都市外の有効な交通サービスのための空間、地震や洪水など災害などに加え、原子力発電所事故への対応や、その被害を最小限にとどめるために必要な空間を総合的にとらえた結果としての最適規模がある。

最適規模の達成には、都市計画が必要である。都市計画は、産業立地だけに偏したものであってはならない。また、住民に不便だけに強要する空間配置であってもならない。東北大震災や福島原発事故以降、日本の町づくりはより総合的な視点から、エネルギー、安全・安心な生活、地域資源の再見直しを十二分に検討することから改めて創始されなければならない。

日本の場合も、すでに各地にそれぞれの歴史的な営みの積み重ねとしての空間利用に結びついた都市の姿がある。阪神・淡路大震災とその後の震災、そして東日本大震災や熊本震災などは、それまでの経済効率性一辺倒の都市の姿に反省を促した。必然、わたしたちにとっての都市計画は、都市再計画でもある。それは学者、建築家や行政の人たちだけの作業ではない。

建築家の板茂（一九五七〜）は、「建築家はだれのためにあるか」と自問して、「われわれはほとんど特権階級のクライアントの仕事をしているからである。歴史的にも貴族の館や宗教建築を建て、現代では富裕層の家や企業の本社、そして公共建築を設計している……建築家は、一部の公団アパートを除いて一般民衆のためや、自然災害で家を失った人たちのための仮設住宅を設計してこなかった」として、つぎのように建築家の本来の仕事についてふれる。

「『自然災害』は、今や『人為的災害』と言うべきであろう。たとえば、地震自体で人は死なない。人は建物が倒壊して死ぬのである。ところが、われわれは地震による街の壊滅により生まれる新しい仕事を楽しみにしても、仮設住宅の建設のお手伝いはしてこなかった。」（五十嵐太郎・山崎亮編『三・一一以後の建築—社会と建築家の新しい関係—』所収）。

阪神・淡路大震災の時に、「紙の教会」のデザインで知られる板は、二〇一一年二月に起こったニュージーランド地震—クライストチャーチ地震—後の復興モニュメントのデザインにも携わっている。仮設住宅だけではなく、建築家は、形としての箱ものデザイナーだけではなく、地域と居住とのより良き関係のデザイナーとしての役割がますます重要になってきている。

エネルギーについても、建築設計はエネルギー問題の解決と密接に関係している。日本の自然環境に合致して、エネルギー消費を抑えたデザイン効率重視のデザインの開発が鍵を握る。建築家の竹内昌義（一九六二～）は、山形エコハウス(*)での実験を通じてエネルギー問題の解決につながる快適空間の創造を重視する。

この種の取り組みは、建築家だけではなく、地域の諸問題の解決に取り組んでいる幅広い人びととの協働作業でもある。今後、都市再開発の新たなデザインが必要な過密都市とは真逆にあるような過疎地においても、取り組みが必要である。若手建築家のなかには、過疎問題に積極的に関わる試みもある。背景には、過疎地には空き家が多くなっている現実がある。建築家の伊藤暁（一九七六～）たちは、空き家再生に取り組み、古民家や地場産業の工場群をサテライト・オフィスへと再利用しつつ、町おこしにも取り組んでいる。伊藤たちは、これは「個人に目を向けたインフラ」整備が町の再生に必要であると、つぎのように指摘する。

「かつての成長時代につくられたインフラは、……人びとをマスと捉え、抽象化して計画されていた。その結果、『インフラに合わせて』振舞うことが最も合理的に社会をかたちづく方法になる。……しかし、縮退の時代を迎えて昨今、成長時代に『社会が用意した規範』は至るところで綻びを見せ始めている。そこで必要なのは、個人の振舞いに目を向けたイン

＊山形県が環境省の補助を受けて、庇や天窓を重視し、エネルギーを消費するよりも生み出すエコハウスモデル＝山形エコハウスである。

フラのあり方ではないだろうか。」（五十嵐・山崎前掲書）。

過疎問題は、過疎地だけの課題ではなく、過密地といってよい巨大都市にも一気に高齢化が進んだかつて都市近郊の団地にも、空き家の問題はあるし、その周辺にも空き店舗―シャッター通り―の問題がある。[＊＊]社会全体の豊かさの中の貧困問題と同様に、この種の問題は、過密の中の過疎の課題として、その町全体の都市再計画が必要となってきている。

大都市の団地の再生に取り組んできた建築家の大島芳彦（一九七〇〜）たちは、町のもつ歴史的な背景―都市景観―も重視した「リノベーションプラン」を提唱する。とりわけ、工場などが去ったあとをショッピングセンターや、高層マンションの建設をすすめる単純な都市再開発計画ではなく、むしろそれを景観＝空間として残すことも積極的な町づくりである。

景観工学に取り組んだ消えた中村良夫は、『都市をつくる風景―『場所』と『身体』をつなぐもの―』で、近代都市が交通、住宅、商業、工業などの機能によって寸断され、かつての「風姿がしぼんでしまった……『風景』こそ、そこに秘められた生成力によって両者（都市と市民―引用者注）を繋ぎ直しながら、一方で疲弊した都市像を癒し、他方で市民相互をむすびつけ、孤立しがちな個人を救うきっかけ」を最重要視する。

中村は、現代日本の風景についても、「未消化の西欧的な意匠のなかに、変わり果てた伝統の種子がわけもなくバラまかれた。……私は決して西欧モデルをそのまましとはしない。だが、最も早く近代化に成功した非西欧社会の日本が、アジア的な精神文化のしなやかな活力と寛容な多様性を失わず、西欧近代の合理性を飲み込んだ円熟をなしとげられるか」と問いかける。たしかに、その成否はそれぞれの地方や都市の風景にあらわれる。

いま、アートによるまちづくりもさかんに主張される。[＊＊＊]だが、それは、著名な建築家の設計による奇抜な美術館の建設などというハード面だけの整備ではない。新たに町に付け加わる建

＊＊この問題の背景には、日本社会で一貫して進んできた核家族の増加という社会構造の変化がある。核家族は最後には、単身者世帯となり、住居は空き家となる。巨大都市の東京都でも周辺中核都市でも主要駅周辺は別として、空き家問題が生じている実態がある。

＊＊＊この課題についてはつぎの拙著を参照。寺岡寛『地域文化経済論―ミュージアム化される地域―』同文舘（二〇一四年）。

物が、地域の風景との相乗作用のなかで、風景(*)の一角として違和感なく溶け込み、地域の風景を形成できるかがその成否を握っている。

地域と財政規模

1

一七年間ほど地方自治体などに勤務したわたしの経験でも、地方財政というのはわかりづらい。財政規模そのものは、それぞれの予算書で確認できるものの、各支出項目については、多種多様な交付金や補助金の種類があり、最終的に地方自治体へ交付される経路についても複雑怪奇である。

自分の担当した分野であれば、およそ概要は理解できても、分野が異なればわかりづらい。ましてや一般住民にとって、地方財政はよくて半透明、へたをすれば不透明かもしれない。同じことは国家財政についてもいえるだろう。比喩的にいえば、最初は部屋数の少ない建物であっても、増築や改築を重ねられたことで、複雑となった建物のような感じかもしれない。そこに住み続けた人でないと、全体像をつかむのは容易ではない。

財政問題の解決には、まずは制度そのものの単純化と透明化をはかることが、前提とならなければならない。でなければ、納税者である国民のチェックは、形式的には可能でも、実質的にはきわめて困難である。財政とは本来、形式的には、家計や企業会計とも共通点が多い。収支という面でも、家計や企業会計と同様に均衡をはかる必要がある。だが、異なる点もある。

*単に自然景観だけでなく、歴史的建造物も永い年月の経過とともに、世代間にわたって人びとの記憶にとどまり、第二の自然景観となる。そうした歴史的資産については、金沢市や倉敷市がともに昭和四三［一九六八］年に「伝統環境保存条例」——その後、昭和五二［一九七七］年には「伝統建造物群保存地区保存条例」——と「美観保存条例」などが制定された。

同様の動きは京都市についても昭和四七［一九七二］年に、神戸市は昭和五三［一九七八］年に条例ができている。とりわけ、街並み保存に熱心であったのは金沢市で、平成元［一九八九］年には景観条例が、平成一四［二〇〇二］年には寺社風景の保全条例が、平成二一［二〇〇九］年には新景観条例が制定された。こうした条例に加えて、金沢市は寺社関連施設の保存・修復、茶屋街の街並み修景事業などの支援、町家再生・活用事業への積極的な関わりをもってきた。こうした景観維持への取り組みに対して、政府も平成一六［二〇〇四］年に景観法などを制定している。

たとえば、家計や企業会計では収入や売上額に合わせて、支出額や支払額の範囲を決定しなければならない。だが、財政では支出の必要性に合わせて、課税率と課税範囲を決定して収入をはかることができる。

いうまでもなく、財政の主体は国家＝政府である。政府もまた、家計などと同様に消費主体であり、投資主体であるものの、消費の中身は国家体制の維持であり、企業の消費行動や投資行動とは明らかに異なる。国家の消費については、国民の総意において、「小さな政府」の考え方もあれば、「大きな政府」の考え方もある。両者の考え方の相違によって、財政規模は異なる。国家収入＝税収などを上回る財政規模を維持するには、国債の発行など公信用が不可欠となる。

財政規模やこれを支える歳入構造―課税対象と税率―と歳出構造は、各国においてそれぞれの国状―中央政府と地方政府との関係による地方財政も含め―を反映して、形成されてきた。国状とは、国民経済の発展形態だけではなく、国家財政や地方財政をどのようにとらえるのかという各国における財政学の思想でもある。

後者の財政学は、国家統治のための技術学といった性格を反映する。ドイツなどでは、「官房学」(＊＊)として発展してきた。これは、行政学＝官房学から派生した財政観である。財政の役割を経済学のなかに位置づけようとしたアダム・スミスのような考え方の伝統の下では、自由競争を基本とした経済秩序の中に、政府の役割が位置付けられてきた。資本主義体制において、後発国のドイツなど大陸国家と先発国である英国では、その後の経済学としての財政学のあり方も同一ではありえない。

その後、いわゆる先進国では、北欧的な福祉国家観、自由主義経済を基調としつつも、政府支出をビルトインスタビライザーとするケインズ経済学などの浸透もあり、それまでの均衡財

＊＊絶対主義国家体制であったプロシアなどの富国策＝官房学として発展してきた経緯がある。官房学としての財政学は日本では国家主義的な考え方として研究対象とはならなくなった。しかしながら、財政と社会との関係を考えるとき、政府の役割をとらえるうえで依然として重要な研究領域である。

政主義は、大きな変更と変貌を余儀なくされてきた。この意味では、現代の財政学は国債発行の経済学でもある。(*)

なぜなら、国債発行を無制限・無期限に拡大することなど不可能であり、必然、歳入増加のための新たな財源や税率の見直しとともに、歳出削減のための支出項目の見直しは、「国家とは何か」、「政府機能とは何か」(**)という国家学あるいは行政学を必要とせざるをえない。

その意味では、財政学は、かつての官房学へと先祖がえりをしている。歳入と歳出を変えるには、制度変更が必要であり、そのために政治そのものをどのように変革するかに議論は帰着する。(***)官房学はかつてそうであったように、財政の政治学を生み出す。政府の役割をめぐっては、政府の国民生活や企業活動への介入を必要最低限にとどめ、多くの経済活動を市場原理に委ねる新自由主義的な財政学＝政治経済学が主張されてもきた。

しかし、人びと＝国民の活動は、経済分野だけに限られているわけではない。また、社会全般の諸活動についても、市場原理だけにゆだねてよいはずもない。たとえば、環境汚染や自然破壊、都市のもつ過密性から生み出された交通や生活インフラの問題、医療や老人や障害者などを含む広義の社会福祉について、その経済的側面をどのように解決するのか。どこまでを市場原理にゆだね、どこまでを市場外の政府の公共サービスにゆだねるのか。これらは経済学においては公共経済学で論じられてきた。

一般に、公共経済学は、市場原理で解決できない経済問題を対象とした経済社会学であると同時に、政治経済学といってよい。公共経済学が対象とする公共財とは、教育、保健衛生、治安、消防、国防などのサービスである。その負担費用をどのようにとらえるのかが問われる。そこには、国民の選挙などによる意思決定が介在するものの、先にみたように歳入と歳出が長期の不均衡となる＝財政問題の悪化は、公共財のあり方に見直しを迫る。たとえば、それまで

*税収だけで国家の経済運営が困難となったのは、戦時体制下であった。第二次大戦において、欧米諸国や日本では、戦時税制として高率課税と新たな税対象の確立に加え、戦時国債が発行された。第二次戦時中の大きな政府は、戦後の社会保障関係費の増大への対処を可能とさせた。戦時国家は、国民国家として土地、労働、資本への絶対的な課税権を確立させたものの、その後の冷戦体制の崩壊にくわえ、経済のグローバル化は、とりわけ、資本への課税を困難にした。資本は、法人税や資本利得税における高い税率を避けるようになった。国家は、資本移動に制限を加えることがますます困難となりつつ、土地や労働への課税強化もともなう政治の実行よりは、短期的な痛みの少ない国債発行に安易に依存しやすくなった。

**とりわけ、政府支出の拡大を税率引き上げではかる場合、納税者である国民がその反対給付サービスとして自分たちの生活改善につながるのかどうかが問われる。そこでは利益配分と同

の公共財の供給元である公共部門が民営化されてきた。これは程度の差こそあれ、各国において進められてきた。改めて「公共」とは何かの現代的な意味が問われている。

2

日本の国家財政は、当初、歳入面では地租と間接税の大衆課税的性格が強かった。歳出面は後発国の性格が色濃く反映し、軍事や社会資本整備の比重が高かった。国家財政と地方財政との関係も、地方財政は中央政府の統制の下におかれた。とりわけ、地方財政での自主財源不足が、現在にいたるまでの日本の特徴となっている。

こうしたなかで、「地方の時代」が主張され、地方公共団体の地域社会に果たすべき役割が従来以上に強調されている。問題は、地方財政と地方の自主財源である地方税との関係や、租税体系そのもののあり方である。どの国でもいろいろな税目が立てられ、一国の税制はこうした税目から構成――複数税制――されている。こうした税制度のあり方は、財政社会学が示唆するように、その国の社会情勢や社会構造によって規定されてきた。

そこにみられる特徴は、直接税と間接税という二分法での関係、所得課税、消費課税、資産課税の三分法での関係にあらわれている。これらの比率は、その時の社会情勢や経済情勢によって変化してきた。こうした課税制度の導入とその後の税率については、「公平」、「中立」、「簡素」の三原則のほかに「透明性」をつけくわえてもよい。しかしながら、租税制度の何をもって公平とするかによって、税制度における中立性や簡素性の意味は変わる。

一般に、租税制度は、民主主義国家において主権者である納税者が、選出した代表による政府を維持するために、納税義務を負うことをベースとする。だが、集められた税金が政治圧力の強弱によって、一部の団体や社会層に優遇的に配分されたりすることがあれば、公平の原則

時に、不利益配分のあり方も同時に問われるのである。

＊＊＊絶対主義国家とは異なり、国民が主権者である民主主義国家では、歳入拡大のための課税範囲の変更や税率の引き上げには、国政選挙における国民のこれを肯定する投票行動が必要である。同時に、国民生活に直接大きな影響を及ぼす歳出削減にも、国民の理解を必要とする。そのため、税率の引き上げより歳入不足への対応には安易な国債発行に依存してきた。

がきちんと明示されなければならない。公平の原則が政府によって中立的に実行されなければ、そもそも租税における公平原則、それ自体が成り立たない。

公平ということでは、だれにどれほどの税率を適用するのかをどのようにしてだれが決定できるのか。納税者は、いずれも同じ所得と消費形態、あるいは同じ資産をもっているはずはない。にもかかわらず、税率の一律性をもって公平とするのか、担税力に応じた税率を公平とみなすのか。実際には消費税が前者のケースであり、所得税などは後者のケースである。資産課税については、むろん資産のない者については対象外として、資産を持つ者に対しては、不労所得として課税される。相続税も同種の考え方による。相続税も含め資産課税は社会の公平・平等をどのようにとらえるかにより、その対象や税率も異なる。

こうした税をめぐる公平論議は、単に個人や団体や組織の担税力だけにかかわるのではなく、地域の経済力によっても異なる。また、地域の財政をその地域だけの固有の問題として理解することも正しくはない。地域は地域との関係において成立している。むろん、現在のグローバル化した経済や政治の関係性のなかでは、地域は近隣地域だけにとどまらず、地理的に遠く離れた地域ともつながるなかで、税制度はどうあるべきか。

だが、そうしたグローバル化のなかでは、近隣地域との関係こそがきわめて重要になってきている。互いの財政の健全化―財政支出の削減ではなく、必要なことにそれなりの支出が重要である―のためには、地域間の補完・協力という関係の構築が重要である。

3

日本では、市町村合併は明治、昭和、平成の三つの時代に進展した。その背景は時代ごとに異なってきた。前の二回は、人口増加に対応するための基礎自治体の再編であった。今回は人口減少に対応するための再編であった。平成合併により、それまでの三四〇〇近くあった市町村数は約半数となった。結果的には、町や村が激減し、市の数が一〇%以上増えた(*)。

人口減少に対応することを念頭において、平成の市町村合併が行われた。だが、これにより、地域の過疎問題(**)が解決したとはいえない。合併によって人口増になれば、それまでの過疎地指定による優遇措置が受けられなくなる。そうなら、合併が進捗しないことになる。そのため、合併後も引き続き優遇措置が継続されることとなった。

平成一二［二〇〇〇］年に成立した「過疎地域自立促進特別措置法」では、第二条で「過疎地域」が定義されている。国勢調査による人口数の減収幅や税制力指数で「過疎地域」が決定されるが、これとは別に合併によって過疎地域の要件を満たさなくなっても、合併前の「過疎」認定の地域を有していれば、ひきつづき「みなし過疎地域」と認められ、有利な発行条件を確保できる過疎債など各種の優遇措置が継続されることとなった。

問題は、合併後に一時的な措置として、合併特例債の発行によってインフラ整備などが可能になる。だが、他方、地方交付税(***)の減額によって、地域の自律的・自立的な発展の構図が明確でなければ、いままで以上に解決困難な課題を抱え込むことになる。政府が市町村合併を促した理由の一端は、巨額に達してきている政府会計の赤字解消にあり、地方交付税との関係では、その不足分を補ってきた借入金―特別会計赤字―の削減にあった。

どの地方自治体も、少子高齢化を伴いながらすすむ人口減少社会のなかで、財政問題に取り組まざるを得ない。地域での生活は個人、家計、働く場所に密接している。この間の連関性は社会保障とこれを支えることのできる経済活動であり、高齢化によって社会保障は介護・福祉の分野へとその重点を移してきている。こうした社会サービスは、民間が担うべき分野と公的部門が担うべき分野の区分と見直しも必要になっている。地方自治体財政面からも、この視点

*政府は、合併特例債の発行を認めた。合併特例債認定の最終月である平成一七［二〇〇五］年の五月だけで一八五地域が合併を決め特例債を申請した。

**過疎問題は、高度経済成長下の一九七〇年代にも政府でも認識されていた。昭和四五［一九七〇］年には、「過疎地域対策緊急措置法」が制定された。この法律で「過疎地域」指定の市町村数は、全体の約三分の一に達した。昭和五五［一九八〇］年には「過疎地域振興特別措置法」が制定され、過疎地域に対して支援策が実施された。その後も、平成二［一九九〇］年に「過疎地域活性化特別措置法」が制定された。

***地方交付税法（昭和二五［一九五〇］年法律第二一一号）等に基づき、地方団体間の財源の均衡化を図り、地方行政の計画的な運営を保障するため、国税五税の一定割合等を原資として、地方公共団体へ地方交付金が交付されている。このほかにも、児童手当、減収補てんなど地方特例交付金などもある。

は一層重要になってきている。

地方自治体財政のバランスを取るには、単純化すれば歳入を増加させつつ、歳出を抑制する必要がある。歳入について地方税には、収入割合のトップから市町村民税―法人税を含む―、固定資産税、都市計画税、タバコ消費税―健康上、決して好ましいことはないが―、電気ガス税、軽自動車税がある。他方、高齢者層の拡大は歳出の自然増をもたらす。企業数が少なく、また、働き盛りの世代が少なければ、その増加には自ら制約がある。

歳入の拡大には、既存の地方税の税率引き上げだけでは限度がある。地方債の発行という手段もあるが、これまた償還のため発行限度額がありやはり制約がある。それなら新税の導入も考えられる。たとえば、地方自治体によっては、ホテルや旅館などの料金に課税する宿泊税がある。いわゆる法定外目的税であり、その税収は宿泊税の場合であれば、観光振興の目的ために使われることが前提である。

このように、地方が特定産業の振興のために法定外目的税を導入する場合、その税率もさることながら、実際に産業振興に有効であるかどうかが問われる。また、なぜ数ある産業のなかから特定分野を選択したのかの合理性と合意性も同時に問われる。さらには、「地方自治法」にもあるように、都市計画税が典型であるが、目的税においては受益者の範囲とその受益者負担と恩恵との関係が、明示化される必要もある。

4

市町村合併が、もっぱら当該市町村の財政問題改善を唯一目的として、推進されたこと(*)がはたして、今後、現実に地域の発展につながるのかどうかが問われる。歳入・歳出面から財政構造をみれば、合併が歳出面の削減を促しても、その地域はやがて疲弊する。合併による歳入増

*平成の大合併で、六〇%以上の市町村数を削減させた県は広島県、新潟県、愛媛県、長崎県、岡山県、島根県、山口県、秋田

が長期にわたって維持されなければ、合併効果があらわれるとは思われない。合併による既存の産業の振興効果があるのかどうか、あるいは、新たな産業の勃興につながるのかどうかが直近の課題となる。

市町村合併の動きのなかで、あえて合併を回避して単独での「生き残り」を選択した地域もあった。六九市町村が二五へと六四％も減少した秋田県を取材してきた秋田魁新報社は、『検証あきた平成大合併　自治の行方』で「単独自立の道」を選択した町村長の声を紹介している。

共通するのは、一つめには、合併による雇用創出―企業誘致も含め―の将来像がみえてこなかったこと。二つめには、すでに多くの町村で行政のスリム化が進行しているにもかかわらず、人口と行政効率だけを優先しても、それまでの独自色が消え失せ、町や村の自立的な取り組みが遅れること。三つめには、昭和の大合併と平成のそれとの背景の相違である。

昭和の大合併は、旧町村ごとの地域意識やわだかまりのマイナス効果をもたらしたものの、その後の経済成長がこれを緩和させた。平成のまず大合併ありきの動きは、かつての合併効果が望めないなかで、マイナス効果だけが残ることへの懸念である。

とくに、合併される側の近隣市町村との位置づけが、どのように変化するのかが焦点である。町村長の多くは、合併後に自分たちの地域が一層周辺部となり、結果としてインフラ整備の遅れ、公共サービスの低下、観光業などの面でのイメージのあいまい化が進展することへの不安と恐れがあった。

秋田魁新報社の前掲書には、平成合併のなかで苦悩した市町村長の生の声も収録されている。秋田県井川町の町長斎藤安寧（一九四二～二〇一五）―新聞記者、県議を経て町長九期目の途中で死去―は、「明治の合併は小規模集落の統合、……昭和の合併の背景には新憲法の下での体制整備と、自治体の財政的な窮乏があった。平成の合併では行政に効率性と市場原理が持ち

県、香川県であった。中国地方や四国地域が目立つほか、全国平均の減少率よりも高い県ということでは東北六県でも合併が進行した。

込まれた」としたうえで、つぎのように当時──井川町の人口は五・四千人あまり、現在は五千人程度──の現状を指摘している。

「すべての自治体は少子高齢化、人口減の問題から逃れられない。加えてこの不景気の中、企業誘致が実現する可能性は低い。既存企業をどう発展させるか。地域に根付いてきた有形無形の産業的、文化的資源をどう生かすかがポイントになる。行政は経済面だけではなく、精神的な満足感を住民が得られる施策を考えなくてはいけない。……食事や伝統、風習など、自分たちの生活の中にはほかの地域には依存しない特徴が埋もれているはず。これを経済的な発展につなげていくべきだ。社会が何を求めているかを感じられる先見性を持てるかが重要になってくる。また、合併のすべてを否定しないが、結論に至るまでの当局と住民の議論が必ずしも十分でなかったケースも多々ある。」

いずれにせよ、平成の大合併は、まずは合併ありきの行政費用削減よりも、自分たちが自分たちの地域の経済をどのようにして活性化させ、若者たちを地元にとどめ、さらに他地域からひきつけ、あるいは既存の地域資源をうまく活用するかという自立的意識を萎えさせ、むしろかえって合併による補助金などへの期待感と依存心を助長させることが懸念された。合併したにせよ、合併しなかったにせよ、地域経済の振興問題の基本命題がそこにあった。

地域経済と循環

1

ジェイン・ジェイコブスの地域活性化あるいは再活性化への基本的な考え方の一つは、既述の「輸入置換」である。自分たちの地域でできることは自分たちで行い、できないことは他地域との交流によって補う。この考え方は自分の地域だけではなく、他の地域とも連関を強めつつ、地域の発展を進めるきっかけとなりうる。だが、この考え方を実行するには、地域にアイデアを思い浮かべ、実行できるそれなりの人材がいることを前提とする。

それなりの人材の「それなり」とは、企業家の存在とそれを支える風土である。とりわけ、特定産業の発展とともに形成されてきた都市―いわゆる企業城下町―の場合は、しばしばその中心的な位置を占めた企業の栄枯盛衰によって、都市のあり方は大きく影響を受けることになる。たとえば、倉敷市は、大阪などの大都市の紡績資本に伍して、地方資本であった倉敷紡績の工場立地と拡張によって産業都市として形成されてきた。

元来、この地は江戸期の徳川幕府の天領であり、棉や米の集散地であり、倉敷川には白壁の土蔵があった。明治期になり、綿紡績が当時の大地主であった大原家の出資などによってはじめられた。明治二一［一八八八］年に倉敷紡績が設立された。蔵や商家が立ち並ぶ地での工場用地の確保の制約に加え、原料と製品の輸送には倉敷川の利用が不可欠なことから、現在はアイビースクエアとなっている場所に工場が建設された。その後、倉敷紡績の事業が軌道に乗るにしたがって、増錘が必要となり、近隣地区に分工場が増設されたほか、倉敷の南にある紡績所が買収され分工場とされた。

工場の増設は、当然ながら、道路などの交通路の整備・拡張、従業員数の増加にともなう住宅地の確保などによって、倉敷の市街地は一挙に拡大した。大正時代には、倉敷紡績は、四国での工場増設や他地域の工場買収によって創業の地を超えて発展する。倉敷紡績も、従来の倉敷とその周辺に事業所が点在したことで、周辺地域との行政上の調整がますます必要となったことで、昭和三［一九二八］年に周辺の村との合併で倉敷市が生まれた。しかしながら、倉敷紡績は、本社を倉敷市から大阪市へと移転している。

その後の戦時体制の下で、倉敷紡績も軍需生産への転換や空襲被害を受け、敗戦後の倉敷紡績（クラボウ）は従来の紡績など繊維分野から事業を多角化させていく。現在では、従来以上に、そうした事業の立地地域は地元を離れ国内外に展開している。

この意味では、倉敷市はかつての倉敷紡績を中心とした産業都市からの転換を余儀なくされつつも、倉敷紡績が地元に残した大原美術館―昭和五［一九三〇］年―をはじめ、大原家や倉敷紡績ゆかりの施設を地域の文化資源として活用して、文化都市として発展してきた。

2

日本社会で地域独自の発展に信を置き、その発展を支持することが中央政府の基本的政策であったかというと、そうではない。それは、日本の国土利用計画―近代化計画―にも如実にあらわれてきた。日本の近代化史は、中央集権化史でもあった。ただし、なんでも中央集権化が間違っているというわけではない。とりわけ、都市計画をはじめ地域計画については、単一地域だけの計画は、他の地域との交通インフラをはじめ社会資本への重複投資、公共設備・施設などの協同の有効活用をはかるうえで、しばしば地域エゴを反映したものになりやすい。

地域間の均衡ある発展をはかるには、中央政府による国土利用計画が必要だ。課題はそのような計画を策定するにあたり、地域との意義ある対話と計画を作成するために、きちんとした調査が行われるかどうかによる。また、そのような調査についても、産業振興だけの単一目的だけではなく、広く生活圏、地域的な自然環境や災害などの面への着目、将来の交通網整備への展望などが考慮されなければならない。

日本における地域計画の端緒は、旧内務省による首都東京の市街地整備計画や、多くの地域で必要とされた河川の整備・管理など治水計画に加え、当時のフロンティアであった北海道の開拓（拓殖）事業計画などにみられた。東北地域についても振興計画が立案された。こうした一連の地域計画や都市計画が、整合性をもって立案されたとは言い難い。その後は、第二次大戦の戦時体制のなかで空襲などを避けるための国土計画、さらには東京など首都圏の防空のための計画などが、立案されていくことになる(*)。

日本での本格的な国土利用計画は、敗戦後の混乱のなかで、空襲被害を受けた都市での産業の復興、食糧自給率の向上、戦時中に整備される余裕のなかった治水・治山対策からすすめられた。その担当官庁は、戦前の内務省が解体されたことで、建設省や経済安定本部―経済企画庁―が国土利用のあり方を定める戦後復興計画を策定した。その基本的な考え方は、「国土総合開発法」へと引き継がれ、最初の「国土総合開発計画」は、昭和三七［一九六二］に発表された。北海道と東北は、昭和二五［一九五〇］年に「北海道開発法」、昭和三二［一九五七］年には「東北開発法」がすでに制定されていた。

個別地域の開発法は、昭和三四［一九五九］年に「九州地方開発促進法」が、昭和三五［一九六〇］年に「中国地方開発促進法」と「四国地方開発促進法」が制定された。沖縄には、米国からの返還を視野に入れ、昭和四六［一九七一］年に「沖縄振興開発特別措置法」が制定さ

＊第二次大戦下の地方を強く意識した地域計画には、海軍工廠や陸軍兵器廠、民間企業の軍需生産関連施設の地方分散をはかった「新興工業都市計画」があった。全国をブロック化して、工場立地のための土地区画整理事業が実施された。その後の産業都市としての発展を考えると、この工業都市計画がきっかけとなっていたことが注目される。
　具体的には東北地域では青森県の八戸市、宮城県の多賀城市、関東地域では茨城県の多賀町（日立市）、群馬県の太田市、埼玉県川口市、神奈川県の相模原市と大和市、中部地域では愛知県の豊川市、挙母町（豊田市）、勝川町、三重県の四日市市と鈴鹿市、北陸地域では富山県の東岩瀬町（富山市）、関西地域では京都府の宇治市、兵庫県の広村（姫路市）、和歌山県の河西（和歌山市）、中国地域では岡山県の福浜（岡山市）、山口県の周南市、九州地域では福岡県の苅田町、春日原（福岡市）、長崎県の相浦（佐世保市）、大村市。

れた。なお、「国土総合開発法」制定の前年には、関連立法として「低開発地域開発促進法」、同年に『新産業都市建設促進法』、翌々年に「工業特別地域整備促進法」が制定されている。また、特に人口が急増しつつあった首都東京については、昭和三一［一九五六］年に「首都圏整備法」が制定されていたが、大阪市については、昭和三八［一九六三］年に「近畿圏整備法」が、名古屋市については昭和四一［一九六六］年に「中部圏整備法」がそれぞれ制定された。

どの地域であっても、「圏」という経済空間の範囲で、基盤（インフラ）整備が必要であり、それを民間企業の投資行動の結果だけに委ねてしまえば、すでに集積の利益による外部経済効果の大きい巨大都市圏と、そうでない地域の格差が一層拡大していくことになる。この格差が地域間の人口移動を推し進め、一方で過密問題、他方で過疎問題を生む。この予防的措置として、国土総合開発計画と主要地域の整備計画は、大きな意味をもったのである。

だが、予防的措置としての全国総合計画や地方の基盤整備計画以上に、既集積のもつ外部経済効果のほうがはるかに大きかった。巨大都市圏の過密問題が深刻化した昭和四〇年代後半に、「国土利用計画法」（昭和四九［一九七四］年）が制定されたのも、そのような背景があったからだ。中央政府中心のこの種の計画は、地域の相違を意識しつつも、ある種の画一的な「ひな型」であり、各地方自治体は自分たちの地域産業のあり方、生活基盤、交通インフラをきちんとみすえて、デフォルメするだけの地域計画を立案する素地—人材や予算など—があったのかどうかは疑問であった。

必然、その後も「総合地域計画」という国家プロジェクトが打ち上がられるごとに、地域指定と予算獲得を求めて陳情合戦が行われてきた。そうしたなかで、地方自治体できちんとした調査に基づき、実現可能な自らの計画案が練られていたとは言い難い。そのため、進出企業数が計画通りの数字に達しない場合、インフラなど整備事業への補助金がなくなれば、当然ながら、その後の費用負担は地方自治体に重くのしかかった。全国総合計画は名称などを変えつつも、実質的にその中核にあった産業都市構想においても、つぎの点で大きな問題があった。

（一）今後、成長が期待される新産業に関わる民間企業の新規立地への過大な期待―当初の優遇措置―政治―があったとしても、立地は企業収益の行方―経済的合理性―に大きく依拠していること。

（二）（一）との関連で、地元の既存企業との薄い関係性―とりわけ、地元中小企業との取引関係での相互依存性がなければ、地元経済への経済波及効果は限られること。

とりわけ、新規立地企業にとって発展のポテンシャルとは、その地域の既存企業―大企業の事業所だけではなく、地元中小企業―のもつ競争力と関連性をもつ。たとえば、鋳鍛造、プレス、冶金など素形材分野に加え、金属加工や機械加工の中小企業の集積効果がその鍵をにぎる。新規立地企業と地元の中小企業などの連関性が希薄であれば、結局、経済効果は地元循環しないことになる。

3

地域の若年層―Uターン組やIターン組を含め―を引きとめ、地域の維持・発展に不可欠な地域の人的資源として、彼らあるいは彼女らへ活躍の場を与えるには、地域資源の循環的な活用がそのカギをにぎる。この循環の前提とは、地域資源を活用しても目減りさせないために、地域資源の維持にそれなりのコストが必要なことだ。それまでの外部資金や外部人材頼みの「地域開発」から、地元資源活用の「地域経営」へと、地域活性化の焦点が移ってもきている。

地域振興も、それまでの役所主導ではなく、ＮＰＯや住民などの積極的な参加の下で行われ始めている。その背景の一つには、地方財政の悪化による補助金の廃止や削減によって、補助金頼みのプロジェクトや、ハード面だけの整備を優先させることが困難になってきた。必然、自分たちの地域の抱える課題の解決に、資金だけではなく知恵と工夫を出し合うことが求められてきた。そうしたなかで、長い歴史をへて徐々に形成されてきた有形—自然景観、歴史的建造物や街並みなど—や、無形—祭りや食文化など—の地域文化の維持・活用を補助金まかせではなく、自分たちの力で活用しようという動きも盛んになっている。(*)

観光は、単に名所旧跡といった地域観光資源(**)への訪問だけではなく、その地域が育んだ「食」にも影響を及ぼす。食においては、その素材提供が近郊農家の生産にも刺激を与え、また、伝統的手工製品の販売は技能の若い世代への継承と原材料の地元調達への刺激にもつながる。これは地域内の経済循環のわかりやすい事例である。

だが、問題は、単発のイベントや年に一度程度のイベントの限界である。それらは、瞬間的に観光客などをひきつけるものの、一過性の効果にすぎない。そこに一過性ではなく持続性がなければ、全国各地のイベント競争のなかで、派手なイベントの開催によって、地方自体はむしろ財政面などの問題をさらに抱え込む。また、その種のイベントが、地域のもつ歴史的固有性—地域文化—からまったくかけ離れたものではなく、そこに住む人びとの生活に密着し、元気を与え、誇りをもたらすものでなければ、継続そのものが困難である。持続性とは地域資源の単なる一時的な消費ではなく、地域資源の維持・発展のための継続投資もまた重要なのである。

＊地域開発から遅れたことで、市内中心部でもマンション建設などの乱開発が行われず、歴史的建造物や古民家などの街並みが残されたことで、江戸期の街並みが重要な観光資源となっているケースもある。町全体が生活を営みつつ、住民や商店主などの協力の下でオープンミュージアム化している地域もある。建物全体がそうでなくとも、外観などをかつてのデザインに戻すような試みもある。詳細は寺岡寛『地域文化経済論—ミュージアム化される地域—』同文舘（二〇一四年）を参照。事例的には富山県高岡市、新潟県村上市、千葉県佐原市、大分県豊後高田市などが注目される。

＊＊JR東海の初代社長でもあった須田寛は、観光のための地域資源を「自然観光資源」、「歴史文化観光資源」、「複合観光資源」と、「有形観光資源」、「無形観光資源」、「総合観光資源」のマトリックスで整理する。たとえば、温泉などは自然観光資源であり有形観光資源になる。不知火やオーロラは自然観光資源であり有形観光資源である。

地域経済と連関

1

農業経済の比重が高かったかつての地域経済は、地域内の自己完結性の高い生産・流通構造に基盤を置いていた。食品や生活用品の材料も農産物に密接に関係し、それらは無駄なく利用され加工され、そして消費されていた。その後、それぞれの地域のいわゆる地場産業が特産品に特化することによって、地域と地域の交易がそれぞれの地域の産業発展に寄与した。陸上交通よりも海上交通が発達した日本では、水路そして海路を利用した各地の産物が流通するとともに、原料の入手もまた徐々に広域化していった。

地域の発展が、その他の地域の発展を促す循環がそこにあった。やがて、機械による大量生産に基礎をおく近代産業の発達は、それまでの原料立地から消費地への立地という動きを生み出した。これを促進したのは、それまでの海上交通に加えて、鉄道や自動車などの陸上交通の発達による。現在では、この範囲は地球規模大へと拡大した。かつての地域と地域、都市と農村との相互依存関係という連関性のあり方も変わった。

やがて、地域の経済格差の問題、とりわけ、大都市圏と地方圏、地方圏にあっても都市圏とその他の地域との経済格差が問題視されるようになった。これを人口移動という視点からみると、地域と地域の格差は、個人についてみれば経済発展の著しい地域への移動を通じて経済──所得格差──が解消されることになっても、移動が困難な社会層にとってはそのような機会は大きな制約を受けていた。

自然公園や水族館・動物園は自然観光資源であり、総合観光資源と分類される。史跡や建築物、美術工芸は歴史文化観光資源であり有形観光資源である。民話、音楽、能楽などは歴史文化観光資源であり、無形観光資源である。神社仏閣や美術館・博物館は歴史文化資源であり、総合観光資源である。都市や農村の景観はともに総合観光資源とされる。須田寛『新・観光資源論』交通新聞社（二〇〇三年）。

年齢別にいえば、若年層は巨大都市圏へ進学し、その後の就職によってそのままとどまるケースが多い(*)。また、働き盛りの年齢層に関しては、各地に複数事業所をもつ中堅規模以上の企業においては、社内の人事異動というかたちで閉鎖された事業所から他の地域の事業所へと移動することによって雇用が維持される。他方、中高年層ではすでに家族などの問題もあり、転勤が困難なケースもあり、地元での転職や再就職という雇用機会が限られる。

日本の大企業を中心とする新卒一括採用と内部労働市場重視の経営スタイルは一定年齢層以上の地域移動を困難にする。必然、安定的な雇用機会の維持には、地域の中小企業の経営動向が大きな鍵を握ることになる。グローバル化した国民経済における地域経済の維持・発展には、他地域―国内外―の連関性をもつ中小企業の存在が重要になる。この意味では、地域経済政策は単なる地域政策ではなく、互恵的な地域間政策の意味合いをどのようにして持たせるかが重要になってきているのである。

2

地域の人口増減率は、自然増減率と社会増減率の総和である。地域の経済活動は、こうした人口動態によって大きく左右される。地域における消費人口の増減、その年齢別構成比は、地域の労働市場や消費市場を通じて産業の動向に影響を及ぼす。都道府県別にはいくつかの特徴ある人口動態のパターンがある。

（一）自然増減率＞社会増減率―この差が非常に大きい地域は北海道、東北地方では秋田県、山形県、岩手県、日本海側では新潟県と富山県、中部では長野県、近畿では和歌山県、四国では全県、中国では鳥取県や島根県、九州では鹿児島県や沖縄県である。

（二）社会増減率＞自然増加率―この差が非常に大きい地域は、原発事故のあった福島県の

＊社会学者の石黒格たちは、総務省統計局『就業構造基本調査』のデータや弘前大学人文学部付属雇用政策研究センターの調査データなどから年齢別・学歴別の地域間労働移動の時系列分析を行った結果、学歴が高いほど労働移動が起こりやすいこと、年齢別では三〇歳代前半までの移動が活発であり、とくに年齢が若いほど他の都道府館への移動割合が高いこと、青森県のケースでは東京都・神奈川県や宮城県への移動割合が高いことなどを明らかにしている。石黒格・李永俊・杉浦裕晃・山口恵子『「東京」に出る若者たち―仕事・社会関係・地域間格差―』ミネルヴァ書房（二〇一二年）。

ほか、千葉県、東京都である。

こうしてみると、一時的な公共工事などへの従事者は別として、若者層を地域に恒常的に引きとめる雇用創出規模の大きい産業を欠く地域が目立つ。そうしたなかで、地域経済振興の解決策の一つは、環境・エネルギー問題への地域的な取り組みである。現在、環境とエネルギーは密接な関係をもつようになってきた。高齢化がすすむ地域では、個々人が自動車のような移動手段の活用が困難となるなかで、効率的な公共交通手段の充実と、地域の自然エネルギーの地道な掘り起こしの連関が、地域の新たな産業の確立にプラス効果をもたらすようになった。

地域エネルギー資源といった場合、従来からの太陽光、風力、地熱、潮力・波力、バイオマスは、いずれも個別ではなく、そこに連関性をもたせることで、画一的ではなく、地域ごとの特徴に応じた最適なエネルギー・ミックスが大事である。

日本のエネルギー源は、もっぱら輸入に頼るがゆえに、産出量における投機的な要因の影響に加え、為替変動リスクに揺れ動いてきた。そうした石油など化石燃料への依存度—日本の輸入金額の五分の一以上を占めている—を低下させることで、日本社会や日本産業にとって、より有効な貿易構造へと転換させることが可能になる。

エネルギー・ミックスの考え方は、地域との既存産業にどのようなプラスの連関性効果を与えることができるのかを自問させる。この視点は産業振興の視点からも重要である。エネルギーだけでなく、産業政策の連関性もまた重視すべき課題である。これについては、すでに地域の産業政策についてもふれた。連関性ということでは、「広域連携」というかたちでの「地域間連携」も必要である。この背景にも、かつての地域間の激しい企業誘致競争による財政の疲弊化—物流・交通インフラや工業・商業団地などの建設の重複投資の負担—という深刻な問題がある。

このため、インフラ整備を新たに行うよりも、複数府県が広域連携という補完効果―重複投資の回避―によって、それぞれの地域において、産業振興のインフラの稼働率を高めることで財政負担を軽減させる必要性がある。振り返れば、政策というのは、実にやっかいなものだ。なぜ、最初から重複投資を避けられないのか。それぞれの地域で、自らの比較優位を発揮できる政策に特化するべきなのだ。なぜ、他地域と連携できなかったのか。重複投資の結果の末に財政的に困難になって、ようやく広域連合（連携）という地域間協力関係への動きが出てきたのである。(*)

地域経済の課題

1

地域の発展とは何か。その基準は、国民経済計算における所得の伸び率など貨幣ベースなのか。あるいは、失業率や求人倍率など雇用指標で判断するのか。あるいは、治安の良さや生活のしやすさ、医療などの福祉制度の充実度で判断するのか。

地域には貨幣を介在しない、経済人類学でいう「互酬」関係が、大きな役割と機能を果してきた。地域にはＧＤＰ統計などでは計上できない社会サービスが存在する。互酬関係の縮小が進展した都市圏では、かつての互酬関係サービスは、不特定多数の経済行為として経済発展の指標としてあらわれてくる。

問題は、経済指標と社会環境の「快適さ」あるいは「豊かさ」を示す社会指標とが必ずしも

*比喩的にいえば、どの科目も平均点しかとれない学生を集めても、クラス平均はやはりその平均点にしかならないなかで、クラス平均を引き上げるには、それぞれの学生が得意科目をつくって一〇〇点を目指すことで、その平均は確実に引き上がるようなものである。平成六［一九九四］年の「地方自治法」改正により「広域連合」が可能になった。自分たちの地域を超えて、隣接地域とともに広域計画を立案し広域行政を実行する枠組みができた。

広域連合は、平成二二［二〇一〇］に発足した関西広域連合でいえば、大阪府、兵庫県、京都府、滋賀県、和歌山県という従来の近畿圏に加え、大阪市、神戸市、京都市、堺市、鳥取県、徳島県も加わった。このほかにも、東海三県一市―愛知県、岐阜県、三重県、名古屋市―のグレーター・ナゴヤ・イニシアティブ、福岡県、北九州市、飯塚市による取り組みなどもある。

一致するものではないことだ。たとえば、かつての市電やバスなどの公共交通が縮小あるいは廃止される一方で、乗用車の増大で道路の拡張や駐車場の建設、交通事故の増加による交通事故数の増大による自動車の修理やけが人の増加と医療支出拡大、保険の加入者の増加、大気汚染などによる環境対策費用の増大は地域のＧＤＰを増加させる。しかし、地域の発展をそうした経済効果に等値することが、はたして社会にとって幸福を増大させたのかどうかは真剣に問われてよい。

地域における経済成長の到達点が、それまでの量的充足から質的充足への移行という「成熟性」にあるということであれば、それはひたすら経済規模を拡大させることではない。社会の成熟は、人口構成にも大きく関連する。ある程度の量的充足を必要とする若年層や中年層、中高年層になると量的充足から、むしろ質的な充足が地域社会にとって重要となる。しかしながら、かつての地域社会にあった互酬関係をそのまま復活させることなど困難である。必然、異なった手段や、やり方が必要となる。地域通貨はこの鍵を握るに違いない。貨幣ベースが経済行為の総和であるとすれば、地域でしか通用しない地域通貨は互酬的社会行為の総和である。かつての顔の見える関係としての「互酬」システムは、顔のみえない地域通貨流通システムに置き換えることができる可能性もある。

地域社会の豊かさに大きく寄与することのできる芸術活動―演劇、映画、絵画、彫刻、音楽、詩や小説等々―が、今後、地域経済の成熟に大きな役割を果たす。地域通貨を介する地域活動が盛んになれば、地域文化への意識もまた変わっていくにちがいない。その場しのぎの観光業対策ではなく、より長期にわたりその地域が育むことのできる地域文化資源の蓄積には地道な活動が重要である。(＊＊) 反面、このような活動は地道であるゆえに、地域経済政策の対象としてなかなかなりえない。

＊＊この課題の詳細については、つぎの拙著を参照。寺岡寛『地域文化経済論―ミュージアム化される地域―』同文舘（二〇一四年）。

地域通貨は、一定地域内の補完通貨としての役割をもつが、同時に離れた地域間の協力・連携関係を促進するツールとしての利用の余地もある。地元産業の振興予算に余裕がない自治体にとって、地域通貨の活用による異なる地域の特産品の連携が可能になれば、それぞれの地域経済の諸問題をともに協力して解決することにもつながる。この場合、地域通貨の相互交換のシステム開発が重要となる。

現在、ふるさと納税のかたちでおこなわれているのは、もっぱら一つの地域である。だが、各地方自治体の財政事情が厳しくなるなかで、複数地域の産業育成や地域資源の掘り起こし事業に地域通貨が、利用できるシステムの開発も必要となってきている。

2

いろいろな地域を調査してみて気づくのは、どの地域にも経営環境に恵まれているとは言いがたい中にあって、さまざまな工夫によってすばらしい経営を維持している企業、とりわけ、中小企業が存在していることだ。だが、そうした個別企業のやり方を模倣すれば、その地域の中小企業の全体の底上げにつながり、ひいては地域経済全体の底上げにつながる保証はない。個と全体との問題と課題がそこにある。重要なのはそのような企業が地域との連関性をもった結果として業績を維持してきたかどうかである。

産地型―地場産業など―中小企業の場合、同一業種において地域内の分業効果＝外部経済効果の下で、小資本でも事業運営が可能であった。たとえば、繊維産業において、染色などの加工工程は自社内で設備をもたなくとも、外注することでそれぞれの中小企業が自分の得意とする工程に特化できた。地域内分業により、地域が一つの生産ラインあるいは工場のようなかたちで存立していた。しかしながら、後継者難や最新鋭設備への更新が困難な企業が廃業するこ

とで、地域内の自己完結性が崩れ、他地域の企業へ外注することが、きわめてコスト高となるケースもある。(*)

地域内分業の関連企業がまるで歯が抜けるようにして、それまでの外部経済効果が薄れることで、個々の中小企業の存立もまた大きな転機を迎えている。そうしたなかで、デザインや販売だけに特化して、中国などへ一括外注することで生き残ってきた企業も多い。ただし、そうした個別対応と地域全体との関係では、企業としては売上額がある程度の伸びを確保してきたものの、従業者数は減少してきている。この意味では、かつての製造業企業は商業資本化することで存立を維持してきたものの、かつての地域との連関性はむしろ低下する結果となっている。地域経済の振興には、個と全体との連関性と地域内の循環性、そして他地域とのより相互互恵的な連関性をいかに維持するのかが、いまなお地域経済政策の大事な視点とである。

＊中小企業の経営実態とその変化については、つぎの拙著を参照。寺岡寛『強者論と弱者論―中小企業学の試み―』信山社（二〇一五年）。

第三章　地域産業と想像力

小規模性、単純性、安上がりの資本、非暴力という四つの目標を達成できさえすれば、ないしはそのうちの一つだけでも達成できれば、必ずや人間が自立できる可能性—単独ないし集団で自立する可能性—が生まれる。

〔エルンスト・シューマッハー〈伊藤拓一訳〉『宴のあとの経済学』〕

都市研究家のジェイン・ジェイコブス（一九一六〜二〇〇六）は、『都市と国富論』（邦訳『発展する地域、衰退する地域—地域が自立するための経済学—』）で、国民経済を対象にした経済学では、地域経済を分析することが困難であると指摘した。それは、地域経済の総和が国民経済でないのと同じように、国民経済の総和の部分均衡が地域経済でないことを、彼女は示唆した。他方、思索する実践家であったエルンスト・シューマッハー（一九一一〜七七）も、中央集権的な経済の行き詰まりと、それに代わる分権化された経済の重要性を強調した。さらに、彼は、石油依存型の経済社会と原子力発電に象徴化される巨大・複雑技術依存の経済社会が、早晩行き詰まることをすでに予想していた。亡くなる直前の米国の講演旅行で、シューマッハーは産業社会の行き詰まりについて、つぎのように訴えた（講演録は『良き仕事』—邦訳『宴のあとの経済学』所収）。

「なぜ産業社会は挫折しなければならないのか。産業社会がつくり出す精神的な悪が、いずれ挫折をきたすのは、なぜなのか。現実的な観点からみて、私はこういっておきたい。」(長州一二監訳・伊藤拓一訳)。

シューマッハーは、行きづまりの諸原因を「現実的な観点」から、つぎのように整理してみせた。紹介しておく。

(一)産業が社会との有機的な関係を分断してしまったことで、成長志向へ偏りすぎ、人間の生存手段そのものも脅かしつづけていること。

(二)産業が、再生不能の鉱物資源の収奪を続けていること。

(三)産業が、「人間の特性と知性の堕落を誘い、高度に複雑な生活様式を生み出している。ところが、この生活様式を円滑に運営するためには、徳性と知性を不断に高めなくてはならない」こと。

(四)産業が、とりわけ、自然に対する暴力によって、人種同士への暴力へと発展すること。このため、「非暴力こそが生き残りの条件となるはず」であること。

シューマッハーは、産業社会が生み出したこれらの諸問題の解決手段として、「政治的・経済的な改革」、「科学やテクノロジーの進歩」に期待を寄せなかった。彼は、「産業社会の問題は、あまりにも深く私たちすべての心と魂の奥深くに沈潜している。この変革は、心の奥底で謙虚に行わなければならない」ことを繰り返し説いた。シューマッハーの視点は、現在も地域産業の持続的なあり方を考えるうえで慧眼であった。

地域と産業構造

1

地域産業史では、地域の自然資源に依拠する諸産業がまず成立してきた。原料、加工、販売も、地域内で循環的に自己完結的に作用した。日本の伝統的な中小企業分野である地場産業などは、この典型である。そのような地場産業でさえ、原料や加工、そして販売の自己完結性が崩れ、崩れたがゆえに現在のようなかたちで成立してきた歴史がある。原料も、いまや世界各地から調達されるようになり、原料立地と工場立地との関係も薄まった。また、大量輸送手段やそのためのインフラ整備による流通コストの大幅な引き下げは、産業の消費者立地のあり方にも影響を与えてきた。

地域の産業イメージは、かつてそこに立地した全国企業の知名度によって形成された。そのような象徴的な全国企業がない場合には、同一業種の中小企業が集中立地した地場産業が、地域産業のイメージを形成した。前者は、乳製品企業が立地した北海道、家電製品企業が立地した大阪、自動車企業が立地した愛知県や広島県などがその典型である。後者の地場産業では、西陣織の京都府、洋食器の新潟県、長繊維製品の石川県など北陸地域といったケースである。

しかしながら、地場産業のうち、伝統的工芸品において、その規模は急速に縮小してきた。産地規模の縮小は、それまでの産地ブランド(*)――たとえば、陶磁器でいえば、有田や瀬戸――から企業ブランドへ、さらには作家ブランドという方向を生んできた。つまり、その地域における産業規模の縮小は、〈産地→企業→個人〉という変化を生んだ。地域産業史では、産地形成の

＊輸出比率の高かった輸出型地場産業では、途上国の追い上げにより経営の変革が迫られた。従来のように、欧州など受注先から提供されたデザインによる生産からの脱皮がはかられた。代わって、産地ブランドの重要性が認識されるようになった。産地ブランド確立への取り組みは個別企業や組合事業だけでは限界がある。このことから、県や市に加え、ジェトロなどとの連携によるブランド育成への取り組みが行われつつある。だが、これは短期的に成果があらわれない息の長い取り組みである。

歴史はまさにこの逆の過程でもあった。

とりわけ、明治以降の近代移植産業は、輸入された高価な製品を日本の職人たちが見様見真似で模索し、やがて、改良を加え、商品化していった歴史である。輸入製品を模倣する職人が現れ、そうした製品を扱う問屋が複数出てくることで、産地内の分業も促進された。そのサイクルは〈個人→企業→産地〉の形成であった。

産地＝生産圏というコミュニティは、同時の他の二つのコミュニティとも密接な関係をもった。一つめは、人びとの生活圏、働く場所としての生産圏＝産地と商業・サービス圏、モノやサービスを購入する場所としての消費圏である。このうち、生産圏としての都市の比重は低下し―製造企業の中枢管理機能は残った―、もっぱら消費圏と生活圏の比重が高い。ただし、都市圏によって、その傾向は異なる。

日本の三大都市圏のうち、東京都の場合、生産圏としての比重は低下し、商業・サービス圏―とりわけ金融・保険―の比重は、一貫して上昇してきた。名古屋市中心の中部圏では、自動車産業もあり生産圏の比重は、依然として三大都市圏のなかでは高い。大阪市を抱える大阪府は生産圏の比重は東京都と同様に低下し、東京都ほどではないにしろ、人口数の多さを反映して商業・サービス圏の比重は高い(*)。

三大都市圏と地方圏の関係、地方圏での中核都市圏とその他の地域との関係は、サービス産業の構成からみれば、どの地域もサービス経済化が進展している。だが、サービス業の内実は大きく異なる。三大都市圏、とりわけ、東京には企業が多く立地することで、金融・保険業や事業所サービス業の比重が高い。

この点については、地方中核都市には地元中堅企業が立地するものの、巨大都市圏に本社機能を置く大企業や中堅企業の事業所＝支店ということで、本社の意向や地域の人口動態によっ

*かつて、「日本経済二眼レフ論」があった。東京への一極経済集中への抑制策として、大阪の経済的地位向上の必要性が主張された。だが、東京も工業都市としての地位が低下するなかで、東京がなおも集中度を高めたのは、情報通信、事業所サービス、金融・保険サービス、出版・広告業などが東京の主要産業となったことによる。他方、大阪は脱工業化のなかでそのような産業の成長がみられなかった。

自動車産業の比重が高い愛知県との比較では、大阪も自動車産業があるものの、愛知県ほどに自動車産業を支えた個別企業とその関連企業群の成長が緩やかであった。ちなみに県内総生産の東京都、大阪府、愛知県の対全国比の推移は、多少の変動はあるものの、東京は現状維持、大阪は低下、愛知県は漸増という傾向がある。製造業では、大阪府の場合、大阪系企業が他の地域と同様に海外生産比率を高めたほかに、大阪府内での新規立地あるいは拡張が困難なことから、三重県、滋賀県など周辺県へと国内工場を移転させたケースが多い。これが大阪の全国

て、その経済活動は大きな影響を受ける。これは大企業や中堅企業の地方工場も同様である。地域で独自製品を生産する中堅企業や中小企業は別として、大企業などの分工場＝地方工場と取引関係にある中小企業の動向は、大企業などの他地域の分工場や海外工場との製品分業や加工内容の変化によって影響を受けやすい。そうしたなかで、堅実な経営を維持する中小企業は、十年一日のごとく同じ加工や製品に固執してきたとはいえず、製品づくりを大きく、あるいは徐々に変化させつつ存続している。

2

長野県では、農村が提供する良質の蚕を求めて原料立地し、そして加工を行った生糸—蚕糸—は、その二次加工—絹織物—を行う日本各地の企業へと出荷された。しかし、現在、そのような産業も長野県産業の一部である。このなかには、生糸と機械加工・金属加工の産業との直接的かつ緊密な歴史的な関連をもった分野もあれば、むしろ関係の薄いような産業も存在する（**）。

産業形成では、自然環境などの立地要因だけではなく、政府の誘導的な制度により生まれた産業もある。長野県の場合は、第二次大戦下の空襲被害を避けるため、関東などから工場から疎開した。疎開工場で習得した技術や技能をベースに、スピンオフした人たちが、小さな工場を設立して、そのような人たちが集まることで、一つの産業分野が形成された。

長野県の北信地域にある坂城町—人口約一・五万人—も、そのような歴史をもち、機械・金属加工の中小零細企業（***）の集積地として知られてきた。坂城の機械・金属産業集積は、そうして生まれた町工場の累積結果であった。長野県の他の地域—隣接する上田市と比較して—とは異なり、坂城町には工業用地の制約もあり大企業が進出しなかった。坂城町の中小企業は多くの場合、自社設計の独自製品をもっていない。そのため、取引先の発注される仕様書に基づく

的地位を低下させてきた大きな要因の一つでもある。

＊＊産業形成の歴史的ＤＮＡが、現在まで継承・活用されているかを、どこまで評価するかは容易ではない。坂城町も刀などの武具の製造—刀鍛冶—のほかに、農機具などの野鍛冶があった。金属加工の技能蓄積は、日本各地にもみられるなかで、なぜある地域がそのような蓄積を生かして発展し、ある地域はそうでないのか。重要な点である。

＊＊＊長野県「工業統計調査」結果によれば、坂城町の産業別従業者の構成は、製造業が全体の三分の一以上を占め、ついで卸・小売業、医療・福祉、農業、建設業となっている。坂城町は工業の町といってよい。ただし、製造業での従業者数は平成二〔一九九〇〕年に五千人を超えていた。だが、平成一二〔二〇〇〇〕年には五千人を割り込み、平成一七〔二〇〇五〕年には四千人を割り込んだ。その後も漸減傾向にある。従業者数のピークは、昭和六〇〔一九八五〕年で七千人を超えていた。事業所数と従業者数との関係では、事

「下請型」企業がほとんどである。

坂城町の工場群もまた、相互の「横請」関係よりも、地域外の産業機器、輸送機器―自動車―、電気機器、精密機器などの加工組立型企業や、部品製造業企業との取引関係のなかで存立してきた(*)。地域間相互関係では、坂城町は、長野県経済の動向よりも発注側企業の属する産業分野の栄枯盛衰に大きな影響を受けてきた。事実、坂城町の企業は、敗戦直後のミシン用部品などから自動車部品や電気機器部品へと受注分野を変化させてきた。

全国的にみて、地場産業型の中小企業、あるいは産地型(**)の中小企業も、全体としては衰退しつつも、個別企業では、現状維持あるいは一定の成長を保持している。これには大別して二つの背景がある。一つめは、個別企業単独の経営対応力の強弱―競争力や市場支配力など―、二つめは、企業間の協力関係の強弱である。

一つめの点は、基盤技術や技能を中心に他業種からの受注を開拓し、あるいは技術開発により付加価値の高い部品や加工へと転換していったケースである。二つめは、一つめのような対応を単独ではなく、地域内外の異なる企業との間で共同開発や共同受注によって、自社の限られた経営資源の限界を打ち破ったケースである。それぞれの社内経営資源の過不足を互いに補い、個別企業の対応が産地全体に波及し、一つの産業から他の産業へと受注活動がうまく展開した。

この点については、浜松地域が綿織物の産地を背景に、従来の手織機や足踏み機の人力から水力利用、蒸気機関さらには電力の使用に応じて器械化が進展し、繊維機械が生まれ、自動織機の企業も生まれた。織機のフレームや部品は当初は木製品であったことからも想像できるように、手織機や足踏み機は木工製品であり、その基礎には天竜地域の木材加工業者などの集積があった。繊維機械のフレームが木材から金属へ転換したことで、木工機械だけではなく金属

業所数の減少幅よりも従業者数の減少幅の方が大きい。これはこの間の自動機器や省力機器が坂城町の工場にも導入されたことにもよる。

＊坂城町は、関東圏の大企業の工場との取引関係を主軸としつつ、同時に、大企業が上田市など長野県内に立地する分工場との取引関係もある。なお、加工内容では、切削など機械加工関係の工場が最も多いが、プラスチック成型、金型―治具を含む―、溶接、塗装、プレス、メッキなどの表面処理など多彩である。

＊＊ここでいう産地型とは、異業種の中小企業同士が地域内分業関係を形成している産地である。地場産業型もそのような地域内分業が形成されているが、同一業種という点で産地型とは異なる。

加工機などの発展にもつながった。

やがて、繊維機械や木工機械は浜松を工作機械の産地にも転換させていった。浜松地域は、機械加工や金属加工という中核技術を中心に、産業機械の多様な分野に対応できる産地となった。そこでの企業間関係は、競争・競合関係であると同時に、協力・協動・協創関係の形成が産地の競争力を支えてきた(***)。

はなしを坂城町に戻し、個別企業の対応を具体的な事例で確認しておく。小規模であっても、三次元形状の高精度加工能力を着実に高めてきた工場のほかに、職人的技能の継承によるオーダーメードに近い切削・研削工具の製作に特化した工場、各種精密加工部品や小型精密機構部品―金型も含め―に特化した多彩な工場群が存立している。また、部品の金属加工からラジコン飛行機などの動力ユニット、ガス会社向けにバーナーなどの最終製品の分野も開拓してきた企業、主力の自動車部品から医療用機器の部品加工へと受注先を多角化してきた企業、アジアに工場展開させつつも坂城町の工場との分業関係を維持してきた企業などもある。

坂城町の工場群は、比喩的に表現すれば、そこに行けば何でもある専門店が入ったショッピングモールみたいな存在である。加工内容からいえば、さまざまな金属加工、切削加工、プレス加工、金型、鋳・鍛造―温間・冷間―、プラスチック成形、精密板金加工、メッキ加工、精密シートメタル加工、レーザー加工、スクリーン印刷など多彩である。他方、受注先業種では、工作機械、電気・電子機器、自動車を中心とした輸送用機器、金型、食品、医療機器、建設機器、事務機器、各種産業機器、油圧機器など多様である。

部品や加工に特化する小さな工場のほかに、坂城町出身者が戦後間もないころに創業し、現在は射出成型機で世界的な企業もある。また、戦前のミシン製造から始まり、その後、ミシン製造から海軍指定監督工場として軍事品の生産に転換し、坂城町に工場疎開して、戦後は坂城

***木工加工から金属加工そして産業機械生産という時間的連関性は興味深い。フィンランドの場合でも、豊かな森林資源を利用した製材業が起こり、製材機の修理などから金属加工が起こり、やがてその動力＝内燃機関から船舶用エンジンへと転換させた企業が成立する。なお、浜松地域の詳細は藤田泰正「工業発展と技術の地下水脈―浜松地域の産業用機械を中心として―」『名古屋学院大学論集（社会科学篇）』第四五巻第四号（二〇〇九年三月）、同「産業集積と技術形成―浜松地域における戦前期の産業用機械を中心として―」同第四七巻第四号（二〇一一年三月）。

町の工場を拡張してミシンのモータ、タイプライター、欧文ワードプロセッサー、空気清浄機、ファクシミリ、プリンター、ハンディーターミナルへと、自社製品やOEM製品を多角化させてきた中堅企業もある。両社とも坂城町のほかに長野県内などに加え海外にも工場をもっている。

3

物品の販売では、商店の歴史は古い。商店は基本的には消費人口の多いところに立地し、多種多様な商品を扱う商店が複数立地―商店街―することで、その集客力は高まる。他方、そのような商店を一つの資本の下に集約させたのが百貨店であり、食品・雑貨に特化したのが量販店である。

集客力の大きい交通の結節点＝公共交通の中心駅とその周辺に、百貨店、商店街や量販店が立地することで、その地域の景観をつくってきた。いまでは、どの地域であろうとも、そのような光景が一般的となった。ただし、量販店も、売り場面積と駐車場の確保から郊外立地のかたちをとり、他の全国チェイン専門店とともに、ショッピングセンターが形成されてきた。

そのような地域商業を取り巻く存立状況も変化してきた。背景には、消費人口の地域別の増減に加え、消費者の年齢構成の変化がある。また、大手小売業の立地政策や「大規模小売店舗における小売業の事業活動の調整に関する法律」―いわゆる「大店法(*)」―の見直しなどもあった。この二つの要因が互いに関連して、地域商業の変容を促してきた。

それまでの市街地の大規模小売店舗を規制していた大店法緩和の時期、大手小売業であるダイエーなどや中堅の量販店に加え、百貨店のそごうなどがバブル期の無理な出店などが響き倒産や店舗閉鎖が相次いだ。また、それまでの持ち株会社を規制していた独占禁止法が緩和され、

*昭和四八［一九七三］年に成立。昭和三〇年代半ばから、「百貨店法」の規制を受けない大型量販店―スーパーマーケット―が増加し、周辺の中小小売業に深刻な影響を及ぼすことが懸念された。通商産業大臣あるいは都道府県知事は大規模小売店舗の新増設にあたって、計画中の店舗面積などの届け出にもとづき、大規模小売店舗審議会の審議により出店の影響を緩和させるため店舗面積の削減や開店日の繰り延べなどに関して変更の勧告、

流通業界でも持ち株会社を中心として異業種・異業態への進出・統合などが可能になり、流通業界の再編が進展した。

地域商業は、周辺地域からも大きな消費者吸引力をもつ大型ショッピングセンターや大型量販店の動向に大きな影響を受けてきた。競って店舗数を増やしてきた大手小売業といえども、一九九〇年代以降にスクラップ・アンド・ビルドを進めた。経済地理学者の箸本健二は、平成の大合併前の人口二万人以上の自治体を対象に行った中心市街地商業の実態調査の結果(**)を分析している。

箸本によれば、大型店撤退後の跡地利用には非商業的な利用が多く、「大型店の撤退跡地を商業施設でカバーし、中心市街地の商業的な集客力を維持することの困難さを裏付けている。……中心市街地がこうした苦境から脱する道筋を描くことは極めて難しいのが現状である」とする。箸本はオーバーストア状況が続き、その一方でネット販売も拡大してきた小売業の下で、「地価が高止まりし、かつまとまった用地確保が困難な」中心市街地での地域商業のあり方について、つぎのように指摘する。

「自治体財政の健全化、少子高齢化の進行にともなう買物弱者対策、環境問題への対応などの文脈から都市のダウンサイジングが喫緊の課題とされ、コンパクトシティの実現可能性が取り沙汰される中で、中心市街地の商業機能を再評価する動きも高まりつつある。」

こうしたなかで、岡山駅からすぐ近くの工場跡地を利用して、平成二六［二〇一四］年末に大手小売業の三五〇店舗を収容したショッピングモール型の商業複合施設がオープンした。むろん、岡山駅周辺にも百貨店、大型量販店が入居してショッピングセンター、周辺都市にも同じ大手小売業のショッピングモールなどがすでに立地している。

岡山市のこの新しいショッピングモールは、立地上の利点から周辺都市から消費者を引きつ

変更の命令によって事業調整をおこなうことを規定した。

その後、日米貿易摩擦を背景に平成三［一九九一］年の日米構造協議によって、同法の規定が緩和された。平成一〇［一九九八］年に、「大店舗法」は「大規模小売店舗立地法」の成立によって平成一二［二〇〇〇］年に廃止された。同法は「中心市街地活性化法」、「改正都市計画法」とともに「町づくり」三法として大規模店舗の出店・増床が実質的に緩和されていく。

**平成二四［二〇一二］年に「大店舗法」の第一種大型店舗―売り場面積一五〇〇平方メートル―の状況について、全国八四九自治体から、六二九自治体の有効回答を得ている。六二九自治体のうち二八五自治体（全体の四五・三％）で一店舗以上の大型店が撤退した。徹底店舗数は四七四件であった。箸本健二「大型店のスクラップ・アンド・ビルドと中心市街地への影響」山川充夫編『日本経済と地域構造』原書房（二〇一四年）。

けていくことは間違いない。周辺都市の商店街なども大きな影響を受けることになる。地方都市の少子高齢化によるコンパクトシティ(*)の実現が叫ばれるなかで、地方中核都市での跡地利用は、そうした地方都市にも直接・間接の影響を与えつつある。

4

岡山県の商業については、岡山市の岡山駅前の大手量販店主導のショッピング複合施設に先だって、倉敷市の紡績工場跡地に同資本の巨大な駐車場をもつ大型ショッピングセンターがすでに建設されている。倉敷のこの大型ショッピングモールは、映画館や飲食店、全国チェインの衣料・雑貨店などが多く出店し、倉敷市だけではなく、周辺都市からも一日過せる施設として存立してきた。今後、岡山市と倉敷市との大型モールの間でどのような関係が構築されるのかが注目される。

社会学者の阿部真大は、衰退した商店街しか知らず、新しいライフスタイルを提供したこのショッピングモールにやってくる若者たちの意識を調査している。阿部は地域の若者たちの意識が変わっているなかで、彼らの意識を知ることなくして、「ショッピングモール＝悪者」、単純に「商店街＝善者」として、その復活を自己目的とする商業政策などがうまく機能しないことを指摘する。

自動車利用がなければ成立しない大型ショッピングセンターは、良くいえば濃密な人間関係、悪くいえば地元の小うるさい人たちとの接触がない——阿部の言葉では「ノイズ」のない——場所であるとする。阿部はいう。

「地域社会での人間関係を担保している商店街がなくなっても、現時点で若者が困ることはあまりないだろう。むしろそれは煩わしい人間関係のない分、彼らの幸福感を高めている。

*欧州諸都市でも周辺地域が無秩序に拡大しはじめ、中心市街地のあり方が一九九〇年代から問われるになった。交通渋滞や大気汚染などを引き起こす自動車などの交通手段ではなく、徒歩・自転車圏で生活が享受できるような小規模な町づくりによって、職住近接や交通渋滞の緩和、公園や緑地整備による住環境の改善、商店街の活性化による地域社会の復活が重要視されてきた。この背景には、日本と同様に、産業の空洞化や財政難のなかで少子高齢化社会に対応せざるをえない地方自治体の課題があった。

彼らの現時点での生活の満足度にとって重要なのは、友人関係と家族関係のふたつの人間関係なのである。」

阿部の調査対象となった岡山県の若者たちは、地域産業の空洞化を反映して製造業に従事する人たちは少なく、商業やサービス業の従事者が多い。サービス業については専門サービス業から非熟練型のサービス業まで、職種によって賃金格差が大きいのが現状である。岡山県もこの例外ではない。調査対象者の収入額の中央値は、決して高くはなく、親世代と同居、あるいは近くに住むことで、家計補助—所得移転—を実質受けているケースも多々ある。

若者たちの地域での人間関係についての阿部の調査では、親との関係を良好であるとする回答割合が高かった結果や、「関係が良いから親と一緒にいるのではなく、親と一緒にいなくてはならないから親との関係が良いと思わざるをえないのかもしれない」という指摘も、若者たちの経済状況を反映している。ただし、親との良好な関係が地域社会全体への関係へ、とりわけ商店街復興への関わりなどへと昇華していくかどうかはまた別の課題である。阿部は、地元ショッピングセンターで買物・レジャーを楽しむことが当たり前になっている若者たちと、親世代が買物してきた商店街との心理的な関係をつぎのように分析する。

「商店街が衰退しシャッター街になっていく風景は、地方の若者たちにとって、それまで盤石に思えていた『地域に残って生活し続ける』という将来に対する予期を揺さぶるものだったろう。つまり、『嫌でもここに残っていれば親世代と同じように安定した仕事にはありつける』という前提自体が崩れ去ったのである。しかしそれ以上に、地域社会の『顔』であった商店主たちが市場経済のなかでプライドを傷つけられ、惨めに散っていくさまは、強いからこそ反応しがいのあった彼らにとっての『大人の世界』の強固な安定性をはげしく揺さぶるものであった。」

商店街の衰退問題は、安定した正規雇用の職場が縮小するなかで、被雇用者とは別のもう一つの選択である自らを雇用する自営業の今後の可能性の再考を迫る。大型ショッピングモールで買物をするのは楽しいが、雇用という面ではパートタイマーなど非正規雇用の割合が高い若者たちの職場のあり方を通じて、地域経済をどのように振興すべきか、という問題でもある。身の回り品の買い物であれば、現在ではどこでも利用可能なコンビニエンスストアの存在がある。この点も親世代とは大いに異なる風景である。

阿部は、若者たちに地域社会活性化の想像力があるのかどうかを問う。阿部のいうように、都市圏のまわりにある田舎は、かつての田舎と異なり、「田舎のしがらみがなく、都会の喧騒もない」場所である。ただし、同時に「田舎のコミュニティもなく、都会のイノベーションもない場所」でもある。この状況について、阿部は自らのフィールド調査の結果からつぎのように指摘する。

「その代わり、その場所には、ただひたすらみずから（とその家族）の生活にしか興味のない『私生活主義』が蔓延していった。田舎や都会と郊外の最大の違いは『他者への想像力』の有無である。……田舎と都会には、自分とは異なる『他者』がおり、彼らとうまくやっていくことが、そこで生きるうえでの絶対条件だった。しかし、郊外には『他者』がいない。」

たしかに、そのような地域は快適な生活空間であるものの、その快適さを経済的あるいは精神的に維持してくれる親世代もやがては老いる。親という地域社会での生活のフィルターがなくなれば、そのときに他者、そして地域社会との対面が待っている。それまでに必要であるのは、ミルズのいう社会学的想像力である。

地域産業と経営

1

地域産業の実態をみると、マクロとミクロの乖離は、ますます大きくなってきている。マクロという意味は、産業全体がその地域において、事業所数、従業員数や出荷額において縮小傾向を示すマクロ状況である。だが、ミクロ面である個別企業については、それなりの堅実な経営状態にある。

すでにふれたように、地域産業全体が衰退のなかで生き残っている企業には、経営面での競争力が維持・強化されている。この方向にはいくつかの特徴がみられる。

（一）脱地域の経営行動―地域での事業縮小とは対照的に、中国などアジアでの事業活動を拡大させ、国内あるいは海外市場での競争力を維持してきた企業の存在。

（二）事業転換の経営行動―地域にとどまったものの、これには同一産業内での業態転換と、異業種への新たな進出の二つのパターンがある。

一番目の具体的ケースは、労働集約的工程が大きな比重を占める企業の単独進出による工場生産、現地資本との合弁事業、現地工場などへの委託生産の諸形態である。事業別では、多くの製品分野に及ぶ。日本での伝統産業の製品においてすら中国や、最近では、手工業が残存してきたベトナムでの委託生産も展開してきた。

二番目の具体的なケースは、製造企業＝産業資本から商業資本へという動きであった。デザインとマーケティングへの特化である。かつての製造卸といってもよい。地域との連関効果は薄れる。異業種への転換は工場跡地の活用として、不動産業などへの転換が典型的である。この流れを土地利用という視点からみると、工場跡地の商業施設への転用は、第一次産業と第二次産業から第三次産業への転換である。

だが、工場や農地としての土地利用と、商業活動としての土地利用の地域内経済波及効果は異なる。同時に、同じ地域産業としての商業も、立地店舗の業態や規模によってそのあり方は大いに異なる。とりわけ、ショッピングセンターやショッピングモールは、地域流通のあり方にくわえ、中心市街地だけではなく、周辺地域の商業に大きな影響を与えてきたし、また、与えつつある。また、地域の姿形という観光業にとって重要な地域資源としての景観や、街としての雰囲気も大きく影響を受ける。

まちづくりの観点から流通政策を研究してきた宇野史郎は、『まちづくりによる地域流通の再生』で、「小売業は『都市を形成する産業』ではなく、『都市に奉仕する産業』としての性格上、都市経済の発展の基軸になる産業ではない」としてうえで、つぎのように問題点を指摘する。

「都市所得の循環、言い換えれば財布の中身の支出先の選択に関わる産業であり、消費者の財布の中身そのものを拡大する産業ではないからである。そこでは財布の中身、いわゆる都市所得の向上における消費市場の拡大が見込めないかぎり、支出の選択先が移動したに過ぎず、都市経済への波及効果が限定的である。……小売商圏に相当する都市圏単位で空間的競争関係を考察する必要がある。……大型店出店による競争関係が高まることにより、対消費者向けのサービス向上などによる都市経済の活力強化に寄与する側面は否定しえない。だからといって、市場メカニズムに委ねて、空間的にどこにでも立地してよいというわけにはいかない。市場競争による活力維持を基本としながらも、空間的競争レベルからみて都市部

（中心都市）と郊外部（周辺地域）との関係、周辺の地方自治体への影響をも考慮しつつ、広域的かつ長期的な町づくりの視点から、立地規制と誘導による大型店の適正配置を進めて行く必要がある。」

商業というのは、工業や農業とは異なり、立地地域の人口規模の変動と人口の年齢別構成に決定的な影響を受けやすい。郊外地域に立地するショッピングセンターは増加したものの、卸売業や小売業の事業所数が減少してきた(*)。わが国の商業全体では、ゼロサムゲームが展開し、中心市街地の商店とその郊外の大型商業施設との競争、都市間競争は激化した。この傾向の内実は、高度経済成長期のようなパイが拡大するなかでの競争ではなく、パイが減少するなかでの競争である。

商業関係の統計は、商店数と年間販売額が減少するなかで、店舗規模や店舗面積だけの増加を示す。商店数の減少は、中心市街地の商店街にあるファミリービジネス＝零細商店に集中する。消費人口が減少するなかでの店舗規模と店舗面積の拡大は、地域商業の優勝劣敗競争を推し進めてきた。このような競争による地域商業の再編成が、さらに進みつつある。地域産業面からとらえた場合、このような優勝劣敗競争の一層の進展は、地域経済の持続的な発展のあるべき姿を改めて問うている。

それでは、わたしたちは自分たちの地域で、自分たちの産業をどのようにして維持・発展させられるのか。わたしたちは、高齢者はあたりまえながら、若年者もそこに生活し続けるベースとなるような産業を必要とする。他方で、中心市街地の再活性化としての商店街振興策も、それ単独で実施することの効果は、あきらかに減じてきた。商業振興のためには、定住人口とともに、観光客や買い物客を市内中心地に呼び戻すための方策の総合性が必要である。

そのためには、人がそこに働き、集まり、生活できる産業だけではなく、交通インフラ、住

＊『商業統計』によれば、卸売業における商店数、従業者数、年間販売額とも減少傾向にある。これは人口減少による消費市場の縮小のほかに、いわゆるネット販売などの影響もあるものとみられる。

宅環境などの整備が必要となる。そこには人びとの多様な営みを可能にさせるハード面の整備だけではなく、アメニティーなどのソフト面の整備(*)も、地域産業の経営という視点から一層重要となっている。ソフトでは、単にイベントなどだけではなく、空き店舗などに若い人などが出店しやすい経営環境づくりも含まれる。同時に、都市とその中心市街地へ、さまざまな人たちを引きつけてやまない魅力をどのように形成するのか。それは単に他の地域で成功した事例を、二番煎じでコピーすることですまされるはずもない。

2

米国や欧州諸国でも、かつての工業都市にも大きな変化がみてとれる。それまでの農業や手工業に代わって登場した工業の発達は、人口を引きつけ地域を都市へと拡大させた。都市の発達は周辺地域の郊外化を促した一方で、都市の高い人口密度は、商業やサービス業拡大の基盤となり、さらに多くの人口を引きつけた。

だが、都市も人口減少の傾向によって、その縮小が進展してきている。日本でも、都市の人口規模が縮小に転じたところが増加している。そうしたなかで、かつての〈都市対農村〉の構図とともに、〈都市対縮小都市〉の構図も浮上してきた。都市が引きつけた雇用人口は、特定産業の衰退とともに減少し、やがて都市の人口減を生み出す。

都市政策研究者の矢作弘は、『縮小都市の挑戦』で、「縮小都市」となり財政破綻した米国デトロイト市の取り組みや、フィアットの城下町であったイタリアのトリノ市を振り返り、その衰退と再生への手掛かりを探っている。矢作が重視する縮小都市の再生の鍵を握るのは、グローバル化した大企業ではなく、よりローカル化した中小企業や自営業者、そしてアーティスト、蓄積されてきたさまざまな文化資本の活用である。縮小都市が生き残るには、いくつかのルー

＊都市中心部の市街地活性化事業に対する会計検査院の検査結果などは、現在でも道路や駐車場整備などを中心とするハード事業の優位性を明らかにしている。

トがある。矢作は、重要な教訓をつぎのように引き出す。

（一）市財政の破綻は、地域の破綻を意味しないこと—なんでもコスト削減一本やりの短期的な行政改革は、本質的な解決につながらなかったこと。

（二）市財政の破綻は、突如起きたわけではなく、それまでの他の諸都市にも共通した構造問題が、重なって起きたことで、この構造的問題に取り組むことなくして、有効な解決策がないこと。

（三）単独都市の取り組みだけではなく、他の都市や地域との連携が重要であること。

（四）都市回帰の傾向が出てきているなかで、「アーバンパイオニア」であるスモールビジネス（中小企業）、社会的企業、アーティストなどの存在が重要であること。

（五）都市のステークホルダーの明確化—行政府関係だけではなく、住民、大学、さまざま機関、民間財団、企業などの関与が都市再生に重要な役割を果たすこと。

（四）は、矢作がデトロイト市の復興の過程を観察して気づいたことである。矢作が重要視する鍵概念は、「空き」、「小資本」、「協働」、「個人事業者」、「都市農業」、「オーガニック—有機栽培—」、自動車産業が衰退したといえ、製造業の町＝デトロイトという印象＝「地域ブランドの活用—Made in Detroit—」、「アソシエーション」などである。

自動車の町のデトロイトやトリノに対する矢作の分析は、都市研究家のジェイン・ジェイコブスの大都市観ともあいまって、地域の唯一の重要産業の栄枯盛衰が残した、プラス面とマイナス面の相互依存性、都市間競争の苛酷さ—他地域に展開するビッグ・ビジネスの移動性の高さ—、多様性がどこまで保持されていたのか、という問題と課題をわたしたちに突きつけている。

最後の点は、都市のインフラがビッグ・ビジネスの生産の利便性に特化したかたちで、道路などの交通網や社会資本が形成されたことへの反省もある。実際には、そこに住む人の利便性や快適性が優先されなかった町づくりのなかで、大規模工場が閉鎖されたあとに残った「歴史的」資産のなかで、何を利用すべきなのか。歴史的資産の何を活用して、都市の再生をはかることが可能なのかが問われた。

なぜならば、衰退から再生への道筋では、さまざまな「資産」―たとえば、世界的に知られるようになった都市名＝都市ブランドなど―も残されていた。だが、両都市の再生の方法や、その背後にある考え方は、米国とイタリア―広義には欧州諸国―ではやはり異なる。

米国では、民間企業やＮＰＯなどを含む連携的な取り組みが主であるのに対して、イタリアでは、産官学のなかでの官の役割が大きかった。トリノには、デトロイトとは異なり、自動車産業の百年の歴史をはるかに超える町の歴史がある。歴史的建造はもちろんのこと、トリノそのものがイタリアの歴史であり、名所旧跡だけを訪れる観光目的のほかに、都市のもつ雰囲気や風情を楽しむことができる。そこに長期間にわたって滞在し、あるいは何度も訪れることで、市民たちの日常生活―食はその代表―を臨時体験する仕組みが整ってはじめて、歴史的建造物、フィアットの工場を再利用した美術館や博物館、記念館などの活用も生きてくるのである。

トリノと比べれば格段に若いとはいえ、都市デトロイトも同様である。矢作は、こうした過去遺産の再利用だけではなく、中小企業が活躍し、ベンチャー企業が新たに生まれてくるような仕組みによって、都市が構築できるかどうかを重要視する。わたしもつよくそのように思う。フォーディズムを象徴した自動車産業に代わって、ポストフォーディズムに合致した都市政策が必要である。矢作はつぎのような構図を描いて見せる。

	フォーディズム	ポストフォーディズム
企業活動	主要大企業 規格品の量産型 単純／非熟練労働 経営努力：コストの削減	多様な中小企業 高付加価値の生産 知識・技術集約労働 経営努力：マーケットの創造
産業組織	垂直統合 下請け関係	水平連携 ネットワーク
都市政策	生産のための都市インフラ 特定企業・業種のニーズに対応 企業誘致政策	ＱＯＬのための都市インフラ 広範囲の経済社会ニーズに対応 都市ブランディング
政治・行政空間	垂直関係 都市間競争 企業×政府：蜜月関係	水平関係 都市関係連携 企業×政府：パートナーシップ
都市空間	郊外化・逆都市化 大企業の独占	再都市化 集合的協働（ステークホルダー間）

矢作が対象としたデトロイトやトリノに限らず、米国の東部海岸の主要産業が空洞化した古い工業都市についても、あるいはフィンランドなど北欧のかつてのパルプ・木材産業などが空洞化した諸都市についても、ポストフォーディズム的な対応を官民一体になって取り組んできた自治体が、都市再生のきっかけをつくってきた(*)。そうしたやり方は、決して画一的ではない。やり方などは、多様性をもったものでよい。そのためには、都市が歴史的に蓄積してきた知恵への再認識と再発見が必要となる。

*つぎの拙著を参照。寺岡寛『比較経済社会学—フィンランドモデルと日本モデル—』信山社（二〇〇六年）、同『アレンタウン物語—地域と産業の興亡史—』税務経理協会（二〇一〇年）。

地域経営社会学

1

「地域経営」といった場合、二つの側面がある。一つめは、総体としての地域の経営であり、この主体は行政であるのが一般的である。二つめは、地域に立地する企業などの経済主体であり、その地域に特徴的な経営スタイルである。

前者についてみれば、県や政令指定都市からより小さな行政単位となる市町村では、行政が地域社会＝地域経営の担い手である。その収入はもっぱら地方税、地方交付税、国庫支出金、地方債である。このなかで確実に増えてきたのは地方債収入である。ただし、地方税が増えるのが本来の筋である。将来返還することになる借金である地方債収入が、増加しつづけることは健全ではない(**)。地方債については、その償還に備えて減債基金を積み立てる必要があるものの、現実にはむしろその取り崩しが進行してきた。

**一般に地方自治体の財政構造をみるのに、経常収支比率や公債費負担比率が使われる。双方必然、無制限に地方債依存を続けることが困難である以上、地方税などの収入増を具体的にはかる必要がある。この問題は、二つめの地域経済振興のための自治体の経営に関わる課題である。これについては後述する。いずれにせよ、地方債依存と地方税などの収入増加が困難であれば、一般会計予算における義務的経費に加えて、国民健康保険事業、下水道事業、老人保健医療事業、介護保険事業など特別会計予算の削減が、地方自治体財政の均衡維持のために必要となる。特別会計については、受益者負担の引き上げによる対応が遅かれ早かれ必要となる。

つぎに、地域経済振興の課題である。これは次節でみるマクロ面では、地域産業の抱える課題、ミクロ面では、地域企業の抱える課題に対して、地方自治体がどのような具体策を提供できるのかという課題でもある。その一つの方途は、すでに前章で論じた地域内連関性を高める政策を立案し、実行できるかどうかである。

島根県中山間地地域研究センターの藤山浩は、「中国山地における『田園回帰』―定住を支える地元のつくり直しを―」（小田切徳美・藤山浩他編『はじまった田園回帰―現場からの報告―』所収）で、中山間地の子育て世帯などの消費形態から高等教育への教育費[***]―町村外への進学―が大きいことに加え、日常生活に密着した食料品、自動車の燃料費・維持費など自分たちの地域外からの購入費がかなりの比重を占める現状を明らかにしている。

教育費負担については、地域内の公立大学―県立大学や市立大学―だけではなく、私立大学の果す役割も大きい。とはいえ、市内あるいは県内の大学などが、学生の選択肢に合致するような学部構成や教育プログラムとなっているのかどうか。公立大学と私立大学がともに協働し、補完し合うようなシステムになっているのかどうかも重要である。しかし、そのようなケースは実際には多くないのが現状ではないだろうか。また、県内の大学を卒業しても、卒業生を吸引する雇用機会がなければ、若者たちは地域外へと流出する。

の比率が高まっている自治体については、義務的経費が多く、財政の硬直化が進んだことで、その財源を地方債という借金に求めることになる。

＊＊＊中等教育についてもみておくと、文部科学省『学校統計調査』によれば、小学校閉校数も二〇〇〇年代に加速的に増加してきた。高等学校もまた分校閉鎖と本校への吸収により、地域外への長距離通学や下宿などの費用負担も増える。高校進学率が高いなかでは、大学等の高等教育機関への進学だけではなく、子どもの地域外の高校への進学もあり地域外に職を求めて移動する家族もみられる。

教育費に限らず、おカネの地域内還元を促進するには、地域内の財やサービスの地元調達度を高めつつ、他地域と相互互恵的な移入・移出関係をつくることが重要である。藤山たちは産業連関表なども利用して、衰退地域では家計だけではなく、企業や行政もまた県外から財やサービスを調達しているとして、域外から購入している金額の数パーセントでも地域内調達に切り替えると、地域内乗数効果が高まることを強調する。すでに紹介したジェイコブスの輸入置換力による域内経済へのプラス効果への着目である。

地元のスーパーマーケットにおいても、地元からの仕入れを増やすことで、「地産地消」への刺激となる。地産地消はたんに農作物だけではなく、フードマイレージの大きい素材ではなく、地元素材の加工度を高めることで地域内のエネルギー節約にくわえ、関連産業の振興にもつながる。そうした商品は地域内の消費だけではなく、観光客にとっても魅力的な地域ブランドの商品となる可能性も高まる。

2

地域経営は行政だけのものでもなければ、民間企業だけがその主体でもない。行政と企業との間に、住民、ＮＰＯなど互いに寛容で緩い関係性の組織がなければ、実際にはうまく進展しない。そこにさまざまな主体の多様な活動が、ゆるやかな連携を形成し、全体として地域発展の動きを生み出すような仕組みが必要となる。

それは、従来のような補助金目当ての中央政府―それがすべて悪かったわけではないが―からの画一的な政策の導入でもなければ、少数の地域独占企業の意向に沿ったようなインフラ整備でもない。ましてや、画一政策によって同じような取り組みが地域間で並走し、他地域との競争ばかりが激化したようなものではなく、他地域とも相互補助的な緩い連携が重要である。

地域政策＝地域経営が、他地域にとって窮乏化政策であってよいわけはない。

この事例は、すでにふれた農地や工場跡地への大型商業施設の誘致が、しばしば近隣窮乏化政策につながってきたことを再確認しておくべきである。地方財政の悪化に苦しむ地方自治体にとっては、その種の誘致政策は地価下落に歯止めをかけ、場合により地価が上昇することにより、固定資産税の増加につながる。だが、他方で中心市街地の空洞化＝空き店舗を加速させることで、その税収効果が相殺される可能性も無視できない。

地域経営とは、単に自分たちの地域だけの課題ではなく、地域間の協働関係や協創関係を互いに高めることができるようなものでなければならない。そうでなければ、その場かぎりの政策に終始することで、むしろ問題を複雑化させてしまう可能性も大きいのである。地域経営にとって重要なことは、生活圏としての自分たちの地域をどのようにしてその質――いわゆる、QOL（Quality of Life）――を維持して、住んで楽しい、働いて楽しい、外から来る人もそのような楽しさを体験できるようにすることである。

そのためにも、まずは地域を支える産業、その産業を支える企業などさまざまな経営主体、そうした企業に働く人たちの生活インフラの充実を、決して自分たちの地域だけの取り組みではなく、周辺地域との協働・協創的な関係を積極的に築く必要があろう。それこそが新しい行政学としての地域経営社会学の課題である。

地域産業の課題

1

産業政策、中小企業政策、地域経済政策は、どのように関連しあってきたのであろうか。この三つの政策は単独で独立しているわけではなく、むしろ有機的に関係しあって一つの地域政策を形成している。地域産業振興との関係では、地域産業を分類することによって、これらの政策との有効な対応を考えることができる。たとえば、経済地理学者の伊東維年は、地域産業を地域特化係数と県内自給率からつぎの四つのカテゴリーに分類する(*)。

（一）生産拠点型産業―特化係数＞一、県内自給率が一定水準であり、県外への移輸出額が移輸入額を上回るような産業。

（二）相互依存型産業―特化係数≒一または＜一で、県内自給率が低く、県外への移輸出・移輸入率ともに高い産業。

（三）移輸入依存型産業―特化係数＜一、県内自給率が低く、県外からの移輸入に依存する産業

（四）県内自給型産業―自給率が高く、移輸出・移輸入率が五〇％未満である産業。

伊東は、この四つのカテゴリー産業のうち、最後の県内自給型産業の比重が熊本県の場合、もっとも高いとする。また、熊本県ではＩＣ産業が代表的な生産拠点型産業であると指摘する。他方、化学製品、金属・機械は典型的な（三）の移輸入依存型産業として位置づけるが、今後どのように振興すべきかについてはふれてはない。

＊地域特化係数は、当該産業の全体構成比の全国平均との関係を示す指標である。特化係数が一より高ければ、全国平均よりその地域において当該産業の比重が高いことになる。県内自給率＝（県内生産－移輸出）／県内需要。熊本学園大学産業経営研究所編『熊本県産業経済の推移と展望―自立と連携をめざす地域社会―』日本評論社（二〇〇一年）。

今後の地域産業振興という点では、伊東は、「地域経済基盤」という視点から、県内産業を県内需要の余剰分を県外に移輸出している産業を「ベーシック産業」、県内需要を満たすことができず、県外からの移輸入に依存している産業を「ノンベーシック産業」に分類したうえで、先の四つの産業類型との関係をつぎのように規定する。

ベーシック産業＝生産拠点型産業と相互依存型産業。

ノンベーシック産業＝移輸入依存型産業と県内自給型産業。

伊東自身は、この二分類にしたがって、「県外へ製品やサービスを移輸出し県外から所得をもたらし、県経済の発展に貢献するような」ベーシック産業を、今後は地域産業政策の柱とすべきと主張する。しかし、問題は、伊東も認識しているように、ベーシック産業群が実際には県経済全体をけん引するほどの規模ではないことである。したがって、産業規模そのものを拡大させるには、さらなる企業誘致が必要となる。その場合、企業誘致による外発的発展には、それなりの財政資金が必要となる。

だとすれば、ベーシック産業群だけではなく、ノンベーシック産業を地道に進行していく産業政策が必要となる。必然、ノンベーシック産業のかなりの部分を占める中小企業をいかに振興するのかが、鍵を握っている。熊本県産業の抱える問題は、多くの地域にも共通する。さらに、地域社会にとって大事なのは、もっとも移動率の高い―県外への転出率の高い―若年層へ多様な就業機会を提供しつつ、地域全体の県民所得を実質的に向上させていくための産業政策と、中小企業の振興政策を同時並行的にすすめる地域経済政策の立案が必要である。

だが、産業政策といった場合、農業などを対象とするのか、工業を対象とするのか、あるいはサービス業を対象とするのかによって、取り組むべき課題と範囲が異なる。とくに、製造業の特化係数が低い地域の場合、公的支出＝財政支出に支えられたサービス業だけでは地域経済は活性化しない。とりわけ、多くの財は他地域から移入されている現状の下では、サービス業の他分野への影響は低くなる。

事例的には、現在、各地でさまざまに取り組まれている観光業が典型である。観光客の誘引のために街並みなど景観の整備に加えて、観光関連施設の建設へ公的資金が投入されている。だが、そのようにして観光客が増加したとしても、観光客による物品の消費が、実際には県内の農業や工業に経済波及効果を与えているのかどうか。この点を明らかにしたうえで政策立案をはかることが肝要ではないだろうか。

2

地域社会と若年層—一五〜二五歳—の就業機会との関連性を、いかに高めることができるかが、地域産業の課題であることはすでにふれた。地域の若年者労働市場は、一体どのようになっているのだろうか。若年者の失業問題にも地域的特徴がある。単身者＝若年者は、就業機会の機会が多い地域へと移動しやすい。このことは、本来、地域間の失業率の平均化につながるはずである。にもかかわらず、地域間で若年者の失業率の格差があることは、移動できない、あるいは移動しない若者層がいることを示唆している。

若年者の失業問題は、他の年齢層と同様に就業機会の多寡の問題でもある。就業機会といった場合、若年層の場合、他の年齢層と異なり、元来が適職を探して就業先を変える割合が高く、その間の無業状態は失業となる。この試行錯誤期間を短くするには、若年層にとって、地域での職業選択の多様性—産業や企業など—があるのかどうか鍵をにぎる。(*)

地域内の就業機会を求めて、若年層が県外移動せず、地元に残ったものの、大都市圏の労働市場のようにフリーターや派遣などの不安定な非正規職も、地元には少ないことから、不満で

＊総務省の『就業基本調査』などが示唆するところでは、若年層の失業率は沖縄県で突出して高く、ついで北海道の順となっている。

あっても正規職にとどまる人たちもいる。地域内の正規職に就き、歳を重ねたことで県外での就職機会も限られ、結果として県内にとどまらざるをえない意識も強くなる。

労働経済学者の大田聡一は、『若年者就業の経済学』で、若年者の失業問題の背景に、就職時の経済状況など、かつての就職氷河期といった「世代効果」―景気後退期での若年層採用の手控えなど―があること、大企業を中心として、新卒採用へのこだわりが未だに強いことにふれたうえで、若年労働市場の地域性を配慮した雇用政策のあり方について、つぎのように指摘する。

（一）学歴構造の投影―中・高卒者と大卒者では、地域的な就職行動が異なり、就業機会の少ない地域の高卒新卒者は、他県で就職先を見つける傾向が強いこと。
（二）全国一律の若年雇用対策の見直し―地域の実情にマッチした雇用政策の必要性。
（三）地域中小企業の若年層への雇用創出に果す役割の重要性―若年層は、依然として大企業就職志向のなかで、知名度などが低い中小企業の採用活動への行政支援の必要性など。

なぜ、若者は地域にとどまれないのか、あるいは、なぜとどまろうとしないのか、また、なぜとどまったのか。この背景には地域の産業の競争力変化による栄枯盛衰とそれに連動した労働市場の変化がある。（一）のように、自分たちの地域にとどまることのできる就業機会が少なく、他の地域に多ければ若年層は移動する。それを責めることができない。

反面、人には他の動物と一緒で、生まれた場所に戻りたいという帰巣本能があるのではないだろうか。若者が、それぞれの地域でさまざまな経験を積み、知識を得て自分たちの生まれ育った地域にもどれる基盤づくりこそが重要であり、そうした人材が地域に大きな刺激を与え、自分たちの地域資源での未利用な部分にも気づく可能性もある。その鍵をにぎるのは、すでに

＊＊公共交通機関としての鉄道路線が、赤字累積を理由に廃止されたあとに、バス輸送が代替交通手段として導入された地域も多い。その後の進展をみると、そのバス路線も赤字を理由に廃止されていた事例も多数ある。乗合バスの輸送人員数の時系列推移をみると、東京・名古屋・

何度も強調したように、地域産業の存在であり、それを構成する企業、とりわけ、中小企業である。地域に人が還流されてくるかぎり、そのような地域産業や中小企業は存立できる。

それらはかつてのような製造業ではなく、地域の質的に豊かな生活を支える商業や飲食業などの分野に加え、物流・公共交通、社会福祉関連などサービス業である。こうした分野の充実と生産性の高さこそが重要である。必然、観光客のための名所旧跡の整備だけではなく、その地域で生活体験というかたちで観光客を引きつけることのできる工夫と知恵が求められる。

ここでいう生産性――一人当たり付加価値額の多寡――は、とりわけ、サービス業の場合は製造業とは異なり、単独企業の取り組みでは達成しえない性格のものである。地域のサービス業の生産性を高め、それに従事する人たちに魅力ある給与水準を維持し、優秀な人材――とくに若年層――をひきつけるには、サービス市場での消費者人口密度を高める必要がある。これは地域サービス業のための不可欠な地域経営の根本である。

そのためには、地域サービス業振興のための公共サービスの充実こそが、地域経営でもある。とくに、平成の市町村大合併で広域となった地域の人口密度を高める公共交通サービスの充実(**)、医療など社会福祉サービスへのアクセスの容易さなどが、ますます重要度を高める。これこそが地域産業振興を支える地域そのものの競争力の高さといってよい。

こうした取り組みがあってはじめて、観光業などサービス分野の充実がある。そうでなければ、即時効果のみを求める観光業振興策として、全国どこでもあるような文化施設の新たな建設や宿泊施設の画一的な整備にはおのずから限界があり、やがてそうした投資は地域にとって重荷となる。

大阪の三大都市圏でこそ緩やかな減少傾向にある一方で、地方において減少が著しい。この結果、路線バスの廃止が増加しつづけてきたことの背景には、平成一四［二〇〇二］年の「道路運送法」の改正による不採算路線の廃止により、従来の許可制から届出制となったことが、拍車をかけた制度上の改正があった。民間の路線バス以外の市町村営バス――自治体が直接運営せず、民間バス業者に運行を委託し赤字分を補てんするバス便も含め――もまた採算維持に苦慮している。

このため、新たな「公」として住民組織やNPOによる地域内巡回バス――いわゆるコミュニティバス――などの試みも行われてきている。今後、特に過疎地を中心に、あるいは、市町村合併によって広域化した地域において、自家用車などの利用が困難である高齢者や中高生などの移動手段としての公共交通のあり方が、ますます問われるようになる。その地域の活性化には、住民たちが自由に移動しうる公共交通手段ポテンシャルの高さが重要なのである。

第四章　地域政治と想像力

日本の政府がこれまでとってきた公共的、経済的政策の多くが著しく社会正義の感覚を欠き、…官僚専権の弊害は、経済的次元だけでなく、国民の生活のあらゆる面にかかわり、また日本全国広範な範囲にわたって人間と自然を徹底して破壊し深刻な被害をもたらしています。

（宇沢弘文『ゆたかな国をつくる―官僚専権を超えて―』）

地域政策は、地域固有の政策であると同時に、中央政府からみた国土の有効活用政策でもある。問題はこの二つの側面をもつ政策の均衡である。日本の敗戦の混乱がいまだ残る昭和二五［一九五〇］年に、「国土総合開発法」が制定された。戦前においては、旧内務省が地域開発に大きな権限をもった。戦後においては、内閣総理大臣が関係機関の意見に基づき、国土審議会の審議をへて「国土総合開発計画」を決定することとなった。

最初の計画は、昭和三七［一九六二］年に、「地域の均衡ある発展」を目標に掲げた昭和四五［一九七〇］年を最終目標年とする「第一次全国総合開発計画」であった。昭和四四［一九六九］年に、政府は「豊かな環境の創造」を目標に掲げ、昭和六〇［一九八五］年を最終目標点とする第二次計画（「新全総」）が示された。しかし、その後の石油ショックなどもあり、昭和五二［一九七七］年に第二次計画が終了する前に、第三次計画（三全総）が立てられた。その後、「多極分散国土の構築」を目標とした第四次計画（四全総）、平成に入ってからは「多軸型国土構造を目指す長期構想実現の基礎づくり」の第五次計画（五全総）が示されてきた(*)。

政府のこうした地域開発計画は、その時期の地域経済格差拡大への危惧に呼応した政策であったものの、関心は、自分たちの実情—たとえば、既存の地域資源の有効活用など—に応じた計画案の策定と実行にはなく、地域指定をめぐって中央担当省庁に受け入れやすい横並びの画一的地域開発計画(**)と陳情政治を過熱化させてきた。

こうした陳情政治は、中央政府主導の公共工事—工業団地などの建設を含む—や補助金交付をめぐる地域政治の骨格を形成した。しかしながら、平成に入っての五全総の下では、国家財政の悪化によって、公共工事や地方交付税も縮減にして、地方の「自立性」が求められた。結果、地域分権や地域主義が主張されるようになってきた。

「まち（町）づくり」や「まち（町）おこし」というスローガンで象徴化されている地域社会の活性化は、それまでの大型プロジェクトの呼び込みや大企業誘致といった「外発的」な政治手段ではなく、あらためて自分たちの地域資源の活用という経済手段による内発的な取り組みを前提とせざるをえなくなったのである。それまでの地場産業振興策においても、農業・環境重視と同時に、「農工連携」のように地域の第一次産業から第三次産業までの地域内産業連携を重視するような地域の政治的な取り組みが必要とされるようになってきた。

＊詳細はつぎの拙著を参照。寺岡寛『田中角栄の政策思想—中小企業と構造改善政策—』信山社（二〇一三）年。

＊＊比喩的にいうと、売れ行きの良い商品が登場すると、各社とも似たり寄ったりのデザインをとり、他者とは全く異なるデザインをとることが少ない市場戦略のようである。自動車でも丸型のデザインが売れ始めると、それまでの角形デザインをとっていた他のメーカーも同じような丸型デザインを採用するようなものかもしれない。地域指定される方からすれば、選択から漏れるリスクの減少につながるとされる。

1　地域と政治構造

どこの国の地域政治史にも、ある種のボス政治の姿が刻印されている。なにがなんでもボス政治が悪いわけではない。問われるべきは、なぜボス政治に至ったのか、という経緯にある。良い政治には、政策＝制度づくりのためのプロセスの公明性と透明性が不可欠である。そして、政治の結果がつねにフィードバックされ、必要に応じ見直しがされているかによって、その水準が決定される。

公明性と透明性では、村や町という人口規模ではボス政治の弊害が見えやすい。見えやすいがゆえに、住民たちは自分たちの意向を伝える直接あるいは間接の経路がある。しかし、村が町になり、町が市になると、住民一人一人の声が届きにくくなる。議会制度では、公開審議と多数決原理の民主主義的方法論が正統性をもつようでありながら、実質上のボス政治の弊害も生まれる。

平成の大合併によって、基礎自治体の単位そのものが引き上がり、住民たちの声が拡散し、その声が地域の政治に届くのがむずかしくなった。必然、政策決定の公明性、透明性や正統性は議会での多数決主義に置換され、その舞台裏が見えにくくなった。政策決定にいたるまでの手続性—形式—だけが強調されるようになった。そこにあるのは、数の上での多数性という実質上のボス政治である、といえないこともない。

地域政治とは地域の問題と課題を解決することにある。だが、すべての問題が、地域政治の行政権を担う自治体だけで対応できるわけではない。かつて自分たちの住む地域の細々とした課題を解決した町内会—自治会—の役割と機能も、農業従事者、自営業者が減るなかで、その担い手層の高齢化が目立つ。また、若い人たちや新たに移り住んだ人たちからすれば、町内会などの組織のあり方に疑問が生まれる。

町内会のあり方に関心を寄せ、その現代的な意義を探ってきた社会学者の中田実たちは『地域再生と町内会・自治会』で、経済のグローバル化がむしろローカルな対応を引き寄せる一方で、企業内福祉の後退、地方財政悪化による公的サービスの見直しについて、つぎのように指摘する。

「グローバル経済の暴走と、それによる市民生活破壊が広がっている中で、地域とそこでの生活に直結する生き方の見直しは、国レベルの課題であるだけでなく、各地域での課題となっています。安心・安全を個人の備えで切り抜けられると思い、地域とのつながりを避けて生きていこうとしてきた現代の日本人でしたが、その期待は幻想でしかなかったのです。家族が多様化・細分化し、企業が従業員の生活保障を放棄し、行政も広域化と人員削減によるサービスの低下をつづけるなかで、地域での人びとのつながりがひと際注目されることになりました。」

だが、町内会の構成メンバーも、高齢化するなどさまざまな課題がある。では、任意のボランティア団体や、問題や課題に応じて組織されるＮＰＯなどの団体は、町内会とどう異なるのか。前者が特定問題などを扱う緩いブティック型であるのに対し、町内会は自分たちの狭い地域—より正確には地区—のあらゆる問題を扱うミニ百貨店型ともいえる。しかし、問題はどこまでが自分たちで地域の問題に取り組み、どこまでが行政が取り組むべきなのか。

この点は重要である。地方財政の悪化は、予算執行面での重点配分を促し、経費節減という名目で受益者負担、あるいは、公的サービスの民営化によって各自の負担の増大を招く。同時に、町内会の活用による実質上の経費節減という動きも活発になる。だが、本来の行政のやるべき仕事と、町内会が負担し得る仕事の区分は固定的ではない。なぜなら、少子高齢化は都市においては、町内会を維持しうる地域と、町内会の成員の減少によってその維持が困難となっている地域もあるからだ。必然、この場合、行政と町内会などの関係はどうであるのか、それがかつてのように行政機関の下請的役割であるとすれば、まずはもって町内会は、上下関係を組み込んだ行政組織ではないだけに、行政と町内会との関係は決して一律なものにはなりえない。

2

市町村合併によって、基礎自治体の空間範囲が広がった。その結果として、行政と住民との間の心理的距離が、空間範囲の拡大とともに広がったとすれば、住民たちは自分たちの地域の改善の意向をどのように地域の政治に反映させることができるのか。先に述べたかつての町内会の変化は、他方で、NPOなどを引き寄せたが、すべての住民が課題ごとにNPOに入り活動することは容易ではない。

市町村合併によって公共サービスの低下を危惧する声も強い。政治学者の宇野重視は、『ローカルからの再出発―日本と福井のガバナンス―』で、NPOなど多様な主体に地域公共サービスを担わせるという点に関して、「日本における『地方自治』の歴史を少しでも振り返れば明らかなように、行政が公共サービスの提供を『もっぱら担った』ことが一度でもあるのか、むしろ疑問である。……近代日本の『地方自治』において、行政は常に公共サービスの多くを住民やその組織に負担させてきた。その意味では、『ローカル・ガバナンス』こそが常態であり、それはなにも昨今に始まった新しい現象ではないのである」と厳しく批判する。

ローカル・ガバナンスとは、自分たちの地域、とりわけ、生活圏としての地域をどのように維持するのかという点に関わる。この課題は従来も国家財政の状況と連動し、中央政府による補助金行政(*)の維持が困難になると、地方財政問題ともかかわって浮上せざるをえない。宇野はローカル・ガバナンスが強調される時期にあって「重要なのはおそらく、行政ができないことを住民に委ねるのではなく、むしろ住民が自ら実現できない課題を行政の力を借りて実現するという。『地方自治』の本旨に立ち戻ることであろう」とする。

「地方自治」の本旨に立ち戻るためには、それなりの筋道が確保されなければならない。形式論理的には、住民は自分たちの代表＝議員を選ぶことで、地方自治が保持されていることになる。住民参加の新しい正しいかたちとして各地で、「市民参加条例」が各地で制定され始めた。背景には、間接的民主主義のチェック・アンド・バランスを、市民参加の仕組みづくりとその実践に求める声が強くなったため、といってよい。

経緯をみておくと、平成九［一九九七］年に大阪府箕面市で「市民参加条例」が制定され、その後、二〇〇〇年代に入っては平成一二［二〇〇〇］年に北海道のニセコ町で「ニセコまちづくり基本条例」が制定されて以来、とくに「まちづくり」を強調した市民参加条例が制定されてきた。新しいところでは、「生活文化都市」を掲げる愛知県岩倉市—人口約四・六万人—は、平成二四［二〇一二］年「市民を主体として、協働によるまちづくりを推進し、自治の実践」を目指した「岩倉市自治基本条例」を制定し、その具体的な仕組みを定めた「市民参加条例」の検討に入っている。

こうした市民参加条例の先行例としては、埼玉県志木市—人口約七・二万人—の平成一三［二〇〇一］年に制定されたわずか五条から成る「志木市市政運営条例(**)」がある。平成二〇

*補助金についてみれば、都市から農村への補助金の流れは農村に選挙時の集票基盤を置いた自民党長期政権の下でのシステム作動であった。やがて、農業衰退による選挙民＝農民数の減少にもかかわらず、選挙における一票格差が温存されたことで、このシステムは作動しつづけたものの、その後、大きな変容を余儀なくされた。

**第一条（目的）「この条例は、

〔二〇〇八〕年には、一一条から成り、「意見公募手続に関して必要な事項を定めることにより、市の政策形成過程における市民参加の機会を確保するとともに、行政運営の公正の確保と透明性の向上を図り、もって市民との協働によるまちづくりを推進することを目的」とした「志木市公募手続条例」が制定されている。

住民＝市民の政治への直接参加の背景には、多くの住民が地域の政策策定に参加しようという当事者意識の高まりがある。このことは、住民の参加なくして、地域のさまざまな問題の解決がむずかしくなったことを示唆している。二〇〇〇年代以降、住民投票条例が制定され、地域の重要事項の決定に住民投票が行われるケースも増えてきたのも同様の背景とみてよい。

自分たちの地域の課題に対しては、従来のように補助金の交付に結びつく全国画一的な解決策ではなく、自分たちの地域の身の丈にあった解決策への模索こそが、実質的な解決の第一歩と認識されるようになった。地域の実情を知ることができない中央政府が用意したいくつかの政策メニューから選ぶのではなく、現場の問題と課題を知る自分たちが政策メニューをつくり、その政策実行に関わることが、本来の地域における基礎的な政治のあり方である。

1　地域政治の力学

政治学者のダグラス・ラミスは、『経済成長がなければ私たちは豊かになれないのであろうか』で、人びとの成長信仰の底流には、日本社会での安全ネットの脆弱化による競争と敗者へ

市政運営に関する基本的事項を定めることにより、市民主体の自治の実現を図ることを目的とする。」、第二条（基本理念）「まちづくりは、市民自らが主体となって考え、行動し、市民及び市が協働して推進することを基本理念とする。」、第三条「市は、基本理念に基づき、市民主体のまちづくりについて意識の高揚を図るとともに、市民によるまちづくり活動を支援するものとする。」、第四条（情報の共有）「市は、市民が参画する市政を推進するため、情報公開制度及び個人情報保護制度を踏まえ、市政に関する情報を分かりやすく提供し、市民との情報の共有化に努めるものとする。」、第五条（市民参加）「市は、市政運営に市民の意見を積極的に反映するよう、市民の市政への参画のために必要な措置を講ずるものとする。」

の「恐怖」が暗黙裡に存在しているとみる。ラミスは、ゼロ成長でも、貧困に陥らず社会を維持できる考え方として、人間の能力を伸ばすことのできる「対抗発展」のあり方を見据える重要性を強調する。ラミスは競争での敗者＝「貧困」には、四つのカテゴリーがあるとする。

（一）「伝統的な貧困」―「自給自足の社会を指します。物をあまりたくさん持たないし、それで満足している。……この程度の暮らしでいいと考えている。……あくまでも『外から見た貧困』です。」

（二）「絶対的な貧困」―「世界銀行の呼ぶところ……食べ物が足りなくて、薬が足りなくて、服が足りなくて、健康な生活ができない状態。」

（三）「金持／貧乏という社会関係のなかの貧困」―「社会のなかに経済力のある金持ちがいれば、必ずその相手になっている経済的に無力な人たちがいる。」

（四）「技術発展によって新しいニーズが作られ、そこから新しい種類の貧困が生まれる……今まで存在したことのない商品が、最初は贅沢品として現れる。……買えないから困るということは特にない。しかし、そのうち社会が変わってくると、……買えない人が惨め、貧乏ということになる。」

ラミスはこうした四つの貧困のうち、わたしたちの経済発展は、（二）の絶対貧困を他地域へもたらしつつ、（三）と（四）の貧困を創りだすことで、経済成長を生み出してきたものの、こうした貧困は経済発展によって解決できない課題であると見なしている。ラミスの指摘を地域レベルに引き付けてとらえておこう。東京など大都市圏と地域、県庁所在地など中核都市と他地域との関係は、（三）と（四）で象徴化される格差を意識させたが、（二）ではない。しかしながら、大きな問題は農業などの衰退によって、（一）の生活スタイルを萎えさせ、貧困の健全さを衰微させているとすれば、そこに大きな問題がある。

（一）は真の意味では貧困ではなく、その真逆の豊かさである。それは、ますます遠距離化したフードマイレージや、エネルギー多消費的な物に依存しすぎた消費生活ではなく、自分たちが働き、生活する生活圏での豊かさを求める地域のあり方を示唆する。だが、これを実現するには、こうした考え方を支える地域政治の力学が、地域において保持される必要がある。そうした地域の実現には、従来の物（財）からサービスへの転換を促す経済政策重視の政治が鍵をにぎる。

いうまでもなく、地域社会を支える基盤となる地域経済のあり方の大きな変化が、地域政治力学の底流にある。地域経済は日本経済の変化を反映してきた。日本経済について振り返れば、戦後の復興期、その後の高度経済成長期、低成長期を経験した。これらの時期は国内消費人口の規模からみれば、拡大期であり、日本産業は国内消費市場の需要を上回る生産力を保持したことで、景気後退期には輸出ドライブをかけつつ経済成長を維持した時期でもあった。

現在は国内消費市場＝消費人口規模は縮小期であり、輸出志向型の産業構造への転換がむずかしければ、必然、日本社会はゼロ成長に近い経済に依拠しなければならない。ただし、国内での成長率格差があり、ゼロ成長以上の地域、ほぼゼロ成長、ゼロ成長を下回る地域が混在する。

だが、ゼロ成長は、すなわち、地域の衰退とは限らない。従来の（二）の絶対的貧困ではなく、また、人口構成の変化とともに（四）のタイプの貧困でもない、地域内での他地域との連携を閉ざすことのないオープンな地域経済への復帰が重要となる。そこには（三）のタイプの貧困に陥ることがなく、（一）の伝統的な貧困とは異なり、生活の質そのものを追求する産業構造と、それを支える社会基盤の整備の政治力学が重要となる。

2

日本経済が地域経済の総体としての姿であるのと同様に、日本社会も地域社会の総体としての総体である。だが、これは抽象的なもの言いでもある。今後においては、多様な地域社会の出現こそが、日本社会を柔軟な社会へと変容させるポテンシャルを高める。

教育社会学者の本田由紀は『もじれる社会—戦後日本型循環モデルを超えて—』で、現在の日本社会の「かたち」を「戦後日本型循環モデル」と規定する。このモデルでは「仕事」、「家族」、「教育」の本来異なる三つの社会療育が、仕事＝正社員→男性の長期安定雇用、年功賃金による家族維持、公的教育支出の低位＝教育費の高負担、新規学卒一括採用、政府部門による産業政策への偏りという構造の下で循環できた、とする。

本田はこのモデルを構成した「仕事」、「家族」、「教育」が、同時にシンクロしつつ、「仕事」＝企業活動が突出したところに、他の先進国との相違点を見出す。本田は、この三つの関係に双方向性をもたらすこと＝「社会を結びなおす」によって、地域社会の古くて新しいあり方が形成されることに期待をかける。

この社会を結びなおすのは「モノ」ではなく、むしろ「教育」、「家族」や地域「文化」の振興であるとみている。そうだとすれば、「教育」、「家族」、「文化」に関連する地域の人びとの取り組みや工夫が、新たなサービス業＝「仕事」につながる可能性を生む。必然、このための制度づくりこそが地域政治のあり方となる。ただし、従来の循環モデルを一朝一夕に変化させるのは容易ではなく、そこには従来の考え方や地域政治の思想という「慣性力」が強く働く。これをいかに達成させていくのかが地域政治の力学である。とくに、仕事が中心で家族と教育の場としての地域への性別帰属度において、男性の役割はきわめて小さかった日本の地域社会

＊文化庁は平成一九［二〇〇七］年度から「文化芸術創造都市」部門を設け、市民団体、民間企業などの参加の下で文化技術によって地域活性化に取り組む顕著な成果を揚げた市区町村を対象に表彰活動を行っている。文化庁はその趣旨について「産業構造の変化により都市の空洞化や荒廃が問題となる中、欧州などでは、文化芸術の持つ創造性を活かした産業振興や地域活性化の取組が、行政、芸術家や文化団体、企業、大学、住民などの連携のもとに進められてきました。こういった取組は「クリエイティブ・シティ」として国内外で注目されつつあります。ユネスコも、文化の多様性を保持するとともに、世界各地の文化産業が潜在的に有している可能性を都市間の戦略的連携により最大限に発揮させるための枠

では、なおさらである。

そこには、まさにベッドタウン化された地域があった。だが、会社への帰属が終わった退職者は中国の詩人陶淵明（伝三六五～四二七）の「帰りなんいざ、田園、将に蕪（あ）れなんとし、胡（なん）ぞ帰らざる」のようにはすぐにはいかないだろう。今後は仕事を終えた世代が地域への貢献において、大きな役割を果たすことが重要である。だが、地域との関係がそう容易に形成されるわけでもない。

だからこそ、「帰りなんいざ、田園」世代をどのように地域の政治へと引き付けることができるのが、地域政治の力学である。参考になるのは、厳しい財政事情のなかで文化によるまちづくりを実践し、平成二〇［二〇〇八］年に文化庁から「文化芸術創造都市」表彰(*)を受けた東京都豊島区の地域政治のダイナミズムである。「ふるさと豊島を想う会」事務局長の溝口禎三は、『文化によるまちづくりで財政赤字が消えた―都市再生豊島区篇―』で、古書店経営の二代目から、期せずして区議会議員、東京都議会議員をへて区長となったという。従来の行政出身者でない地域住民であった高野之夫は、その後、文化活動振興を通じて財政再建の苦難の道のりを歩んだ。

高野は、池袋という交通の結節点をもつ豊島区にとって、競輪などの城外車券場の設置を認めれば、財政面では楽になるが、他方で、ギャンブルというイメージが定着する。これが長期的には果して正しい決断であるかに大いに悩んだという。高野たちは、豊島区の将来像を区民たちなど関係者とつくりあげることになる。いうまでもなく、将来は過去と現在の延長上にあるからだ。

高野たちは、豊島区の歴史的地域資源の発掘を熱心に試みた。明治以降、東京市の人口は急増し、その郊外化を促した。豊島区もまたその流れにおいて形成され、立教学院、自由学園、

組みとして、二〇〇四年に「創造都市ネットワーク」事業を開始しました。文化庁においても、文化芸術の持つ創造性を地域振興、観光・産業振興等に領域横断的に活用し、地域課題の解決に取り組む地方自治体を「文化芸術創造都市」と位置付け、文化庁長官表彰、国内ネットワークやモデルの構築を通じ支援しています」と述べる。

平成一九［二〇〇七］年度は横浜市、金沢市、近江八幡市、沖縄市、平成二〇［二〇〇八］年度は豊島区のほかに、札幌市、篠山市（兵庫県）、萩市、平成二一［二〇〇九］年度は東川町（北海道）、仙台市、中之条町（群馬県）、別府市、平成二二［二〇一〇］年度は水戸市、十日町市・津南町（新潟県）、南砺市（富山県）、木曽町（長野県）、神戸市、平成二三［二〇一一］年度は仙北市（秋田県）、鶴岡市（山形県）、浜松市、舞鶴市（京都府）、平成二四［二〇一二］年度は新潟市、大垣市、神山町（徳島県）、平成二五［二〇一三］年度は八戸市、いわき市、千曲市（長野県）、尾道市となっている。

東洋音楽学校（現東京音楽大学）などの学校に加え、交通の便利さの割には地価が安かったこともあり、画学生や画家、小説家や詩人、俳優など「クリエィテブ・クラス」が数多く住む地域となっていった。芸術や文化が豊島区の地域発展にとって重要な要素となっていたのである。こうして関係者が集まり、都市の文化的雰囲気や景観こそが来街者にとっての「贈り物」となる、という共通認識が生まれたという。

豊島区の経験は、行政だけが主導する政策ではなく、広く区民や関係者の知恵を集めることのできる政治の大事さを示す。豊島区では、「文化政策」＝「地域政策」とする地域政治の思想が徐々に形成されていったとみてよい。平成一六［二〇〇四］年に豊島区は「文化創造都市」宣言を行い、具体的な支援を盛り込んだ文化芸術振興条例を制定している。

文化行政を所管する教育委員会を中心とした組織の変更も、同時に実施している。文化と経済を結びつける文化商工部が設けられたほか、少子化による廃校対策として、アートスペース等々の方針が決まれば、いろいろなアイデアが出るものである。文化政策は、従来の経済一辺倒あるいは企業優遇一辺倒の政策とは異なる地域の政治力学を生んだ。

地域政治の思想

1

地域政治とは、自分たちの地域問題解決のための制度づくりと、それが公平かつ公正に実行される政治でもある。必然、そうした地域政治の思想もまたこれに関わる。地域の仕事と暮らしの安定のために、人びとの活動をどのように支援するのかが、地域政治のより具体的な考え方としての思想である。

その一つは自分たちの地域を支える自分たちの経済政策とこれを実行し、支えることのできる条件整備である。この豊富な事例は過疎先進地域（*）である中国地方の中山間地での取り組みである。農政学者の小田切徳美は、『地域再生のフロンティア—中国山地から始まるこの国の新しいかたち—』で、中国地方中山間地ではつぎの三つの「空洞化」が連続的に起こってきたとする。

（一）一九六〇年代から七〇年代前半—若年層の人口流出という「人の空洞化」。

（二）一九八〇年代半ば以降—農林地が荒廃する「土地の空洞化」。

（三）一九九〇年代から—「限界集落」論で象徴される「むらの空洞化」。

この三つの空洞化は、地域の特徴であった①農業の零細性、②都市との近接性、③集落の小規模・分散性、によって促進された。従来の中央政府における政治思想をこの三つの点と関連させておけば、「農業基本法」以来のわが国の農業政策は、農業の零細性の克服＝規模の経済性の達成であり、都市との近接性については、道路網の整備によってさらに強まり、兼業化と人口流出は集落の小規模・分散性をさらに推し進める結果となった。

小田切は、これらの条件をむしろ逆手にとってどのように生かすかに地域再生のフロンティア的課題があるとみている。小田切は、再生の手掛かりをつぎのように指摘する。

（一）農業の零細性の克服—かつての多業化型経済の現代的復活＝小規模事業を組み合わせる。

（二）都市との近接性の利用—山村と都市の共生。

（三）集落の小規模・分散性—地域の再生エネルギー活用による循環型社会のモデルケース

＊筆者が一〇年以上までに中国地方のある公立大学を訪れ、そこに学ぶ学生たちとの討論会で、他地域＝大都市圏から進学していた女子学生が当地で学ぶ意義について「過疎先進地域で過疎対策の先進事例を学ぶ」と述べていたことが強く印象に残っている。

となりうる。

（一）の多業化では、過疎地域におけるＪＡ支所の給油所、食品・雑貨・農業資材などの販売店、金融業務からの撤退にくわえ、バス路線の廃止や減便によって住民の多能工化の延長にあったところも多い。組織形態として、従来の農業組合法による農事組合法人ではなく、農業分野以外の事業分野―多業化―に適応しやすい有限会社形態をとるところも出てきた。

島根県中山間地地域研究センターの藤山浩は、中山間地での種々の取り組みから何を学ぶべきかについて、「短期的には多くの利益をもたらした『規模の経済』は、長期的にはきわめて高いコストを、わたしたちの社会、経済、自然に押しつけつつある。二〇世紀後半からグローバルに展開されようになった『規模の経済』は、実際には『時の審判』に堪えられそうにない。……あらためて中山間地に脈々と流れてきた持続可能な社会のあり方が注目される」としたうえで、先の三つの点の重要性と現状の問題点について、つぎのように示唆する（小田切編前掲書）。

「『小規模・分散性』が宿命である中山間地にあっては、特定分野の個別最適を『規模の経済』によって求めるのではなく、担い手、地域、分野、品目が異なる複合的に連携させ、地域全体の最適な循環として成立させるようなネットワーク進化が求められる……現在においても、中山間地域の農林業振興策が『規模の経済』信奉から抜け切れていないのは、一体どういうことであろうか。中山間地域の『小規模・分散性』を無視して大規模な装置導入を図る方式では、いたずらに都市からの高性能機械の購入に追われ、地元の実質的な所得増加につながらない。」

小田切や藤山の指摘は、中山間地の持続的な取り組みの重要性と必要性だけではなく、日本社会全体に共通する。中山間地に集中的に現れてきた過疎問題は、なにも中山間地だけに限られたものではない。それは日本社会全体における豊かさのなかの貧困問題の存在と同様に、過密のなかの過疎問題は大都市圏でも存在している。

先の（一）（二）（三）に貫く原理は、地域社会の循環性に関わる。地域同士がその多様性を認め合い、その多様な活動を組み合わせることで、自分たちと他地域の同時的な問題解決を求めることが、それぞれの地域の発展につながる。このことこそが地域の政治思想でなければならない。

2

なぜ、そのような地域の政治思想が必要なのか。それは地域により少子高齢化といっても、そのあり方はかならずしも全国一律であるはずもなく、中央政府が画一的な政策によって、地域社会の抱える問題の効率的な解決をはかることが、むしろ問題を複雑化させてしまうからである。

近代化の後のグローバル化が、地域に大きな影響を与え、その再生には地域のもつ社会力を回復させることを主張してきた政治学者の藪野祐三は、『社会力の市民的創造―地域再生の政治社会学―』で、一九六〇年代の「近代化の時代は、それなりに社会は健全に機能していた」ものの、一九八〇年代の国際化の時代をへて二〇〇〇年代以降のグローバル化は、それまでの社会の機能を解体させてきたとみる。萩野はグローバル化の時代について、「地域が過疎化し、家族が個人化し、産業が空洞化し、人々が少子高齢化に悩み精神的に貧困を感じる空間軸の時代(*)」であると指摘する。

萩野はグローバル化となった時代は、「近代化→国際化」の流れのなかでそれまでの社会的機能が変容した背景をもつとみた。萩野は、「近代化では国家、すなわち政治、政府が主役で

＊萩野のいう時間軸とは、他国＝空間軸を切り離した閉鎖システムで自国の発展だけを優先できる段階であり、空間軸とは必要であれば他国から人材や資本を調達できるシステムである。そこでは自国で時間をかけて技術を高め、人材を養成しようという発想は希薄となる。

した。それに対して国際化の時代は経済、すなわち企業が主役を占め始めます。(中略)グローバル化とは、この域内(東南アジアとか、ヨーロッパとか北米など—引用者注)という発想を超えて、ヒト、モノ、カネそして情報が地球規模＝グローバル規模で移動する時代」となったことを強調する。

萩野は、グローバル化によって地域や家庭、さらには企業が担ったそれまでの社会的機能が喪失したことで、政府＝政治と個人が直接向かい合わざるを得なくなったとみる。萩野は、政府が現場＝地域の実情を知ることが難しいにもかかわらず、政府が地域の社会問題の解決に直面する時代になったととらえる。彼はこの傾向を「政治化する社会」ととらえるものの、本来的には、「社会の社会化」が重要であると強調する。

萩野は、解決すべき地域の深刻な課題は人口減少問題であるが、それを政府が全面解決するには財政の悪化もあり、政府の解決能力の低下がすすむなかで、地域におけるヒト・モノ・カネ・情報を見つけ出し、それらをいかに活用するか＝「社会力の新しい創造」＝地域の新たな政治思想であると示唆している。萩野はつぎのようにいう。

「足元の資源をネットワークし、それを個人の経験という情報の集積によって操作する技術こそ、社会力の新しい創造につながっている……個人と政府が直接に支援し・支援される関係を求める現代において……政治は、このような動きにどのようにして応答していけばよいのか、政治自身の変質が問われています。……政治が期待させる社会力の新しい創造こそ、ゆかいで楽しい、そして現場に生きるわたしたちの創造あふれる知的な活動だと思います。」

だが、問題は政策主体を地域の実情に疎い中央政府から、その実情に詳しい地方政府に移せば、遅かれ早かれ解決するという単純なものではない。序論で取り上げたミルズの社会学的想像力に引き寄せて、その展望をとらえれば、わたしたちは情報通信機器の驚異的な発達によって時間軸も空間軸もこえて、他地域についての情報も容易に手に入れることができるようになった。だが、デジタル化された情報の背景や文脈を想像することなくして、容易に解決策を見出すことはできないだろう。

また、ますます高速化する情報通信技術の下で、人びとが容易につながり合う時代になったものの、それが地域の様々な問題の解決を生み出す創造力に結びついている保証もない。

地域政治の課題

1

変革の声の下、大声の政治＝多数決原理を通じて、改革のための地域政治＝地域民主主義が語られてきた。だが、小さな声が反映されたかは、また別の問題である。ただし、住民の声にはむろん地域エゴ、もっと正確にいえば自己エゴのような勝手すぎる声もある。この住民のなかには、個人、家庭、企業なども含まれる。

それらの意見や要求がエゴであるかどうかの基準が明確でない以上、すべての意見は自らの損益計算の上に立ったそれなりのエゴである。重要なのは、そうした意見を足し上げて、平均値を出すような行政的な発想と手続きではない。人とはそれぞれの立場と損得をもつがゆえに、対立することへの認識をもつこと。

そして、その認識とその下で長期的な視点に立つ新たな認識を探ることが必要である。このような意識と異なる意見や要求を統合化していく政治思想を、地域社会において醸成させることができなかったために、中央政府の画一的な制度と補助金に依存する地域の政治体質が出来上がったのである。

とりわけ、少子高齢化をともないながら、未経験の人口減少社会に向かっている地域は、経済成長を前提にしたフロー型社会から停滞、場合によっては減速する社会へと本当に移行してしまうのか。あるいは、それまでのストックを上手く活用し、あるいは再活用して、豊かなストック型社会へと転換できるかもしれない。フロー型の制度中心の地域社会から、ストック型の制度を重視する地域社会への転換には、人びとの意識変革と同様にそのような制度設計の地域政治と地域行政がますます必要となる。

そのためには、ストック型の地域社会に必要な地域産業政策、生活基盤など社会資本を対象とした政策を、どのように構築するのかが最重要となる。後者の社会資本の新たな整備や既存の社会資本の再活用については、つぎの対策課題が確実に浮上する。

（一）交通対策―公共交通が充実している都市圏とは異なり、過疎化した地域圏においては、個別の自動車交通が必要不可欠な交通手段として利用されてきた。しかしながら、自動車免許を持たない年代層や、免許をもっていても高齢化のため自ら運転することが困難となった年代層にとって、公共交通手段の確保は重要である。人口密度に大きく依拠せざるをえない交通サービスの収益を、地域においてどのように確保して、公共交通サービスの質を維持することができるのか。そのためには、どのような交通対策が望ましいのか。とりわけ、平成の大合併で広域化したことで、公共サービスを受けるにも移動距離が長くなった人びとにとって、交通インフラのハード・ソフト面における再構築が、地域政治の大きな課題の一つになってきている。

（二）住居対策―空き家が増加してきている。特に独居住宅の場合、住み手が継承されない場合、長期にわたり維持・補修が為されないままに推移して、最悪の場合、住宅一部の飛散や倒壊の危険が増すなどの問題への対処が必要となってきている。空き家対策は、火災予防や防犯対策の一環としても認識されている。他方、町屋などや歴史的建造物などの空き家は、その地域の重要な歴史的資産であり、その活用を積極的にはかってまちづくりに生かしている地域もみられている。

（三）防災対策―先にみた空き家問題は、防火・防災・減災などのための公共の空き地スペースとして活用することの重要性が、阪神淡路大震災や今回の東日本大震災もあり注目されてきている。安全を確保できるまちづくりが、必要となっている。しかしながら、空き家の場合、その所有継承者がその地域ではなく、他地域に居住するなどにより、権利調整も複雑化するなど新たな不動産・動産の流動化を促す新たな制度づくりも必要になっている。

こうした交通・住居・防災などの課題をどのように解決するのか。都市開発コンサルタントの鈴木浩は、『官民連携によるまちづくりの基本的考え方』で、先にみた課題を解決するための「地域マネジメント」の考え方が必要であるとして、つぎのように指摘する（鈴木浩他編『地域再生―人口減少時代の地域まちづくり―』所収）。

「成熟社会にふさわしい社会経済活動や社会投資は地域内で循環されつつ、こうした便益を実感しつつ、種々の活動や生活行動を進めて行く地域住民主体の地域社会の構築が期待される。このためには、行政の仕組みや体制が効率化、フォーマル化する一方で、より身近な地域に密着した地域運営の仕組みが重要になる。自ら地域の状況を把握認識し、より適切な効率的かつ必要性の高い地域サービスや生活サービスの差配と運営を行うことが可能となる。……行政の役割とその代替・代行・補完など、さまざまな取組を総合的に調整していく機能

（地域マネジメント）こそが重要である。」

地域マネジメントの考え方は、地域における生活と仕事をいかに均衡させるかの課題への対応であり、前者の地域産業政策を考え実行するうえで必要な考え方である。地域産業政策については、つぎのような課題がある。

（一）地場産業への対応―地場産業は、地域の原料など地域資源の活用に加え、デザイン面では、その地域文化を色濃く反映させて発展してきた歴史をもつ。その後、地元原料の枯渇や海外原材料との価格差から地元資源に依存するような地場産業は、いわゆる伝統産業でも少なくなった。生産と販売が、いまでは地場産業においても分離されるようになり、生産については、デザインなどを含む前工程だけが地元に残り、後工程の生産過程は海外へと流出し、市場開拓と販売が地場産業企業のもっぱらの活動となっている。だが、生産における前工程と後工程の相互作用こそが、新たな製品などを生み出すケースも多い。地域において地場産業の競争力を高めることと地域内の一貫体制をいかにシンクロさせるのかが政策課題となってきている。

（二）立地対策への対応―工業団地や商業団地を造成して、他地域の誘致合戦の下で大都市圏の手狭な用地を抱える企業をいかに地元に誘致するかが、従来の地域対策の根幹であった。だが、そのような政策の時代も終焉して、海外生産の拡大によって、地域によっては工業用地などの再利用の課題が浮上してきている。そして、こうした立地政策については、ゾーニング規制によって政策的に住工分離が行われてきた。しかし、これからは人が働き、生活し、そこで楽しむ空間としての新たな企業立地政策が求められてきている。工場ではなく工房の集合体としての地域産業の育成も課題となってきている。

（三）資源対策への対応―食品に代表されるように、フードマイレージが長くなることは、それだけ輸送に関わるエネルギー消費や環境問題にも加え、地元資源の軽視をもたらす。地元で調達できる資源の発見・再発見は新たな産業の振興につながる。エネルギー源についても、その地域ごとに異なってもよい。

（四）人材対策への対応―つまるところ、地域社会の活性化にはビジョンをもつ人材、技術や技能をもつ人材、実行力をもつ人材、地域文化を次世代に伝承することのできる人材などさまざまな能力をもったすべての世代にわたった人材、とりわけ、若い人材を欠いて地域活性化のプランなどは画餅になる。

これらの課題に対して、さまざまな政策の後押しをするのが、地域政治の本来の課題であることに誰しも異論はないだろう。

2

若年女性（二〇～三九歳）の人口動態に着目して、元岩手県知事の増田寛也たち(*)が取りまとめた「消滅可能性都市」リスト―八九六自治体―（平成二六［二〇一四］年）が発表されて以来、多くの論議を呼び、地域経済の再活性化についての政策が従来以上に模索されてきている。

リストアップされた地域―大都市であれば区単位―が、みずからすすんで人口を減少させる政策を推進させてきたわけもない。むしろ、その逆であって、産業振興策に加え、生活環境の改善などにも取り組んで来た地域も多い。だが、結果的に人口減に苦しみ、その地域の社会サービスの維持に苦慮するケースもみられる。この現状の背景には、多くの地域が自分たちの地域だけではなく、他地域との関係、その地域の人口構成の変化、立地企業の経営動向などに大きな影響を受けた結果である。

*全国市区町村の将来人口の予想（二〇一〇～四〇年）において、若年女性人口の減少率が五〇％を超える自治体が八九六とされた。二〇四〇年時点での推計人口が一万人を割るのは五二三自治体とされた。東京都と一二の政令指定都市（札幌市、仙台市、千葉市、横浜市、川崎市、名古屋市、京都市、大阪市、神戸市、広島市、北九州市、福岡市）は区単位の推計、他の八つの政令指定都市（さいたま市、相模原市、新潟市、静岡市、浜松市、堺市、岡山市、熊本市）は市単位の推計となっている。

なお、福島県は東日本大震災による原発事故のため県単位の推計である。増田たちが重視したのは「人口の再生産力」を実質規定する出産可能年齢層の女性がどの程度女児を産むのかという点である。将来人口＝出産適齢期女性の人口数×出生率となる。

増田たちは、地域人口減少のシミュレーション結果とともに、ケーススタディーとして北海道を取り上げ、人口動態からつぎの四つの類型化(*)を試みるとともに、その背景を分析している。すなわち、

(一)「大幅な流出超過(釧路圏)」―札幌圏や関東圏(東京圏)への流出。二〇〇海里規制による漁業に加え、紙パルプや炭鉱業の衰退が人口流出に拍車をかけた。

(二)「流出超過(旭川圏、北見圏)」―進学などを契機とする若者層の流出が続くなかで、北海道第二の都市である旭川には、社会的サービスを求めて高齢者が周辺町村から流入してきた。地元企業の衰退や全国企業などの支店・支社の撤退・縮小による雇用の減少があった。

(三)「流入超過(帯広圏)」―農業(畑作・酪農)を中心として食品など農業関連業が発展してきたものの、農家の高齢化と女性の札幌流出が懸念される。

(四)「大幅な流入超過(札幌圏)」―北海道の他地域から人口流入がある一方で、関東圏への人口流出が進んでいるものの、差し引きでは流入となっている。

こうした四類型にも共通するのは、人口を引きとめるうえで重要な要因が、地域産業の動向に関連していることである。とりわけ、若年女性層を地域に引きとめ、あるいは誘引するには、将来、どのような地域産業を、どのように育成・支援することができるのか、あるいは、既存の地域産業をどのように支援していくかである。これは地域政治が、地域産業政策として取り組むべき課題となっている。さらに、今後のあるべき地域産業政策を強く意識して、増田たちは、若年女性人口増加率で、上位二〇市区町村とその要因を分析して、つぎの五類型に整理している(**)。

(一)産業誘致型―石川県川北町、鳥取県日吉津村、愛知県幸田町、愛知県みよし市、愛知

*一般社団法人北海道総合研究調査会『地域人口減少白書―全国一八〇〇市区町村地域戦略策定の基礎データ二〇一四―二〇一八―』生産性出版(二〇一四年)。

**増田寛也編『地方消滅―東京一極集中が招く人口急減―』中央公論新社(二〇一四年)。五

県高浜市、佐賀県鳥栖市。

（二）ベットタウン型―神奈川県横浜市都筑区、福岡県粕屋町、福岡県志免町、宮城県富谷町、富山県船橋村、群馬県吉岡町、埼玉県吉川市。

（三）学園都市型―愛知県日進市。

（四）公共財主導型―大阪府田尻町、京都府木津川市。

（五）産業開発型―秋田県大潟村。

（一）は、かつては「企業城下町型」といわれ、企業の国際競争力によって、その地域の経済が大きく左右されてきた。その後、国際競争力の低下により、海外生産の拡大や国内他地域の工場への集約によって、事業所の縮小さらには閉鎖となった地域もあれば、生産拠点から研究開発拠点への転換によって、事業所規模を維持した地域もある。例示されている地域は、いずれも立地企業の国際競争力が維持されたことで、地元雇用が守られたものの、将来については必ずしも楽観視できない。

（二）のベットタウン型は、リストアップされた地域の半数近くにあたる。この地域には、いわゆるニュータウンとして造成・分譲されたところも多く、高齢化が一挙に進展する可能性が高い。若者の町ではなく、退職者の町とならないためにも、雇用の場であった中核都市の産業振興による若者の引き止めと吸引が必要である。

（三）の学園都市型は、市内中心部でのキャンパス拡張が困難なために、周辺部に大学が複数立地することで成立している。だが、欧州諸国のように大学文化がそこに形成され、若年層が卒業後もとどまるかどうかは日本では疑問である。

（四）の公共財主導型の事例として挙げられたのは、木津川市の関西文化学術都市や、以前では茨城県つくば市の筑波大学や研究機関を中心とした研究学園都市である。田尻町は関西国

類型に加えて、若年女性人口増加率上位都市にはいっていないが、第六番目の類型として「コンパクトシティ型」として香川県高松市丸亀町や宮城県女川町が挙げられている。

際空港関連である。

（五）の産業開発型の事例とされたのは、八郎潟を干拓した農業の大潟村である。地域ブランドということでは、メガネの福井県鯖江や北海道ニセコなどが挙げられている。だが、かつての地域の中心的な産業であった地場産業が衰退し、それらに代わって新しい産業が生まれなかった地域は、概して苦戦している。

しかしながら、五類型に示されたやり方が、すべての地域経済の再活性化への有効な処方箋となる保証はない。それは、高度成長下の下で実施された数度にわたる「全国総合開発計画」などが示したリゾート型―産業開発型―、ハイテク型―産業誘致型あるいは産業開発型―が、むしろ地域資源―人材も含め―とのミスマッチのゆえに、地域社会を衰退させた例もみられてきた。

補助金など外部資源―誘致企業等―の投入による産業開発型の地域発展は、地域資源とのマッチングや補完効果が十分でなければ、補助金の削減とともに大きな岐路に立たされる。このため、町づくり―まちづくり―や、町おこし―まちおこし―の政策目標が掲げられ、あらためて地域資源の発掘あるいは再発掘が、模索されている地域も多いのである。農村社会学者で東北地域の地域開発を分析してきた佐藤利明は、そうした現状について『地域社会形成の社会学―東北の地域開発と地域活性化―』で、つぎのように問題点を指摘する。

「近年の東北の中小都市や農山漁村地域を概観すれば、いわゆる『町づくり』『地域づくり』を中心とする地域活性化、地域振興の諸事業が生活基盤、生産基盤の整備とリンクする形で取り組まれている。一見、地域（住民）からの内発的な事業推進ととらえられるが、実際は公的資金援助のもとでの行政主導型、あるいは第三セクター方式での中・小規模地域開発である。公共事業見直しが議論されつつ、依然として公共事業に地域経済立て直しの期待が込められている側面は否定できない。」

必然、地域政治が取り組むべき課題は、従来のように中央政府から補助金やモデル事業を地元に引っ張ってくることではない。自らの地域資源に立脚したうえで、何が地域経済の発展にとって重要であるかを見極め、そのための支援制度づくりを市民とともにつくりあげることではあるまいか。

第五章　地域社会と想像力

連帯感は、人間はみんな平等なのだ、生きるということ、生きなければならないということ、生きのびなければならないという共通の意識の上にたっていることによって生まれる。ただそうした連帯感の道を見つけていく上において、私は人の移動、文化の移動、その複合に多くの関心をもってきた。

（宮本常一『民俗学の旅』）

原子力発電に象徴される巨大・複雑技術の見直しや、自然との調和を基盤とする経済を説いた『スモールイズビューティフル』で著名になったエルンスト・シューマッハー（一九一一～七七）は、亡くなる直前に、米国へ講演旅行に出かけて「ひとつの時代の終焉」と地域社会のもつ豊饒さへの再認識を訴えた。

この講演で、シューマッハーは聴衆に風船に地球のイメージを重ね合わさせ、その限界を熱心に説いた。彼は、このはなしの前に、英国内の汽車旅行で偶然乗り合わせた「三人の紳士の会話」のエピソードを紹介している。この比喩によって、彼はわたしたちに警鐘を鳴らそうとしたのだ。会話の内容の紹介をしながら、シューマッハーはこう切り出した。

風船は息が吹き込まれて大きく膨れあがっていく。歴史家たちは、風船を脹らませるポンプが発明された日付を記録する。さらに高性能ポンプが発明された日付なども、記録される。大きくなっても、まだ破裂しないほどの高伸縮性の化学製品が発明され、風船がそれまでの二倍になった日とそのことも記録される。そして、風船の表面に小さな穴があいた重要な日も記録された。だが、だれがその真の意味を理解していただろうか。シューマッハーは、風船のはなしで石油ショックの背景にふれたのである。人類は無尽蔵に自然資源などを消費し続けることなどできないのだ。

さて、三人の紳士の会話である。三人の紳士は、「世界最古の職業とは何か」という議論で盛り上がっていた。一人は外科医、あとの二人は建築家と経済学者らしい。外科医は、神がアダムのあばら骨からイブを創るという外科手術をしたのだから、医者であると主張した。建築家は全宇宙のカオスから世界を創ったのだから、建築家であると譲らない。そこで、経済学者が口を挟んだ。では、そのカオスはだれが創ったというのかと。

このカオス論は抽象的である。だれとはだれなのか。神がカオスの状況を創ったのならば、神がそれを解決すべきである。いうまでもない、環境問題などは、わたしたちが創ったのである。必然、具体的な課題は、すべての人びとが協力して取り組み解決することが必要である。と同時に、より具体的な取り組みに向けて、わたしたち個人と地域社会において解決策が、模索されなければならない。

1　地域の社会構造

社会の変化は、一見緩慢でも、一世代ごとに変化を遂げてきた。日本社会をみても、そうである。一九五〇年代のはじめに、人口の半分近くが農村で生活していた。だが、一九六〇年代には毎年五〇万人以上が、三大都市圏へと移り住み始めた。日本社会のなかで、大規模な人口移動が続いた。いまでは、ほとんどの人が都市に住む。この人口移動は産業構造変化を意味していた。第一次産業＝農林水産業の従事者は、いまでは五％を割り込んでいる。日本はわずか一世代あまりで、農村型社会から都市型社会へと変貌したのだ(*)。

この変化に沿うように、家族形態もそれまでの複数世帯同居型から核家族(**)が中心となり、核家族のなかでも、夫婦世帯や単身世帯の割合が高まりつつある。かつて年代の異なる何世代が一緒に住むことで、介護や子育てなど相互扶助が可能であった家庭内サービスは、いまでは社会的サービスとして「購入」をせざるをえなくなった。このことは、それが可能な世帯とそうでない世帯との格差問題と同時に、社会的公共サービスの必要性を確実に高めてきている。

社会的公共サービスは、どの地域に住もうと、均一価格でいつでも受けることができれば問題はない。この点について、最低限の社会的公共サービスなどの受給を可能とすべきとした「シビル・ミニマム」(***)論がある。シビル・ミニマム論は、高度成長下の一九七〇年代の深刻化する公害などマイナス効果を伴いつつも、成長する日本経済のなかで提案された考え方である。その後、シビル・ミニマムの規準とそれを維持するには、中央から地方への財政援助一辺倒で

＊政治学者の松下圭一は、農村型社会から都市型社会への移行と成立を、農業人口比率によって規定する。それが三〇％を割り込んだ時期が移行期、一〇％を割り込んだ時期を成立期とみた。そうであるとすると、一九八〇年代が日本での都市型社会の成立期となる。松下圭一『現代政治の基礎理論』東京大学出版会（一九九五年）。

＊＊米国の社会人類学者のジョージ・マードック（一八九七～一九八五）の用語。具体的な構成は基本型としての①夫婦と未婚の子のほかに、②夫婦だけ、③父母のいずれかと未婚の子供の型がある。現在の日本の家族形態も核家族が主流となった。

＊＊＊松下圭一『シビル・ミニマムの思想』東京大学出版会（一九七一年）。

はなく、地域の自立的発展を可能とさせる地域産業の振興なくしては困難な課題となってきた。

その後、「ムラおこし」や「町おこし」の必要性を主張した「地方の時代」論や、「地域主義」論が盛んになった。これらは、高度経済成長の歪や弊害を批判しつつも、現実には、経済の適切な成長なくして、シビル・ミニマムの確保も、地域主義の実現も、実際には困難であった地域の現状があった。

2

シビル・ミニマム論も、ミニマムそのものを策定することにおいて、人びとが実際に生活する都市などのあり方とは無関係に成立しえない。とりわけ、都市の快適性や文化性もまた、貨幣価値に置き換えが困難なシビル・ミニマムである。

都市研究家のマンフォードは、一九六〇年代初頭に、新しい素材や建築技法の進歩とともに、高層建築の競争がはじまり、古き都市ロンドンにも高層ビルが建設され、それまで都市内にあった小径、路地、袋小路などが育ててきた「人間味溢れる味わいの名残まで一掃されてしまうこと」に危惧を示した。マンフォードは、「こうした変化には、たしかに衛生的になり、また住心地よくなる一面もあるかも知れない。けれども、それらはともに人間的な尺度が守られてこそ、はじめて達成できることなのである」と指摘した。

マンフォードにとっては、人間とはそれ自体がひとつの「有機体」であって、その存在は自然の調和とその下での人間の工業一辺倒ではなく、農業などを通じた生活の維持をするためにこそ、自分たちの都市をどのようにかたちづくるかが重要視されていた。人は自分たちの都市のすがたやかたちという「ミニマム」に対しても、無関心であってはならないのである。都市とは、人が多数住むところであり、すべてが人を中心に人に便利なようにシステム化されている。しかし、そこには盲点も多い。それに気づくのは、災害時に、自然の脅威とその破壊力を思い知ることになってからである。多くの都市は、もっぱら工業都市として発展してきたことで、ややもすれば、自然を科学技術で制御することへの過信があった。

マンフォードの指摘のように、人も有機体の生物であるとすれば、そのような人たちがつくりだす都市もまた、自然との調和を再重視する有機的であることを忘れてはいけない。有機性とは、人と自然の調和性であり、人と人との社会関係性を意味する。この有機性が、わたしたちにとってミニマムの認識である。しかしながら、都市化は社会関係性を希薄化させ、災害などの際の都市の脆弱性を明らかにしてきた。

災害社会学を展開する都市社会学者の田中重好は、『共同性の地域社会学—祭り・雪処理・交通・災害—』で、共同性と地域社会との関係性について、先進諸国での都市化を通じての「豊かさ」の追求は、「私化」—家族と自分だけ—と「制度化」—「官僚制化」、「管理社会化」—を進展させ、「地域における社会関係の希薄化」をもたらしてきたと警鐘を鳴らす。田中はいう。

「私化と制度化はいまや『限界』に突き当たっており、……私化はもはや、私的な自助努力で『私』の幸福を実現することが不可能な地点まできている。……制度化や行政化も、地域問題を解決する万能薬ではない。行政化は『合理性の逓減』の限界を抱えており、さらに、行政費用の限界をもっている。さらに行政化は、住民の依存心を増大させ、結果的に、問題解決をますます困難にしてしまう。それは、同様に、行政化↓住民の行政依存↓住民自身の主体的対応の放棄という悪循環をつくりだしている。」

だからといって、なにも行政化がすべて悪いというわけではない。また、行政側がすべての課題に対応しなければならないというわけでもない。しかし、そこには、行政の能力もさることなから、おのずから財政面での限界がある。地域の住民の「私」の延長が、かつては祭礼のかたちをとり、そこに共助という社会関係領域が形成されていたのである。(*)

では、都市でも都市祭礼を行えば、そのような社会関係性が自然に形成されるかといえば、ことは必ずしもそのように単純ではない。背景には、農業社会から工業社会への移行、職住近接から住む地域と働く地域の分離等々、社会構造も変化してきている。直視すべきは、都市での災害であり、それを考える場合、田中が指摘するように、災害に強いハード面だけでの対応では限界がある。災害に強い地域の社会構造の構築こそが必要である。そのためには、地域の共同性の形成が大きなカギを握っている。田中は「共同性の地域社会学」を提唱する。田中は「現代都市ほど、客観的な共同性と意識された共同性の乖離が大きい時代はない」として、つぎのように現状を分析する。

「都市は人々の集住の場であり、高密度にさまざまな施設が集積している。そのため、現代都市において、客観的な共同性の度合いは高い。しかし、こうした都市の共同性がライフラインを始めとする都市の社会的装置と専門的な処理機関（行政機関と商業的機関）によって支えられているために、都市生活者の主観的な判断としては『強い共同性』を感じていない。そればかりか、そうしたことを『意識していない』。都市においては、共同性の不可視化が進んでいる。」

田中は、この原因として都市住民の多様性、多様な利害関係に加え、同一社会内でのある領域で成立した共同性が、他の領域でも同様に成立するとは限らないこと――「領域間の非一貫性」――を挙げ、災害時の非日常の共同性を形成するには、祭りなどの日常的な共同性が重要な役割を果たすべきであるとする。阪神・淡路大震災、東日本大震災、その間にあった各地の震災、大雨・洪水などの大災害、福島原発など原発事故によって、あらためて災害と都市、災害

＊それは豪雪地帯での雪処理など共助の実質的精神でもあった。だが、高齢化のなかで雪処理もまた行政化のかたちをとらざるを得ないケースも増えている。

と地域のあり方が地域の共同性問題とともに、地域の社会構造を見直す契機となってきている。阪神・淡路大震災を経験したわたしなども、田中の主張に強く共鳴する。

1　地域と地域資源

直截的に思い浮かべやすいが、地域資源とは、単にその地の製造業に利用されてきた原材料などの資源だけではない。それらは交通路や港湾などのインフラに加え、教育機関や公共施設、さらには人的ネットワークなどの社会的資本だけではなく、地域の景観―都市景観も含め―に象徴される「住みやすさ」も、重要な地域資源の一つではないだろうか。

米国の都市研究家の前述のルイス・マンフォード（一八九五～一九九〇）は、個別の建築物ではなく都市全体のあり方を重視した。彼は、とりわけ、高層建築物と自動車が溢れた大都市の空間利用には一貫して批判的であった。マンフォードは、都市を生物のような有機的な存在として、単に古い姿ではなく、新陳代謝しつつも、歴史的な景観を保持しつつ生き生きした生活空間へと変化させる都市計画を重視した。マンフォードは、古い歴史をもち公共交通の発達によって、徒歩圏を中心とした落ち着きのある欧州都市が、彼の生まれ育ったニューヨーク市のように、高層ビルと自動車が溢れだし、自動車―そのための道路と駐車場も含め―が主人公となった乱雑な都市へと変化することを惜しんだ。マンフォードは、人が住みやすい都市の復権には、四つの「中間段階」が必要であると、一九五〇年代から説き続けた。

一つめは、都市内の公共交通機関の復権・増設。二つめは、人が徒歩で移動できるように、自動車を制限したうえで、市街地と住宅地の再計画。三つめは、小型サイズの自動車の設計、大型車の制限と電気自動車の開発。四つめは、交通の流れを変えるための官公庁や工場・オフィスの副都心への分散、である。マンフォードは『ハイウェイと都市』（邦訳『都市と人間』）で、つぎのように指摘する。

「けれどもこれらの手段は一時しのぎのものでしかない。一番大事な問題は、この誰でも車をもてる時代に都市内のすべての建物に自家用車を乗り付けられる権利は、実は都市を滅ぼすことのできる権利でもある。」（生田勉・横山正訳）。

マンフォードにとって、人間とは自然界のさまざまな生き物と同様に、有機体という存在であり、自然界との均衡を欠いた都市形成は、やがてさまざまな課題を山積させることに警鐘を鳴らしたのだ。マンフォードは、都市には自然のほかに、あと二つの「秩序」が必要であるとした。つまり、「歴史が積み重ねられていく過程」と「歴史的な文化」という秩序を重視すべきであると説いたのである。彼は「人類の発展が、人間を再び人間らしい存在にたち返らせんがために歴史や文化の諸源泉をさぐることを怠り、ただ自然を征服せんとものといたずらに努力を重ねる」ことを危惧した。

こうした都市観をもつマンフォードは、一九五〇年代にも米国の「古都」フィラデルフィアなどの歴史地区保存にも積極的な発言を行った。マンフォードは、一九六〇年の「ランドスケープとタウンスケープ」では、自然との調和をはかる田園都市構想をつぎのように示している（マンフォード前掲書所収）。

（一）都市のなかのオープン・スペース―恒久的なグリーンベルトの確保も含め―の重要性への再認識―都市のもつさまざまな有害物質の低減―彼はすでにこの時点で放射能汚

染にもふれている—とともに、「草の匂い、茂み、花、樹木、青空の心理学的必要性」のほか、避難所などの価値があること。

（二）乱開発された郊外地区の見直し—「たんに居住するためだけの土地から均衡のとれたコミュニティに変え、もっとも多才な人口とそれを自立させるに足るだけの地方産業とビジネスを育てて、その多様性と一定程度の自己充足性において真の田園都市に近いものとすること」。

（三）都市の過密の緩和など—「公園や遊び場、緑のプロムナード、私的な庭園を、見苦しく密集し、美を欠き、しばしば生命に有害なままに放置されている住居地区に導入する」とともに、郊外と都市を「均衡よく育てていく新しい美的な喜びをもたらす都市の新形態」を目指すこと。

（四）交通問題の解決—「都市のオープン・スペースにまず何よりも求められることは、自動車交通の流れ、騒音、錯綜した動きからの隔離」であると同時に、公共交通機関の充実であった。

マンフォードのこれらの指摘は、日本の近代化のなかで、ほぼ真逆の方向で、わたしたちはそれぞれの自然環境に応じた景観をもった地域を開発—正しくは乱開発—の名の下に、突き崩してきたことを示唆する。

都市計画の実務経験者で都市政策研究者の田村明は、『まちづくりと景観』で、中央政府の道路建設と経済的効率性だけを優先させた画一的な「都市計画」の下で、地方自治体はただそれを実行するだけの日本の近代化＝中央集権化では、「日本の都市景観がうつくしくなるわけがない」と批判する。田村は日本の都市景観史について、「中央官庁主導で、思想のないままにさまざまな事業だけが実行され、市民のものとしての都市のヴィジョンを持てなかった」と振り返る。

2

日本には多くの著名な建築家がいて、彼らあるいは彼女らの設計が世界的な評価を受けている。だが、個別建築をバラバラには配置しても、街並みなどが自然に出来上がるものではない。それはいわゆる名所旧跡や、歴史的建造物の周りに乱立するペンシル型ビルのあり方をみても容易に理解できよう。

また、都市景観や街並みは、その地域の市民の政治への関わりをも視覚的に示してもいる。田村は「利害関係はもちろん、一時の市長の思いつきや、選挙目当ての思惑に左右されるべきではない。選挙で責任がもてる四年間と、景観形成のための五〇年、一〇〇年とは次元が違う。市民的合意を得た長期的戦略をもち、その時点での可能な具体策を確実に実行すべきである」と説く。

現在、日本でも「景観法」が、平成一六［二〇〇四］年に制定された。中央政府も地方自治体、事業者や住民もまた地域の景観について意識を高めつつある。同法はその目的として、「我が国の都市、農山漁村等における良好な景観の形成を促進するため、景観計画の策定その他の施策を総合的に講ずることにより、美しく風格のある国土の形成、潤いのある豊かな生活環境の創造および個性的な活力のある地域社会の実現」をはかることを掲げた。

同法は「良好な景観」を「国民共通の資産」として、その整備と保全の必要性、またそのような景観が、「観光その他の地域間の交流の促進に大きな役割を担うものであることにかんがみ、地域の活性化に資するよう、地方公共団体、事業者及び住民により、その形成に向けて一体的な取組がなされなければならない」と定めた。また、同法は国、地方公共団体、事業者、住民に「良好な景観」の形成に努めるとともに、そのための施策に協力することを求める。しかし、観光業振興策の名の下で、各地ですすめられている景観整備も、観光客のためであって、そこに住み、これから住み続けることで歴史的生活環境としての景観が、自然に形成されることがしばしば忘れられている。結果、短期的な個別の建物整備などが先行する。現実には、景観整備をめぐる利害関係の地方政治が影を落とす。たとえば、広島県福山市鞆の浦での港湾整備のための埋め立て、県道バイパス建設をめぐる歴史的景観をめぐる問題などは、改めて地域住民の合意の難しさを浮きぼりにした重要な事例の一つである。

景観整備を条例や指針で制度化したとしても、それで景観などが保守され次世代に引き継がれる保証はない。とりわけ、歯抜けのようにして景観が崩れていくのは、空き家の増加という課題への対処の遅れにもある。都市再生プロデューサで、各地のタウンマネジメントに携わってきた清水義次は、『リノベーションまちづくり―不動産事業でまちを再生する方法―』で、地域の潜在資源としての遊休化した建物などのリノベーションによって、その地域の景観などを残しながら、地域を活性化する方途について多くの事例を紹介している。清水は地域のリノベーションについて、他地域の結果としての成功事例を真似することが、ほとんどの場合に失敗していることにもふれ、もっとも重要な成功の鍵は地域の関係者が、どのような地域計画を望むかに関して、十分に議論を尽くすプロセスにあると指摘する。

たとえば、大分県の中央町の歴史ある醤油蔵は、そのまま生かしながらアートギャラリー、カフェ、ショップなどとして再活用されている。それらは若いアーティストなどに入居してもらった「アート系複合スペース」となっている。景観とアート：クラフト系のものづくりを行っている人たちのアトリエ兼ショップ、空き家や空き商店などの活用方法として、清水は職人たちの工房兼ショップなども推奨する。(*) 彼は、そうした遊休資産の活用を「点」―個別建物―

*このほかにも、神田・日本橋エリアの遊休資産活用のギャラリー集積によってカフェなども増え、人を呼び込んでいる。北九州市小倉魚町の魚町銀天街の空きビルの約一二〇坪のスペースに五〇人以上のものづくりの人たちがアトリエ兼ショップを構えている。詳細は清水前掲書を参照。

から「面」―街並み―へと展開させるには、半径二〇〇～三〇〇メートルが有効範囲であるとみる。

町のイメージづくりにとって重要であるのは、ランドマークとしてその街並みを象徴化する建物群であり、それが単に「点」ではなく、それらが連なる空間＝「面」とさせる工夫である。ただし、建物＝街並みだけではなく、そこには人びとのお祭りなど生活の営みの集積としての雰囲気が必要である。清水も「古い建物、古いまちなみ、コミュニティの文化は、新しいものでは絶対につくれない貴重な地域資源だからです。商店街を考える際にも、同時にそこに永く存在する町内をあわせて考える必要があります」と主張する。

清水のいう「点から面」への展開には、人びとが自動車ではなく、自由に歩いてまわることのできる結節点としてのエリアが形成される必要がある。しかしながら、公共交通が、採算を維持できる大都市圏はともかく、人口で三〇万人以下の都市でも路線バスなど、公共交通の利用者の減少によって公共交通事業の採算が悪化して、補助金等の存在なくして路線維持が、困難なところも多いのが現状である。必然、バスなどの便数減少によるサービス悪化により、自家用車への依存が増え、この傾向がさらにバス事業の収益を悪化させる悪循環が生み出している。

とはいえ、高齢化の進展は、否が応でも自家用者利用から公共交通への依存度を高める。民営バスであれば、その料金設定は黒字路線などを含んだ総括原価主義によって、赤字を黒字路線でカバーすることになり、従来の生活路線維持補助金などのあり方も含め、公共交通の赤字幅の「健全度」が利用住民の意識ともあいまって問われている。公共交通政策は地域政策、とりわけ、まちづくりの大きな一角を占める。

地域資源の創造

1

教育社会学者の苅谷剛彦は、『「地元」の文化―地域の未来のつくりかた―』で、全国データを踏まえつつ、自分たちの地域文化によって人びとを引き付けようという各地の試みの調査(＊)を通じて、課題を整理している。

苅谷は「調査を進めるとすぐに、『文化誘引説』が強く当てはまらないことが明らかになった。人の移動を左右するのは、やはり雇用機会に代表される経済的な要因の方の力が強いのである。それに比べ、文化が人を移動へと駆り立てる力はそれほど強くはない。とはいえ、文化が無力だということもできない。人びとを呼び寄せるまでには至らなくとも、地域の分活動には移動者を含め、地域に住まう人びとを結びつける」と指摘する。苅谷は「地域活性化の一つの意味」をつぎのように提示する。

「地域の文化活動が、人の移動を促したり、地域経済の活性化につながるという見方は楽観的だ。……だが、文化が背骨であるのは、社会を支える骨格としての役割にあるのではない。文化では食べていけない（＝社会を支えられない）からである。しかし、背骨（脊髄＝中枢神経）は、社会（身体）を自立的なシステムとして維持するための情報（＝意味）流通の幹線だということである。その機能が落ちていくことで、末端神経に影響がおよぶように、私たち一人一人の生活の意味が枯渇していく。地方の疲弊もその一端である。」

だが、現状では、主要産業を失った地域では、古くて新しい地域資源としての文化をうまく

＊苅谷たちはそうした試みの類型化を試みる。たとえば、岩手県遠野市については、遠野物語＝大衆文化の「地産地消」型、長野県飯田市の人形劇フェスト＝「地域の文化的正当性発信」型、北海道壮瞥町の昭和新山国際雪合戦＝「自前主義による過疎自治体存在証明」型、沖縄県沖縄市の琉球國祭り太鼓＝「地域サブカルチャー巨大エネルギー」型、千葉県取手市のアートプロジェクト＝「住民アイデンティティ獲得模索」型といったところである。苅谷前掲著。

活用して、地域経済の振興に役立てようという動きもある。小泉政権下の規制緩和の地域的実験として、各地に「構造改革特別区域(*)」が設けられ、茢谷たちの調査対象地域の一つ、柳田民俗学の遠野物語イメージの地として遠野市が、「どぶろく」特区として認められたりした。

だが、文化というのは、政策実行者にとっては、きわめてあいまい概念であり、人びとの記憶に具体像としてとどめるには、そのイメージを定着させなければならない。必然、それなりの投資を必要とする。石油や石炭などの地下資源が、そのまま利用できないのと同様に、地域文化を観光支援として商品化するには、宣伝・広告という地下から地上へと引き上げるパイプラインが必要であり、それなくしては市場化されえない。

また、それがある程度、観光業というかたちで成功したとしても、移り気な消費者は、つぎつぎとあらわれる他地域の同様の試みに気を奪われる。結果、政策担当者はイベント開催の過当競争に明け暮れることになる。過当競争を生き抜くには資本力が要る。文化だけでは地域の雇用を生み出し、地域の経済を維持するには、競争力をもった産業群が必要となる。

2

現在、地域社会の課題については、人口動態の視点から論じられることが多くなった。だが、以前においても、人口学からの接近方法が経済学や社会学においても論じられてきた。経済学の経済成長モデルでも、あるいは、労働生産性における人口の年齢別構成比などが重要な要因として分析されてきた。また、社会学においても同様に、社会構造の分析において人口的な要因が重視されてきた。

人口の動態が引き起こす社会変化において、人口の増減、人口構成の年齢別変化が地域社会の今後にも影響を及ぼし続ける。逆にとらえれば、人口関連指標において異なること、それは

＊略称「構造改革特区」で、「構造改革特別区域法」によって規定されている。従来、法的規制などによって事業展開が不可能あるいは困難であった事業が、小泉内閣の規制緩和政策の流れの下で、特別に認められた地域である。

それぞれの地域が同一の問題を抱えているわけではないことである。ある地域においては急速に問題が深刻化し、ある地域においては、その深刻度は緩やかであることを示唆する。それゆえに、そうした人口問題の位相が異なることが軽視され、ある地域における地域再生あるいは地域再活性化の事例がモデルケース化され、他の地域への応用性などが期待されてきた。

こうした二番煎じの成功例は、管見でも、さほど多くはない。そうした事例の典型的な成功分析の要諦は、その地域の特定人物の果たしたリーダーシップの有無である。地域資源としてリーダーシップをもつ人材は偶然に生まれるのではなく、地域が育て上げるものであるとすれば、地域の風土や教育のなかで、必要に応じて便利に現れてくる保証などはない(＊＊)。

地域社会の課題

1

人口減少社会論がさまざまな立場の人たちによって論じられてきた。これらの議論を要約すれば、経済学的には、人口減少＝消費市場の変化をつうじて、企業や家計の行動もまたその影響を受けるという見方である。また、人口減少の内実についていえば、少子高齢化は若者市場の縮小と高齢者市場―医療・介護サービスなどがその典型―の拡大をともなう。これはもっぱらマーケティグからの視点である。だが、ある時点から、高齢者市場もまた急速に縮小する。

企業にとって、国内市場に依拠するだけでは経済活動の縮小に直面する。他方、中央政府と地方自治体は、税収の減収に直面する。収支均衡をはかろうとすると、支出を減少させること

＊＊地域産業史や中小企業関連の組合史には、逆風のなかで地場産業の発展や、その地域の社会資本整備に大きな役割を果たしたリーダーシップ力のある地域指導者たちの姿が描かれている。反面、その時代的背景―社会的諸条件―や世界情勢もまた異なるがゆえに、リーダーシップのあり方そのものが異なることも考慮しなければならない。

を余儀なくされる。そこでの問題は、地域の公共サービスの質・量における、確実な低下である。企業もさることながら、地方自治体にとっても、その運営が困難な時期を向かいつつある。

埼玉県の元志木市長の穂坂邦夫は、「中央集権システム解体と住民自治再生」で、地方自治体の危機感のなさを批判する（時事通信社編『全論点人口急減と自治体消滅』所収）。穂坂は、「地方の自治体にとって人口減少は『まち』の存立にかかわるのだが、当事者である住民はもとより多くの首長・議員は無関心である。人口の減少はすべて、国の責任だと考えているし、国と地方の行政システムは何ら変わらないばかりか、現在は小泉内閣と比較して、国から地方に多くの財源が流れ込んでいる」として、つぎのように課題を提起する。

「国の仕送りを受ける地方はひたすら高度成長期の無原則で高い行政サービスを今もとり続けている。国はこの状況に対しても何ら手を打とうとはせず、黙認をしているだけだ。私たちの調査では地方事業の七〇%は選択的事業に使われ、地方自身の福祉的事業はわずか三〇%にすぎない。国会財政が破綻の危機にありながら、現在の地方自治体は黒字基調にある。交付税の高どまりと地方への国庫補助金が急増しているからである。……国も地方も危機感を持つことのできない原因はどこにあるのだろうか。」

穂坂はこの原因について、(一)「地方税をはるかに超える国の地方交付金や補助金」の存在、(二)「無原則な市民サービス」、(三) 住民を含めた地方自治体の「自己責任」の希薄さ、(四) 国からの地方自治体の「指示待ち姿勢」、(五) 国の地方自治体への権限移譲への遅れ、などを挙げる。穂坂は地方自治体の対応策について、つぎのように提言する。

(一) 財政問題への対応—「高齢社会のピークは二〇二五年で、まだ入口にすぎない。……自立度が高いと言われている膨大な財政支援が必要となる」こと。

(二) 地方自治体が危機意識をもち「知恵と工夫を発揮」すること。

（三）地方における雇用機会の拡大への取り組み――「国の保護政策は農業や林業をことごとく潰した。一定の保護政策は理解できるが、さまざまな規制や補助金づけで維持できるものではない。……新たな農業や林業の再生にも取り組みことが求められる」こと。
（四）企業誘致と観光業の振興――全国一律ではなく各地の特徴を活かした取り組みの必要性。
（五）役所の民営化――市町村業務の民営化による経済効果。
いずれにせよ、過度に危機感を煽るのは問題である。だが、数多くの経済指標のなかで、もっとも予測信頼性の高い人口動態変化についての啓蒙は重要であり、地域社会の課題にとって、さらに重要であるのは、（三）以下の項目である。これは多くの関係者が指摘するところと共通する。だが、（三）の具体策である（四）については、多様な見解がある。

たとえば、地域の創意工夫だけで企業誘致は困難だとして、政府主導の企業や大学などの再配置を強く主張する佐竹敬久秋田県知事の政策観もある。同様に飯泉嘉門徳島県知事のように、霞が関に集中している省庁の積極的な地方分散――たとえば、文化庁を京都府に――をはかるべきという意見もある。
（五）については京都府の「公共員」制度のように、消防団のような住民組織による公共サービスの提供の必要性を強く主張する山田啓二京都府知事の意見もある。また、栃木県大田原市長の津久井富雄はこれだけＩＣＴ――情報通信技術――が発達した現在、電子化による広域化の行財政改革を進めるべきとする見解もある。(*)

2

地域問題のすべてを、広域化の視点から解決することは容易ではない。なぜなら、つねにそこには、狭い空間範囲の問題が残されているからだ。この典型は先にみた空き家対策である。

＊時事通信社編『全論点・人口急減と自治体消滅』自治体通信社（二〇一五年）。

今後、地域社会活性化の成否の一つは空き家、あるいは空き店舗、空き工場などの新たな活用である。現在、各地ではシャッター通りで象徴化される事態の打開に、まちづくりによる人びとの呼び込みが模索されている。だが、他方で新しい商店街としてのショッピングモールも魅力があるがゆえに、人びとを引き付けている現実もある。それを無視して歯抜けとなった空き店舗に新テナントを入居させれば、中心市街地の活性化につながる保証もない。

したがって、空き家や空き店舗などによって、虫食い状態となった地域の空間を、どのようにして関係者間の権利調整を行い、その総合的活用を地域としてどのようにすすめるのか。それが最終的に地域の生活と仕事にどのように跳ね返ってくるのか。この場合、地域社会の課題解決の重要な鍵概念は、つぎのような点にかかわる。

（一）新しい地域資源への投資ではなく既存資源の見直しと再発見の重視。
（二）イノベーションだけではなく、リノベーションの重視。
（三）ものづくりとしての工房経済の重視。
（四）製販重視のビジネス展開。
（五）生活感重視の文化形成。

一つめは、厳しい財政事情のなかで、新規投資は実質上困難という現実の下で、各地域はかつてのような全国画一的かつ横並び的に建設した公共施設などを、どのように活用するのか。したがって、それまでの社会資本や公共施設などの活用の仕方などの見直しを行うことで、地域再活性化の新たなやり方もみえてくる。これは（二）のイノベーションだけではなく、いわゆるリノベーションを重視することにもつながる。

それは、従来のような郊外型の工業団地や、商業団地に大規模事業所を誘致することではなく、中心市街地の空き家、空き店舗、空き公共スペースを活用して、大きな設備などを要しない工房型の製造業、あるいは、アーツ・アンド・クラフト系事業を複数展開することが重要となりつつある。

人びとは製造過程を見ること、ときには作り手との対話を通じて、製品に愛着をもつし、工房型のメリットとして、そこで購買者の嗜好でデザインなどをその場で変更も可能となる。それは、製販一体型の工房ビジネスともなりうる。そのようなビジネスが、徒歩圏内に展開されることで、都市の魅力が増していくことへ着目しておいてよい。

そのようにして、人びとの往来が増えることは、そこにさまざまな需要が発生し、それに関連するビジネスが引き付けられるものである。かつては、職住近接が重化学工業化のなかで職住分離となり、住工混在が都市計画のゾーニングのなかで、住と工が一層分離していくことになった。しかしながら、工房型やアーツ・アンド・クラフト系事業はむしろ職住近接・住工混在が、その地域のイメージにとって、むしろプラスに働く時代となってきている。それはかつての特定地域に集中立地した伝統産業が、その町の風景を形成していたことを、わたしたちに思い起こさせる。地域社会の課題としての産業政策は、経済原則だけではなく、その背景にあるわたしたちの生活感を重視した地域政策としての産業政策が求められているのだ。

最終章　地域経済社会学へ

社会学的想像力はただの流行ではない。それはわたしたち自身の身近な現実について、大きな社会の現実との関連で理解することをドラマティックに約束してくれる精神の本質であるのだ。

（ライト・ミルズ『社会学的想像力』）

1

こういうハリウッド映画があった。シリコンバレーの栄枯盛衰物語である。シリコンバレーのトップ校スタンフォード大学を飛び出し、ベンチャー企業を創業、成功の切符を手に入れようとした若者が、役員会でその座を追われた。彼は自暴自棄になりたどり着いたメキシコの寒村で、一人の釣り人に出会う。市中の商売を妻に任せて、悠々自適に釣竿を垂れる老人に、若者は釣竿ではなく、漁網を使って大量の魚を捕ることを勧める。

老人は、「それなら漁網で大量に獲れた魚を売れば、船を買って沖合に出て、もっと大量の魚を捕り、さらに遠洋に出て漁をすれば大金持ちになれる、とでも言いたいのか」と応ずる。最後に、老人は若者に問うた。「そして大金持ちになり、暇ができたら何をするのか」と。若者は「一人でゆっくりと朝から釣りをする」と言いかけて、ようやく大事な何かに気付く。

この映画はハッピーエンドではない。だが、ベンチャーブームの下、店頭市場への新規上場のマネーゲームに巻き込まれたソフトウェアづくりの才気溢れた若者が、真の社会的便益となるソフトウェアの開発へと、彼の元を去っていた友人たちと再び立ち向かう姿勢を暗示してエンドタイトルが流れる。このシリコンバレー物語は、改めて「成功とは何か」を問うている。

シリコンバレーは、世界の若者たちを引きつけてきた。この映画の日本タイトルに、シリコンバレーが冠されている。シリコンバレーは、日本のみならず世界中で、ハイテク・ベンチャーの代名詞となった。社会的束縛のない自由な若者たちの活躍というイメージを、シリコンバレー(*)—サンフランシスコ南東部のサン・ホゼ市と周辺地域—という地域ブランドは再生産させやすい。

それだけに、サンフランシスコ南部のこの地は、才能あふれる若者には魅力ある土地柄であることは間違いない。だが、すべての地域が世界中から才気と起業家精神溢れる人材を引き付ければ、すべての地域が「シリコンバレーモデル」にはなれる保証などはない。それなら、それぞれの地域がそれぞれの工夫を凝らした地域づくりを、目指してもよさそうである。

とはいえ、やはり、成功モデルというのは、失敗モデルと比べようもないほど魅力的だ。たとえ、その成功モデルがカリフォルニア州シリコンバレー地域や、テキサス州オースティン地域などでの偶然の産物(**)であったとしても、そのこと自体がミルズのいう社会学的創造力をかき立てる。それは地域経済社会学の見方にも通ずる。

しかし、すべての人たちが、ハイテク企業を興すことができるわけでもない。すべての人たちが、専門的技術者として特別の才能に恵まれているわけでもない。また、そのような人たちが、地域間をつねに移動し、困窮した地域のまちづくりに奔走してくれるわけでもない。移動せず地域にとどまる人たちもいる。地域経済社会のあり方を探ってきた本書に、もうひとつの

*サンフランシスコ南東部のバレー（渓谷地帯）に、一九七〇年代から半導体材料のシリコンを使用するエレクトロニクス企業が集積し始め、この地域は、シリコンバレーと呼ばれるようになった。半導体企業とそれに関連する研究開発企業が立地する反面で、工場労働者など低所得移民層の存在はともすれば忘れがちである。

**たとえば、つぎの拙著を参照。寺岡寛『アレンタウン物語—地域と産業の興亡史—』税務経理協会（二〇一〇年）。

***カール・ポランニーもまた、古典経済学以来の伝統的な概念である「資本」、「土地」、「労働（力）」を純粋に市場化された商品—本来的商品—とはみなさなかった。ポランニーは元来、「土地」「労働（力）」、「貨幣」を市場で交換されるために、商品化された存在とはとらえず、あくまでも擬制化（commodity fiction）された商品であるとみた。土地は自然であり、労働（力）は人間の活動の一部であり、人びとの経済活動を経済的論理だけで割り切ることなどで

副題をつけるとすれば、それは「なぜ、人は地域にとどまったのか」となるだろう。

では「なぜ」なのか。古典派経済学の基本概念に「資本（貨幣）」、「土地」、「労働力」がある。資本はつねに越境する。だが、自然与件としての土地は移動しえない。労働力としての人は移動しうる。だが、人には感情もあれば、地域とのつながりもある。身近には、家族や友人・知人というつながりもある。労働力としての「人」、人としての「労働力」の間には、その人の人生―ミルズのいうバイオグラフィー―を構成するさまざまな社会構造が存在する。

日本社会でも、過去一世紀余り続いた農村から都市、地方から中央へという人の流れは、土地が移動しえないなかで、資本の移動に沿って、労働力の移動が続いた結果でもある。会社組織であれば、事業所間の移動＝転勤というかたちで、人は移動する。移動せずに地域にとどまることは、その場合、しばしば失職することにつながる。だが、そこには、家族などのつながりで移動した人たちもいれば、移動できなかった人たちもいる。

また、未就労の若者層は、資本が集中し、就職先企業など選択肢の多い都市圏へ移動する。あるいは進学で移動し、就職してとどまる若者たちも多い。なかにはUターン組の人たちもいる。こうしてみると、資本移動という運動が、地域間の人の流出入関係を基本的にかたちづくる。そうしたなかで、資本の移動とは、むしろ逆方向で、地域にこだわり、地域にとどまった人たちも一定数いる。

労働力たる人は、移動しうると同時に、人としての労働力は、移動することが困難な側面もある。なぜなら、地域とは土地の単なる集合体ではないからだ。それは資本の投下対象としての土地ということだけではなく、その社会の構造が凝縮した空間でもあり、自然環境の象徴でもある。その意味では、資本と労働力との関係では、むしろ地域社会との関係こそが、その人をして地域にとどまらせたにちがいない（＊＊＊）。

きず、社会から切り離してとらえること自体に分析上の大きな誤謬があることを指摘した。

ポランニーはいう。「労働、土地、貨幣は生産の本源的な要素であって、他の商品と同様にそのための市場が形成されなければならない。実際これらの市場は、経済システムの絶対的に欠くことのできない部分を構成する。しかし、労働、土地、貨幣は、明らかに商品ではない。売買されるものはいかなるものであろうと、販売のために生産されたものでなければならないという公準は、労働、土地、貨幣についてまったく当てはまらない。換言すれば、商品の経験的な定義からするとこれらは商品ではないのである。労働は、生活そのものの一部であるような人間活動の別名にほかならず、したがってそれは、販売のために生産されたものではなく、まったく違う理由で生み出されたものである。また、その活動を生活の他の部分から切り離したり、蓄積したり、転売したりすることもできない。……労働、土地、貨幣を商品とするのは、まったくの擬制（fiction）なの

いま、従来型の産業、とりわけ、製造業の衰退や空洞化に抗して、日本各地で地域活性化―「まちおこし」や「むらおこし」―が強調されている。このさまざまな試みは、大都市圏への人口集中を通した経済成長という宴が終わってからの後片付けともいえるし、長期的にみれば、ひたすら追い求めた近代化―西洋化―のあとの休憩ともいえる。(*) また、製造業主導経済に代わる脱製造業主導型経済への本格的な転換への試みともいえる。

脱製造業＝商品をつくることが少なくなった日本社会では、その主たる経済活動は日本でつくられたかどうかの別なく、商品を販売することであり、個人や事業所を対象としたサービスの提供である。必然、人の勤労観や生活意識も変わってきている。多くの人が従事するようになったサービス業の対象は、教育、医療・福祉から余暇活動まで実に広範囲に及ぶ。現在は、余暇サービスのなかでも、人を移動させることで、その消費を促すことのできる観光業への取り組みが、盛んに強調される。

観光業の消費対象もまた、実に広範囲である。地域によっては、すっかり虫食い状況的な風景となった周辺地域も整備しなおして、かつてのまち並みを取り戻して、町おこしの掛け声の下で、観光客を呼び戻そうという動きもみられる。

皮肉なことに、そうした建物やまち並みの整備という点では、長い歴史を刻んだ建造物などは、開発の嵐から取り残された地区に集中する。それはテーマパークのような安普請的で、擬制化された張り子のような景観ではなく、開発の嵐から取り残されたことで、本物の歴史的地域資源が未利用なまま残されてきた風景である。資本主義とは、すべてを開発―市場化（マーケットプレース）―し尽して、多くの地域を何ということもない全国一律の風景に変えた後に、さらに未開発で未利用な資源を追い求め、それらを市場化する運動だと改めて気づかされる。

開発から取り残され、かつて「遅れた」とされた地域が、「昔の姿をとどめる」という価値

である。」カール・ポラ（ン）ニー（野口建彦・栖原学訳）『（新訳）大転換―市場社会の形成と崩壊―』東洋経済新報社（二〇〇九年）。

＊日本社会での近代化の軌跡については、つぎの拙著を参照のこと。寺岡寛『近代日本の自画像―作家たちの社会認識―』信山社（二〇〇九年）、同『アジアと日本―検証・近代化の分岐点―』信山社（二〇一〇年）。

＊＊モバイル化（mobile, mobile computing）―小型パソコンや

に転換され、「古い」が「新しい」地域資源として再利用され始めているともいえる。そもそも、過剰開発された地域と、未利用＝過疎とされた地域との秩序ある均衡などは、望めないのかもしれない。

実際のところ、地域間の均衡を真剣に求めるには、わたしたちのライフスタイルそのものを見直すことなくして、困難ではないだろうか。衰退化する農業の傍らで、田舎暮らしがイメージ化され、もっぱら観光業の対象として商品化されてもいる。このことが田舎の農業再興につながる保証などはない。他方で、ますます進むＩＣＴの活用＝モバイル化(＊＊)・加速化・緊張化する都会の日常生活は、近代人に田舎への憧れを生み出してきている。観光業の範囲内での田舎への一時的滞在は、田舎への憧れサービスの中核を形成する。

2

観光業やマスメディアに登場する田舎とは、しばしば「商品化された田舎」でもある。ヘルシンキ大学のカチャ・リンネーコスキ、ティモ・スウターリは、「フレキシブルな移動生活」で、フィンランド社会の変化と「商品化された田舎」との関係を取り上げている。彼女たちはフィンランド社会での田舎ブーム―商品化された田舎―の背景に、フィンランドなど北欧諸国に限らず、欧州諸国の底流にある産業社会の変化を、つぎのようにとらえてみせる（山口恵子編『故郷サバイバル―フィンランドと青森のスタイル―』所収）。

「一九五〇年代以降、田舎らしさというものがヨーロッパ中の田舎から消失し始めた。……農家が立ちいかなくなり、……遊休化した農地は新しい地方の経済活動やこれまでと異なる消費活動向けに提供されるようになった。レクリエーションとか観光である。……一九六〇年代初頭、急激な変化がフィンランドを襲った。つまり農林業の仕事が機械化し、ひと

タブレットなどの携帯通信端末によって無線通信などを利用し、ネットワーク接続してオフィスや自宅のパソコンなどとの間で情報のやり取りや処理を行えること。

この結果、「どこでも」、「いつでも」、個人単位で情報処理が可能になってきた。なお、モバル化＝個人化とライフスタイルということでは、リンネーコスキたちが「仕事や仕事以外の生活の場所が、混在すればするほど、これらの空間を管理する個人的努力がさらに必要となる。……ライフスタイルがフレキシブルになり、都市的なものと地方的なものは混合が進んでもなお、田舎は過疎や人口のひずみ、サービスの消失などの問題に直面している」と指摘しつつ、今後の検討課題として「社会の基盤となる知識の生産と消費の場所としての田舎という空間の役割」をどのように位置づけるという点に言及しているのは重要である。リンネーコスキ・スウターリ・山口恵子他『故郷サバイバル―フィンランドと青森のスタイル―』恒星社厚生閣（二〇一二年）。

の労働力を必要としなくなったため、田舎から人口は流出した。短期間でフィンランド社会は、農業から産業社会へ、もしくはサービス産業社会へ、さらには情報産業社会へ、知識産業社会へ変貌を遂げた。」

日本でも、機械化する農業と農業従事者の減少によって、「田舎らしさ」が消滅するなかで、「田舎暮らし」というイメージが、観光業において商品化されている。リンネーコスキたちは、一九九〇年代以降のフィンランド社会でも、この傾向が続いたと紹介する。彼女たちは、「田舎は、多様性を増し、商品化されてきた。都市と田舎の移動ムーブメントは、新しい、社会的、経済的、政治的状とそれらに関わる行為とを保証する。いくつかの事例において、これらの変化は、田舎の風景とライフスタイルの商品化とわかちがたく結びついている」と分析する。

彼女たちは、ICT化の進展が「オンライン勤務」—日本でいういわゆる在宅勤務—というかたちで、都会の雑踏の中のオフィスで、堅苦しいスーツ姿で働くスタイルではなく、自然あふれるあこがれの田舎で勤務することを、フィンランドでもイメージさせたことを伝えている。だが、現実には、森と湖のフィンランド—スオミ（湖の国）—でも、その種のあこがれの田舎生活と両立する事業展開が各地で展開して、都市への人口集中を緩和させたかといえば、長年にわたって、フィンランド各地のサイエンスパークを調査してきたわたしも、リンネーコスキたちと同様に疑問をもってきた(＊)。

ICT先進国のイメージが、すっかり定着した二〇〇〇年代のフィンランド社会についても、リンネーコスキは、「周辺地域におけるオンライン勤務や頭脳労働の分散というもくろみは、かなり混乱している。例えば、周辺地域における情報産業の脱中心化という志向は、いまだに低調である。……遠隔地勤務のための技術はあるのだが、雇用者や組織は、遠隔地勤務の普及に対して、消極的な態度をみせている」と実情を紹介する。

＊たとえば、つぎの拙著を参照。寺岡寛『比較経済社会学—フィンランドモデルと日本モデル—』信山社（二〇〇六年）。

背景には、彼女たちも指摘するように、フィンランドでも主要な取引は、ヘルシンキのような大都市が中心になっていることにくわえ、「頭脳労働者は周辺地域よりも都市的中心地を志向する」傾向にある。農村の湖とサウナなど牧歌的な観光イメージに覆われたフィンランドでも、都市への人口集中は止まらない。

そこには都市の過密性―フィンランドと比べれば日本は超過密といってよい―からくるさまざまな問題がある反面で、都市生活の魅力があるのも事実である。都市があって田舎があるように、田舎があって田舎があるというようには、人はなかなか感じない側面もある。商品化された「たまには楽しい」田舎生活があっても、「ずっといる（と退屈な）」田舎生活に頭脳労働者は馴染めないかもしれない。

今後も、モバイル化は情報機器の発達や情報通信インフラの整備によって、さらに進むことが予想される。朝夕のラッシュアワーと人口過密からくるストレスの多い大都市圏で、ビジネスを展開する必然性はないかもしれない。モバイル化は「どこでも」、「いつでも」というように、時間以上に空間制約―物理的距離―による心理的距離を著しく縮めた。情報交換などは、電子メールや携帯端末で容易になった。メールが来るたびに、どこからメールを発信されたかをいまではだれもいちいち確かめもしない。

だが、人は分散化し、都会から田舎へと移動しているわけではない。それは、モバイル化が、仕事のより一層の「個人化」をますます進めているのもかかわらず、である。それはモバイル化の下でも、多くの人が、人口集中の中心地にとどまっているからにほかならないからである。

そうしたなかで、わたし自身は、ＩＣＴ化先進国のフィンランドの「田舎」で、ビジネスを展開しているモデルとなるような企業を追い求めたことがある。二〇〇六年にフィンランド南部の農村地域で、一人の事業家に出会った。およそ一〇人あまりのスモールビジネスである。

水処理システムのビジネスだ。顧客は大型クルーザの運営会社などである。世界中を航行している客船から、リアルタイムの衛星通信で船内水処理のデータが送られてくる。水処理のフィルターなどの取り換えなども、リアルタイムで指示が可能である。船内の技術者などが、対処できない事態に対しては、客船が航行している近くの空港まで自社の専門技術者を送り、そこからジェットヘリコプターで迅速に派遣できるという。ＩＣＴの進展の下、農村でビジネス転換することに大きな支障はないと、この経営者は胸を張る。

もう一社は、わずか四～五人のほどのマイクロビジネスだ。レーザー測定を利用した森林管理だけではなく、パルプ加工のための効率的な伐採計画などのソフトの開発も手掛ける。ヘルシンキにも事務所をもつが、フィンランド各地にはそれぞれの従業員がホームオフィスを抱え、世界市場を相手にビジネス展開する。各ホームオフィスがＩＣＴを活用することで、一つの事業体として活動できる。

こうしたビジネスは、これからの地域の小さな企業の方向性を探るうえで、一つのロールモデルになりうる。だが、人口過疎への対処に苦慮する地域に、才気あふれる彼らのような人たちを引きつけるビジネスモデルにはなかなかなりえないだろう。

情報通信技術の発展は、携帯電話や小型パーソナルコンピュータや超軽量のタブレット型コンピュータを一層普及させ、高速通信網の整備を拡充させ、人びとの意識と生活のあり方、とりわけ、時間感覚と距離感覚を確実に変えていく。(*) だが、「住み・働く」あるいは「働き・住む」空間＝地域に対して、わたしたちの意識はどの程度変わってきたのだろうか。

現実に、モバイル機器を有効活用して、仕事と人口の分散を進めるためには、わたしたちのライフスタイルなど考え方や生き方の転換が必要である。それが実際には容易ではないがゆえに、「なぜ、人は地域にとどまったのか」という問いが、地域振興を考える多くの関係者や住

＊そうした動きは単に人の心理的距離感に影響を与えているだけではなく、心理そのものへもさまざまな影響を及ぼす。その一端については、たとえば、つぎの著作を参照。ましこ・ひでのり『加速化依存症―疾走・焦

民にとって、いまなお重要かつ魅力あるテーマなのだ。この「なぜ」を考えるうえで、人にはおおむねつぎの三つの行動類型がある。

（一）なぜ、人は地域にとどまらざるをえなかったのか――この行動類型の設定では、人びとの個々の意識ではなく、人びとの行動に影響を与えているさまざまな生活環境のあり方を、明らかにする必要がある。逆説的には、とどまる意思がなかったにもかかわらず、何がその人をして地域にとどめたのか。

（二）なぜ、人は地域にとどまったのか――社会的な関係をまったく取り結ばずに、人はひとりで生きることなどできない。人は元来、孤立するようにはなってはいない。地域のそうした社会的関係は、しばしば人を自由にするのではなく、むしろ人の移動の制約条件ともなりうる。それにもかかわらず、人が地域にとどまるにはそれなりの個別の積極的な「意思」が働いた結果でもある。たとえば、稼得上で、大都市圏が有利にもかかわらず、地域にとどまる選択をしたのは金銭的な意思決定以上に、非金銭的な関係とそれを優先させる意思決定などが、大きな意味をもったからにちがいない。それは個人的な事情であるのか、あるいは地域のもつ事情なのか。（一）と同様に、意志と環境との格差の隔たりの大きさが重要な点であり、（一）との比較では、（二）のケースでそこに積極的な意思決定があったにちがいない。

（三）なぜ、人は地域にもどってきたのか――この設問には、「もどらざるをえなかった」のか、「わざわざもどってきたのか」の二つのカテゴリーがある。近代社会の大きな特徴は、人の自由な移動を促したことである。だが、それぞれの人に年齢によるライフサイクルがある。なかには、その地域に生まれ育ち、学校教育をうけ、職を得て、一生をその地域にとどまる人たちもいる。他方、その地域に生まれ育っても、地域を出

燥・不安の社会学――』三元社（二〇一四年）。

て学校教育を受け、その地で職をえたものの、途中であるいは退職後に生まれ育った地域にもどる人たちもいる。この場合に地域のもつプル要因はなんであるのか。

このなかで、人と地域社会との関係、とりわけ、人と地域産業との関係をきちんと分析することなくして、地域経済政策などは画餅となろう。地域経済政策の有効性と実効性を考える際に、きわめて重要であるのは、これらの「人」と「なぜ」の間の何かを明らかにすることである。たとえば、地域経済の振興政策においては、シリコンバレーのようなハイテク企業の集積地を念頭において、活発な事業活動がなぜその地において展開されてきたのかが問われてきた。

各国においても、そのための集積促進政策が地域イノベーション政策（RIS, Regional Innovation System）や国家イノベーション政策（NIS, National Innovation System）の名の下に、模索されてきた。要するに、政策的にシリコンバレーを生みだそうというのである。その後、フィンランド北部のオウルなどが、ノキア[*]の成功によって注目されるようにもなった。

ハイテク企業が集積する地域は、単なる産業集積地ではなく、それまでの大量生産体制のような資本集約度ではなく、知識集約度を支える人が大きな役割を果たす産業クラスターという視点から、分析されるようになった。

「クラスター[**]」とは、元々、植物における花や実などの房のことである。イメージ的には、ブドウの房がよく引き合いに出された。ブドウと房の関係のように、それは同種のモノの集合体である。この比喩を産業に引き寄せれば、特定事業分野の関連企業や専門企業のみならず、金融機関や投資家、研究者、研究機関、教育機関、業界団体、専門家などが房としてぶら下がり――ネットワーク化され――、個別競争力の総和としての産業競争力が高められ、その産業を特定地域に集中的に成立させている。

たしかに、フィンランド北部の厳冬の地にあるオウル市には、中核となる中心産業はなかっ

*ノキア――一九九〇年代半ばからの世界の携帯電話市場で大きなシェアーを誇り、ハイテク・フィンランドを象徴してきたノキアグループは、二〇〇八年の米国アップル社のスマートフォーンの登場によって大きな岐路に立たされた。他方、韓国サムスン電子の追い上げから、二〇一〇年以降に大幅なリストラが行われた。二〇一三年には。ノキアは米国マイクロソフト社に携帯電話部門を売却し、通信インフラ事業での研究開発型企業へと転換してきている。今後、こうしたノキアからスピンオフした社員による起業からどのような事業が展開されてくるのかが興味を引く。

**クラスター――クラスターは、さまざまな分野でも使われてきた。化学分野では、複数の原子や分子が集まり結合――イオン結合あるいは共有結合――した集合体を分子内にもっている化合物をクラスター・コンパウンドと呼ぶ。建築学では、都市計画を立案するときに幾つかの建造物からなる就業空間をクラスターと呼ぶ。

た。にもかかわらず、その後、ＩＣＴ産業の発展によって北のシリコンバレーと呼ばれるようになった。実際には、いくつかの幸運ともいえる外部条件の存在によって、（一）（二）（三）の行動類型が携帯ビジネス、無線通信などの産業を結実させることになった（＊＊＊）。

こうした事例をあくまでも特殊なものとみなすのか、あるいは、より一般化させて、他の地域に応用可能な政策に取り込むことができるロールモデルとみなすのかの判断には、ミルズのいう社会学的想像力が必要である。オウルを生み出したフィンランド社会やシリコンバレーを生み出した米国社会などと、日本社会は同一ではないからだ。

3

シリコンバレーに代表される事例は、地域人口の増加があり、経済的活動も活発ないわゆる「元気のある」地域でもある。それは、人口流入―社会増―自体が先にみた（二）と（三）の理由の妥当性を傍証している。だが、強調するまでもなく、すべての地域がシリコンバレー的ではないし、また、そのようにはなりえない。

他方、シリコンバレーのようなハイテク企業集積地域ではなく、農工商の均衡ある産業構造の田園地域を目指す人たちもいる。あるいは、通常の経済指標からみれば、元気のない地域に分類されるが、自給自足的な食と農を中心とする自然との共存を優先させるライフスタイルに基づいた地域づくりを理想とする人たちもいる。

そうしたライフスタイルと、稼得＝所得との関係はどうであろうか。人は消費支出が同じで、所得の向上があれば、一般に「幸福」―むろん定義にもよるが―を感じるものである。だが、所得の向上はその人の消費支出を拡大させることで、さらなる所得の向上を求める。この種の幸福感は消費のあり方と所得のシーソーゲームの上に成立する。地域産業のあり方によって、

コンピュータ分野では、データ通信における端末制御装置に接続されている端末のことを指す。組織論でいうクラスター組織とは組織の成員が単独あるいは少人数で、上司などの指示命令だけで動くのではなく、一定の基本方針や原則の下で自分たちの判断で自律的に課題に取り組んでいける組織形態を指す。この文脈からいえば、従来の産業組織としての加工組立型産業の場合、大企業と中小企業などの関係は垂直的であるのに対して、産業クラスターは水平的なゆるいネットワーク型のクラスター組織ということになる。

＊＊＊この点については、たとえば、ミカ・クルユ（末延弘子訳）『オウルの奇跡―フィンランドＩＴクラスター地域の立役者達―』新評論（二〇〇八年）を参照。クラスター論と分かちがたく展開されてきたイノベーション論についてはつぎの拙著を参照。寺岡寛『イノベーションの経済社会学―ソーシャル・イノベーション論―』税務経理協会（二〇一〇年）。

人は所得の向上がさほど望めないなら、消費のあり方を変えることで、このシーソーゲームのバランスをとることもできよう。

従来型産業の衰退に代わって、新しい産業が興り、稼得機会の拡大が所得の向上につながるような成功は望ましい。だが、成功事例の多くはいくつかの要因がうまく働いた結果である。その時期、その地域、その時の社会・経済・政治情勢が偶然的に重なり合った結果でもある。したがって、その後の地域の対応の仕方を模倣できても、そうした条件―与件―そのものを地域政策でつくりだすことは、きわめて困難である。必然、幸運な結果と不幸な模倣という状況がつくりだされる。

端的には、シリコンバレー型事例は模倣―量産―しづらい。逆に、不幸な結果とその失敗事例を反面教師としてとらえることが重要である。結果、模倣でない取り組みが、予期しなかった結果を生み出すことだってある。地域経済社会の今後を考えるときにきちんと考慮すべきは、すべての地域が同種の資源にめぐまれた均一的な状況にはないことである。

裏返せば、自分たちの地域資源とは、はたして何であるのかという根本的な問いを繰り返すことが肝要だ。その問いを通して得られる何かをとらえることから、真の地域社会への取り組みが創始される。地域資源を生かすも殺すも人である。地域資源と人のマッチングは、きわめて重要なのである。数多くの取り組みにもかかわらず、それなりの成果を挙げることができなかった事由の大半は、ここらあたりにある。各自治体の地域経済政策を振り返って、気づかされるのも、まさにこの点である。

人も、また他の生産要素と同様に、「人的資源(*)」と資源扱いされるようになった。そのわりには、人への関心は一面的なままである。人は完全に「商品」へと擬制化されえないところに、わたしたちが見過ごしがちな地域と人との相乗作用がある。それにもかかわらず、同じような

＊経営学では、人は企業などの組織に投入・利用される資源の一つと位置付けられる。この範囲では、企業のステークホルダー

制度の導入によって成功例が模倣される。

人とは多様な存在である。地域といった概念もきわめて多様である。もっとも、地域は文化と同様に、きわめてあいまいな空間範囲の概念である。地域が単に行政単位を示す空間範囲であれば、〈村↓町↓（区）↓市↓県〉と空間範囲が拡張されるにしたがって、人の体感や感情として地域概念はより抽象的なものとなる。たとえば、人は町（区）民であると同時に、市民であり、県民であるが、同じ県内でも食文化や祭り文化などは同一ではありえない。多くの場合、文化は観光資源と同様にマスメディアを通じてイメージ化されたもので、その人にとって必ずしも身近なものではない。

「地域」への社会貢献、あるいは「地域」おこしといった場合、人はどのようにして「地域」の「イメージ（虚像）」ではなく、「実像」を取り結ぶことができるのか。イメージは、ともすれば地域おこしなど成功事例のなかのハイライト部分であり、ときにシリコンバレーなど具体的な地域であったりする。また、ときにハイテク都市とか文化都市であるとか、あるいは自然と調和したとか、と表現される。だが、これらはいずれも抽象化された地域像である。その点、実像とは現実の地域の姿である。

こうしたイメージと実像の隔たりが小さければ、そもそも地域おこしの必要性はない。イメージと実像の隔たりが大きいからこそ、地域おこしや地域の再活性化が叫ばれている。だが、そもそも、そのような隔たりを縮めることなど可能なのだろうか。もっとも容易なことは、イメージ自体を実像レベルに引き下げればよい。地域の現状の姿をもってよしとする見方である。しかし、この見方は、やがてイメージと現状の縮小再生産をもたらす。それは人口減少や経済活動の低下を自然の流れ＝是ととらえ、そのなかで生活をとらえなす見方でもある。

もうひとつの取り組みは、地域おこしのために、目標とするイメージを変えることである。

とされる顧客や取引先、株主などもまた人的資源となる。この場合、企業内ではなく、企業外部であることから外部資源とも呼ばれる。ただし、企業の内部資源たる人（＝従業員）と株主など外部資源とは異なる。それゆえに、労務管理や人事管理という言葉が使われていたのは、内部資源たる従業員の意思と要求が、「非」人的資源でもある外部資源とは大いに異なる管理を必要としたことを直接的に示唆していたためである。

現在は、労務管理などに代わって、従業員の配置、育成、昇格・昇任などの処遇、福利厚生、人事考課、賃金など労働条件などの人事諸制度を通じて、企業の競争力維持・拡大のための知的資本とみなす考え方がとられるようになってきた。他方、社会学や経済学では人的資源（マンパワー）は教育・訓練・学習を通じて習得される知識、技能・技術が経済活動に重要な貢献を為す投入資源としてとらえられてきた。ここでは人を労働力としてだけではなく、技術開発などに関連する創造力などをもつ資源であるとされる。

その場合、地域のあるべき姿＝イメージを、地域の人たちのなかで共有化するのは、容易なことではない。また、今後の望ましい地域経済のイメージに限っても、さまざまな経済モデルが存在する。同じ製造業でもそうであるからして、商業やサービス業でも業種・業態によりあるべき経済モデルは異なる。同様に、今後の望ましい地域社会のイメージも、男女別・年齢別・職業別・所得階層別等々、そのイメージを抽象的に描けても、その具体像になると、やはり、容易にその像を描くことはできない。

その際、大きな役割を果たすのは空間としての地域ではなく、同じ文化を共有する文化圏としての地域なのだろうか。だが、地域以上に文化の概念と範囲もあいまいである。文化とは、より具体的な表象を求めるものである。それは、祭りなどの視覚的かつ参加経験＝共通行為であったり、あるいは、衣・食・住に関わる習慣であったりする。他方、衣・食・住は全国均一化してきた。昔の地域の衣・食・住文化は、いまでは体験されたことのない記憶となってきた。

地域おこしで、人をそこにとどめさせるには、「経済」、「文化」、「社会」の関係をどのように構築、あるいは再構築させるのかが重要である。この点について、わたしたちに再考を迫るのは、経済史家のカール・ポランニーの視点である。ポランニーは、もっぱら欧州社会史を経済史から振り返った『大転換―現代の政治的・経済的起源―』（邦訳『大転換―市場社会の形成と崩壊―』）で、市場経済の浸透が人の商品化＝労働力化の過程で、人をとりまく文化的諸制度という保護膜と社会との関係が変遷してきたことを、つぎのように論じている。

「市場システムが人間の労働力を処理するということは、それによって、『人間』という名札に結びつけられたその人自身の物理的、心理的、道徳的特性を、市場システムが処理することを意味しよう。人間は、文化的諸制度という保護膜を奪われ、社会的にむき出しの存在となることに堪えられず、朽ちてしまうだろう。……労働、土地、貨幣の市場が市場経済にとって必須のものであることに疑問の余地はない。しかし、いかなる社会も、その中における人間と自然という実在あるいはその企業組織が、市場システムという悪魔のひき臼の破壊から守られていなければ、むき出しの擬制によって成立するこのシステムの影響に一瞬たりとも耐えることができないだろう。」（玉野井芳郎・石井溥他訳）。

ポランニーが同書で、経済史から人類史を振り返って、繰り返し強調するのは、市場システムが悪魔のひき臼となるのは、人に対して直接ではなく、その所属する共同体的社会の解体を通じてである。現在では、人に対しては雇用保険や失業対策などの政策対応が保護膜となっている。だが、地域に対してはその共同体の保持が困難である現実もある。社会保障制度の整備は、国＝中央政府と人びとの直接的関係―給付などは地方自治体を通じてであるが―をつくりだしたものの、国家財政の悪化はこの直接的な関係の見直しを迫っている。

かつてのように、故郷＝地域に戻れば、共同体の共助システムが働くわけでもない。私たちにとって、そのような故郷は地域共同体でなくなりつつある。だが、家族がそれに代わりうるには個別差がありすぎる。ポランニーの影響を受け、二〇〇八年に『緊縮策―過激なアイデアの歴史―』(*)で、欧州諸国の国家財政の悪化による社会保障費削減が、社会の不安定化をもたらすことに危惧と警鐘を鳴らしたスコットランド出身の政治経済学者で、米国の大学で教鞭をとるマーク・ブリス（一九六七〜）は、二〇〇二年に、同名の『大転換―二〇世紀における経済思想と制度変化―』を著している。

ブリスは、米国経済をはじめとして、危機に陥った一九三〇年代の行き過ぎた市場経済社会の病理の根本原因を探ったポランニーの『大転換』（一九四四年刊）を強く意識して、一九七〇年代以降、とりわけ、レーガノミックスが登場した一九八〇年代の市場経済型の米国経済と、その対極にあったスウェーデン経済を分析している。

＊ブリスは同書の序文「緊縮策―個人史―」で、彼自身が父子家庭で育ち、政府の補助策がなければ、進学なども困難であったことを振り返り、「わたしは福祉の子であり（I am a welfare kid）、この事実を誇りに思っている」と述べる。「福祉の子から教授となった」ブリスは、リーマンショック後の米国などでの銀行救済に対して、緊縮策による福祉予算などの削減に異議を唱え、「緊縮策の政治は一連の諸問題を悪化させた。高成長と機会の拡大を掲げる名分の下で福祉を削減しようとすることに、わたしたちが立ち向かわなければならない……」とする。

ブリスは本書の結論でも、「緊縮策の継続はいままでもそうであったように、状況をさらに悪化させる」ことを強調しつつ、国家財政の立て直しは福祉切り捨ての緊縮策ではなく、現行税制などの見直しによってこそ可能であることを指摘する。

Mark Blyth, *Austerity: The History of A Dangerous Idea*, Oxford University Press, 2013.

ポランニーの「大転換」論は、行き過ぎた市場経済制度の限界、政府や社会の役割を人びとに認識させた。他方、ブリスは「大転換」論で、市場経済制度が経済の一時的な安定をもたらしたことで、再び政府や社会の役割が軽視され、市場経済制度―ブリスの言葉では組み込まれた自由主義（embedded liberalism）―が、再び重要視されるようになったとみた。ブリスはこれを大転換―正しくは再大転換になろう―であったことを指摘する。

ブリスは、それぞれの混乱期―経済危機―の不確実性、理念、利害―国家・労働界・財界―の関係を丹念に掘り起こして、ポランニーの見方を強く支持しつつ、自己調整的な市場制度ではなく、さまざまな社会問題、したがって、経済問題を解決するには盲目的な市場原理への信頼ではなく、わたしたちが求めるあるべき社会の姿という理念が必要であることを強調する。(*)

ブリス自身は、ポランニーと同様に、国家レベルでの経済政策や経済運営を念頭におき、地域経済や地域社会の具体的な問題には言及していない。彼の指摘で重要な点は、「大転換」とは新しい状況への対応であり、制度改革に先立つ理念であること、また、地域経済社会学の役割を、健全な地域経済社会とは何であるかの理念を探りあて、それを検証することに求めたことである。

4

地域経済振興は、いまも古くて新しい政策課題である。ただし、人口動態からすれば、全体の人口が増加している下で、農村と都市、中央と地方という地域比較のなかで、地域経済格差が問題視された時代と、人口の絶対的減少と少子高齢化という人口構成の変化の下で、地域経済格差が問題視された時代とでは、地域経済振興という政策課題の中身は大きく異なってきている。

＊ブリスはつぎの五項目の仮説を掲げた。①「経済危機の時期には、考え方（制度ではない）が不確実性を逓減させる」、②「不確実性が減少したあとに、考え方が集団行動と政治的提携を可能にさせること」、③「既存制度をめぐる苦闘においては、理念こそが武器となること」、④「既存制度を無効としたあとで、新しい理念が制度的な青写真として作用すること」、⑤「制度を整備したあと、理念が制度的な安定をつくりだすこと」。

ブリスは、とりわけ、不確実性が高まる時期において、制度日本をくまなく歩いた民俗学者の宮本常一（一九〇七〜八一）は、一九六〇年代半ばの論稿で、「ここ二、三年来は時間のゆるす限り、地方の小都市を見ようとしている。それも昔は栄えたけれども、今うらぶれている町に重点をおいている。さびれた町に古い俤をもとめてなつかしがろうとするだけでなく、昔はいかに栄えていたか、それがいまなぜ衰えてしまったかということについてみきわめたいと思っての事である」と前置きをしたうえで、その原因について、特に港町については、交通機関の変遷と交通路の変更が大きかったことに言及している（宮本常一「日本の中央と地方」、『宮本常一著作集』第二巻所収）。

宮本は「藩政時代の終わりまでは国の端々まで一応活気のみちあふれた町があったのである。……封建社会にあっては物資の流通は緩慢で、地方における貨幣の浸透はきわめて弱かったはずである。にもかかわらず、そうした僻地には今日以上の生産と物資の流通がみられ、かつ資本の集積のあったということは今一度反省検討して見てよい問題ではないかと思う」とも指摘する。

宮本によれば、より根本的な原因は、明治以降の地方と中央との関わり方にあるといえる。宮本は、中央集権の政策のあり方に原因を求めた。たとえば、宮本は、地方といえば、離島など遅れた文化地域―僻地―という見方にも反論するのも、そのためといってよい。

「われわれが今日想像する以上の文化は財力を僻地が持っていたことは事実であり、その証跡を今はくずれおちている問屋の倉の壁や港の石だたみ道に見ることができるが、そうした地方に蓄積されていた財力や文化をつきくずした世の中の変化というものに私はひそかにおどろきの眼を見はるとともに、文化のあり方、政治のあり方などははたしてこれでよいものであろうかどうかという疑念をもち続けてきている。」

宮本は、離島の場合、物流などはかつて中央と直接結びついていたのが、県内の主要都市と

や利害ではなく、理念こそが安定をもたらすことを強調する。ブリスは、自己調整的な市場制度が埋めようもないような所得格差―実際には資産格差―と社会の不安定をもたらすことに警鐘を鳴らしているように思える。この視点はこの一〇年ほどあとに著した前掲『緊縮策』で一層明確になっている。

結ばれることで、「中央からの末端におかれることになった。後進性はこうして生まれ出てきたものであった。……とにかく中央と地方の問題はもう一度正しく見直さなければならない段階にきている」と主張した。

宮本の時代から半世紀以上経った時点と現状にいるわたしたちにとって、地域の問題はさらに何度でも正しく見直さなければならない。現在、日本でも「地方創生」というスローガンの下で「ひと・しごと」の増加による地域社会の再活性化が目標とされる。宮本もまた「ひと」と「しごと」が、地域振興に密接にかかわっていることを重視するとともに、それが政策という人為的な要因によって「ひと」と「しごと」が地域外に追いやられたことを、歴史的な視点から具体的な地域事例をベースに明らかにしてきた。

宮本は、民俗学者としてつねに「中央」と「地方」という視点にこだわった。「ひと」については、地方で「過大な教育投資」が行われてきたものの、そういう人たちが地方に還流されず、もっぱら中央へ還流されてきたのである。宮本は「農村や地方都市における教育投資は、それ自体が農村の衰微に拍車をかけることになっている」とみた。これは農業に関わらず、地方工業についてもあてはまってきた。

人材の地方への還流あるいは蓄積なしに、「しごと」を外部からの資本投下＝工場誘致によって行っても、その持続性は外部の資本提供先の動向によって左右される。また、その利潤のかなりの部分が、地方に還流され蓄積されなければ、そこに地方の自立的発展の持続性はかなり制約される。これは宮本の指摘をまつまでもない。現在では、かつての工場誘致政策に代わって、地域経済政策として観光業の振興が強調される。だが、そこには問題がある。

宮本は、半世紀以上の論稿「国内植民地─不利を承知で工場誘致に狂奔する地方政治家─」で、工場誘致によって誘致側には固定資産税が落ちるが、「高い利潤が地元におちつくのではなく他へ持ちされてしまうのである。そういうことを承知で地方政治家は工場誘致に狂奔するほど地方の資本力は枯渇している。かつては地元資本の育つ余地」の重要性を指摘する。宮本は観光業についてもつぎのように指摘した。

「工場誘致だけではない。最近は観光施設に血の道をあげているところが少なくない。観光客が来さえすればその土地が発展するように考えてのことであるが、しかし観光施設ができて、地元の人でそこを利用し得るものは何人あるのであろうか。豪華な観光ホテルは都市から来た観光客のためのものであり、また観光客のおとすお金は外部観光資本がもっていってしまう。これらの現象は戦前に見られた植民地風景とどれほどの差があるのであろうか。」

宮本の指摘のように、「ひと」と「しごと」との対概念でいえば、人的資本と物的資本の地方への還流なくして、地域社会の活性化はありえない。宮本は、国家がこの還流を地方から中央へと促進してきたことを「国内植民地政策」ととらえた。「明治以来の政府の政策はまったく地方衰微のためのものであったと言っていい。地方からそのたくましい生産エネルギーを吸いあげて今日の繁栄をつくりあげていったのだが、それに対して報いられることはほとんどなかった」と強く批判してきた。

日本経済において東京一極集中が強く批判され、その対抗策としての大阪を含む日本列島二眼レフ論(*)が展開された。だが、現在にいたるまで、この構想が実現されたとはいいがたい。この背景には、関西圏の人と資本の東京を中心とした関東圏への移出があった。人と資本をどのように地方へと還流させ、人を育成し、地元資本の蓄積をはかる経済社会の仕組みが必要である。

この仕組みを考えた場合、「ひと」と「しごと」を取り巻く経済社会環境の変化を、きちんととらえておく必要がある。都市での「ひと」を引きつけている「しごと」といえども、それ

＊現在は使われなくなった二眼レフカメラ―一つのレンズはファインダーに像を結ぶために使われ、もう一つのレンズは同様の像をフィルム面につくるために使われる―に例えて、東京への一極集中が進むなかで、国土の均衡ある発展を目指すために東日本の中心地としての東京、西日本の中心地としての大阪が位置づけられた。

らはかつての「ひと」＝安定的長期雇用の製造業＝「しごと」とは異なってきている。代わって、脱製造業といっていいような研究開発、さまざまなデザインにかかわる「クリエイティブ・クラス」が、従事する都市型産業の比重は高まったものの、すべてのひとがそのような創造的な仕事に従事しているわけでもない。不安定的・短期雇用の傾向にあるサービス業や飲食小売業の比重もまた、都市では高いことを見過ごすことはできない。

東京などの都市＝中央といえども、衰微する地方とは関係なく存立できるわけでもない。そうした課題に対して、解決を目的とする地域経済社会学がますます必要とされる時代に、わたしたちは生きている。わたしたちは、各地域の地域経済社会論の先に、地域社会のあり方を展望できる社会学的想像力に満ちた地域経済社会学を必要としている。

補論　ミルズ没後五〇年

ライト・ミルズの残した一一冊ほどの著書、論文、評論、書簡、講演草稿のすべてを取り上げることは、わたしの能力をはるかにこえる。以下では、彼の『社会学的想像力』を中心に、ミルズ没後五〇年という視点から、ミルズの残した遺産の現代的意義を、ミルズ研究の社会学者の仕事を通じて探ってみたい。

1

ミルズが四五歳すこしの若さで、自宅で急逝したのは一九六二年三月二〇日のことであった。二〇一二年には、ミルズ没後五〇年ということで、米国外でも、彼の学問業績に関して社会学者を中心に興味ある論稿も発表された。米国社会をその権力構造から分析した『新しい権力者—米国の労働組合指導者—』（一九四八年）、『ホワイト・カラー—米国の中間階級—』（一九五一年）や『パワー・エリート』（一九五六年）などの著作についても、現在の米国社会分析における有効性から論じられたりした。

これらの著作とは別に、現在まで多くの社会科学分野の研究者に影響を及ぼしたとされ、くりかえし論じられていることでは、急逝した年に出版された『マルクス主義者』や、前年の『聞け、ヤンキーたち—キューバ革命—』よりは、本書でも随所で取り上げた、一九五九年に出版された『社会学的想像力』ではないだろうか。

ミルズの没後、彼の教え子たちにより、ミルズの人なりと学問業績を評価した著作も出版された。ミルズの肉声では、二人の娘たちによって編集された『C・ライト・ミルズ―書簡と自叙伝的文書―』では、ミルズ著作のなかでは比較的小著であった『社会学的想像力』が取り上げられた。娘たちはミルズの持論であった「知的職人」(intellectual craftsman) 論を随所で紹介している。ミルズが四〇歳半ばで逝かず、あと一〇年でも長生きすれば、彼の知的職人魂は彼自身の社会学体系をもっと完成したかたちで残させたかもしれない。娘のキャサリン・ミルズ(一九五五〜)は、前掲書の「父の思い出」でも、つぎのように語っている。

「父は自身の理論体系を築き終える機会に恵まれなかった。彼が知的作業場で取り組んでいたころから長い年月が過ぎ去った。父の研究職人技への献身、その努力の度合い、自身のビジョンの大きさと複雑さは、わたしたちにひらめきの源泉として残されたのである。」

ミルズの教え子であり、その後も親交のあった小説家ダン・ウェイクフィールド(一九三二〜)も、同書に序文を寄せた。ウェイクフィールドは、ミルズが『社会学的想像力』を発表するころには、技法的で人間味がなく、統計数字ばかりの社会学にますます苛立ちを覚えていたと振り返った。ウェイクフィールドは、ミルズが『ホワイト・カラー』を発表するころには、形式的で学問的な社会学にすでに嫌気がさしていたのだろうと述べている。ミルズがそのことを率直に語ったのが、『社会学的想像力』であったとして、つぎのように回顧している。

「ミルズは、人びとの人生のさまざま事柄に光を当てるような解釈、つまり、ミルズの根本的な信念を肯定する分析を切望している広範な大衆に近づきはじめた。彼の信念とは、個人の人生と社会の歴史について、その双方を理解することなくして理解などできないことである。後日、ミルズは、この考え方を『社会学的想像力』で詳述することになる。社会学的想像力を働かせることで、人びとが何を渇望し、また、自分たちの必要と感じることは何なのか、これらのことは、世界で何が起こりつつあるのか、自分たちの人生のなかで何が起こりつつあるのか、を理解することに役立つのである。」

ウェイクフィールドは、「偉大な教師」―講義の巧みさ―でもあったミルズの講義を思い出しながら、「ミルズが『社会学的想像力』の冒頭文章の『現在、人びとは自分たちの私的生活には罠が仕掛れていると感じているものだ』と、教室を歩きながら言うのを聞けた。といっても、ミルズは大声ではなく、学生たちに大きな秘密を打ち明けるような陰謀めかせたような感じでしゃべっていた……」と回顧している。ウェイクフィールドはいまも輝きを放つミルズの「社会学的想像論」や、「知的職人論」の現代的な意義―現世代へのメッセージ―を、つぎのように示唆する。

「わたしは、『社会学的想像力』を読んで、社会学分野に進んだという人たちに会ったことがある。この本は社会学の専門家にならなくても、その芸術的あるいは知的探究が何であれ、あるいはいかなる人生とキャリアを送ろうと、その一つのモデルとして、彼の助言が有益かつ刺激的に影響を与えてきた―そして影響を与え続けている―。ミルズが書いたように、もっとも尊敬される思想家とは、その仕事を自身の生き方とは別物としないものだ。……ミルズが確信をもってわたしたちに示したように、そのような精神で為された仕事には、人の生き方の質に大きな違いを生む可能性がある。それこそがC・ライト・ミルズが熱望し、今日のわたしたちを奮起させる気高い目標なのだ。……ミルズの仕事は自分たちの内的世界を覚醒させ続けたい者たちに語り続けている。」

ウェイクフィールドの指摘のように、ミルズ没後五〇年になっても、彼の残した『社会学的想像力』は刺激的であり、社会学者の狭いサークルを飛び越えて、わたしたちの人生や生活から社会の構造やその歴史を考え続けさせる不思議な力をもつ。『社会学的想像力』は、ミルズが米国を離れて、欧州諸国―ドイツ、デンマーク、英国、ポーランド―へ講義や調査で訪れているときに、その構想が練られ、草稿が書かれた。ミルズがデンマークのコペンハーゲンから送った友人の編集者ウィリアム・ミラー（一九一二〜九二）宛の書簡（一九五七年三月一四日付け）には、原稿執筆の進行について、つぎのようにふれている（前掲書）。

「文字通り、これほど書き続けたことはない（昨日は一五時間も執筆した）。これほどうまく書けたことはないと思う。小著だ。最初の原稿は二〇〇ページすこしで、約束、課題、社会科学の性格（第一章）。この部分は同時にわたしのこれまでの仕事の擁護のようなもの―そのようにみえないかもしれないが―であり、ラザースフェルド(*)流の方法論的禁じ手の詳細な真の批判論（第二章）、パーソンズ流の概念の盲目的崇拝論への批判（第三章）。また、それは完全で一等級の未公表の『知的職人技』論の書き直し（第四章）、『政治的約束』（第五章）はまったく新しい部分で、人に関係する事柄や歴史への理性のすこしばかりすっきりした見方である。草稿のなかで、わたしは、総体としての社会科学における歴史研究の中心的な役割についても、最終的に述べることができている。」

実際に発表された『社会学的想像力』の目次や構成は、よくあることだが―わたしも含めて―、実際の書物となったものと比べ、ミラー宛の手紙での構想とは異なる。この点について、ミルズは翌年の七月一〇日付けの歴史家でメリーランド大学時代の同僚で、ミルズと同じく、その後コロンビア大学教授となったリチャード・ホフスタッドナー（一九一六〜七〇）宛の手紙で、『社会学想像力』の構成の変更について、言及している。この時点で、ホフスタッドナーはミルズの草稿をすでに読んでいたようだ。ミルズは手紙のなかで、ホフスタッドナーからの批判なども考慮して、同書の構成の変更について、つぎのように述べている。ミルズの肉声がそこから伝わってくるようだ。

＊ポール・ラザースフェルド（一九〇一〜七六）―ウィーン生まれの米国の社会心理学者で、ミルズも属していたコロンビア大学応用社会調査研究所の所長で、コロンビア大学教授、米国社会学会会長を務めた。それまでの記述的な社会調査方法に数量分析をもちこんだ。

「第一章はほとんど新規だ。それは楽しい作業で、社会的想像力（本の題名にするつもりだ）と、環境対構造的相違についても定義し、そして社会学的伝統の奇妙さに関しても、簡単にふれるつもりだ。第二章は、新たに設けた前文の部分とともにリベラルで実用的なもので、社会諸科学—そのように呼ばなくてもよいが—の社会学の知識がなくてもよさそうなところだ。そのあとに、実質的に大理論（誇大理論）、抽象的経験論と官僚的精神（エトス）を取り上げている。編集ではもっと詳細に、比較のためにもっと積極的に材料を詰め込むつもりだ。これが第七章までだが、どの章も三〇ページを超えることはないと思う。もっと短くしようとしている。第八章は多少とも新規軸だ。……第九章は個人史と歴史で旧稿の二章分にあたる。……第九章は政治学で（旧稿の第一〇章とかなり重なるが、もっと短い）……」。

その後、ニューヨーク市に戻ったミルズは、ドイツ生まれの社会学者で、ミルズと共同研究者でもあったハンス・ガース（一九一六～七〇）宛の書簡（一九五八年一二月二日付け）で、オックスフォード大学出版が『社会学的想像力』を出版することになったことを簡潔に報告している。出版後の評判について、ミルズは英国人政治学者のラルフ・ミルバンド（一九二四～九四）宛の書簡（一九五九年九月末、日付不明）で、「英国での社会学的想像力の書評のいくつかに目を通した。大体のところ好評だ。だが、嫌なものもある。学術書を書くことに嫌気がさした。現実についてとても書きたいのだ」と心中を語っている。

ミルズ自身、コロンビア大学では大学院生向けの講義などは行わず、もっぱら学部生相手に現実的社会学を論じることを好んだ研究者嫌いであったともいえる。ミルズの知人宛の書簡でも、彼はできれば学部生相手に、一五人程度の中規模程度のセミナーをやりながら、研究と執筆に自分の時間をもっと使いたいことを伝えている。この願いはかなえられなかった。

このあと、ミルズは多忙な日々を送った。イタリア、オーストリア、ドイツ、英国での国際会議へ出かけ、メキシコ大学での講義、『パワー・エリート』のロシア語翻訳版の記念で旧ソ連の訪問、キューバ訪問とカストロ議長へのインタビューを精力的にこなした。一九六〇年には『聞け、ヤンキー──キューバ革命──』が出版された。

キューバなど当時の社会主義陣営寄りの政治姿勢のために、ミルズは脅迫されていた。当時、マッカーシズムが下火になっていたとはいえ、東西の冷戦構造の定着という社会的文脈を思い起こしておく必要がある。心労もあったろう。この年の末に、ミルズは心臓発作に襲われている。ミルズ自身は家族とともに、治療もかねて英国への永住も考えていたようだ。この願いもまたかなわなかった。ミルズの死後に『マルクス主義者』が出版された。

2

ミルズの社会学＝社会学的想像力論には、若いころから親しんだプラグマティズムの影響がみてとれる。ミルズはテキサス大学での哲学専攻から、同大学院では知識社会学で修士号を、ウィスコンシン大学院ではプラグマティズムの社会学的解釈論で博士号を取得している。先に、ミルズのやり残した仕事にすこしついてふれた。敷衍しておく。

米国の社会学者スタンレー・アロノウィッツ（一九三三〜）は、ミルズ没後五〇年の年に発表された『大きくとらえろ──C・ライト・ミルズと政治的知識人──』で、ミルズは幅広い分野での執筆活動にもかかわらず、「会社資本主義」が温存され再生産される「文化的手続き（cultural apparatus）」論のような未完の重要テーマを残したままであったと指摘する。アロノウィッツは同書でこのテーマこそが、ミルズが五〇年後のわたしたちに取り組むべき課題として残されたと主張している。アロノウィッツも、またそうした文脈で『社会学的想像力』が、現在にいたるまで持続した影響力を積極的に評価する。彼は「社会学想像力は学者の社会的関わりの関係について、現在も続く論争にもっとも大きく貢献しているだろう」としたうえで、つぎのように指摘する。

「ミルズの最後の単著『社会学的想像力』（一九五九年）は、学習方法への社会的関わり入門（書）として、そしてアメリカ社会学で現在までつづく傾向―ミルズが大理論（誇大理論、grand theory）と抽象的経験論と呼ぶもの―への手厳しい批判のために、大学の教室で広範に読まれてきている。ミルズによれば、大（誇大）理論の見方は、実際に役に立つような真の理論的洞察力を生み出すには、あまりにも大きすぎるのである。」

いずれにせよ、ミルズが社会学的想像力を働かせて取り組もうとしたのは、「文化的手続き」論であったとみるアロノウィッツにとって、『社会学的想像力』とは、その後の社会科学全般でますます強まった理論偏重と抽象的経験論―とりわけ、数理分析的手法―への批判であった。彼は、ミルズが社会学的想像力論を通じて、個人、社会構造、歴史の関係をとらえようとするマルクス、ジンメル、ダークハイム、ウェーバーたちの古典的な仕事を再評価しようとしたとみた。

アロノウィッツは、『社会学的想像力』の第一章のはじめの部分にある、ミルズの社会学的想像力の定義にあたる文章「多様な諸個人の内面的生活と外面的なキャリアがどのような歴史的な状況にあるのか……諸個人ののたうちまわるような日常生活のなかにあって、自分たちの置かれている社会的状況をまちがって理解しているかを認識できる……」を引用したうえで、ミルズ没後五〇年後の米国社会について、つぎのように取り上げている。

「（ミルズの公的と私的のとらえ方に言及して）一九三〇年代のように失業率が、労働力の三分の一にあたるとき、あるいは、二〇一〇年のように正規職求人者の六分の一以上に達しているとき、無職は公的課題であり、公的な検討と取り組みとなるべきなのである。今日のエリートたちは、失業問題に取り組むのに、危機に翻弄される人たちからの厳しい反発を直視せずに、銀行、保険会社、自動車会社へ何兆ものの資金を投入している。これが日常生活で当たり前となった民営化の対応策として、実施されることになるかもしれないのだ。主流の社会秩序や集団による大衆心理の操作は、多くの人たちに自分たちの運命は、政治からは完全に切り離されたものであると納得させてしまう。

ミルズは、社会調査の実践家にこうした矛盾を伝えたかったのだ。彼は社会科学者たちに、抽象化のための魔法、社会諸問題を直視するよりも、範疇的あてはめから始めること—理論偏重（大理論）依存—、実質的内容がほとんど無いか、あるいは皆無の調査方法論—抽象的経験論—を使うことを批判したのだ。」

まさに、こうした過程が「文化的手続き」である。アロノウィッツは、こうした手続きこそが、科学的研究という名目で、研究機関などで行われているというミルズの批判を紹介したうえで、没後五〇年での時点でのミルズ研究の意義を、つぎのように指摘する。

「ミルズが文化的手続きについて、明らかにしようとしてから五〇年が経過して、非軍事的科学、とりわけ、健康管理の関連分野の研究やサービスに対して、公的支援がかなり充実してきた。さらに、芸術も多くの民間団体から支援を受けるようになった……しかし、連邦政府が愛国主義的や教育的動機をもつ人たちへと同様に、芸術にも雇用政策として支援した大恐慌期とはちがって、現代のように経済的停滞や衰退の時代において、金儲けのポテンシャルの少ない、あるいは皆無のような芸術や学問が、ますます追いやられる歴史的な状況に、わたしたちは立ち至っている。米国が文化のためといって、市場に営々と固執しているようにみえても、不承不承にわずかの支援で済まそうとしていることをミルズは見て取って、このような傾向を予想していた。

金儲け文化の実質的支配は、米国の文化活動、混乱、平凡さ、興奮、不稳性の当面の基盤である。発展しすぎた社会では、大量生産、大量販売、大量消費は仕事と余暇双方において物神崇拝となる。行き渡った市場メカニズムは、芸術、科学や学習など私たちの生活のあらゆる局面に深く入り込み、すべてを金銭的な評価に押し込んでしまった。換言すれば、一般に過去二世紀間に起こったことが、芸術的、科学的、知的な活動において起こりつつあるのだ。つまり、現在、これらのことが一連の官僚主義として、そして、偉大な売り場として社会の一部となりつつある。」

アロノウィッツは、ミルズ没後五〇年のなかで、知識人はそのような社会を変革しようという政治的な関心を失ってしまったことを嘆く。アロノウィッツにとって、現状肯定から歴史をとらえる守旧的な考え方、社会の現状を自分自身や地域で現実に起こっていることから、歴史をとらえなおすこともなく、なんでもグローバリズムの下で未来を展望しようというのは、ミルズのいう社会学的想像力の欠如を意味した。

ただし、ミルズの下で学び、ミルズ論文の編集を通じてミルズ社会学を探究してきたアーヴィング・ホロヴィッツ（一九二九〜二〇一二）は、『C・ライト・ミルズ―米国のユートピア人―』で、コロンビア大学という名門権威主義的な同僚などとの学問雰囲気のなかで、ミルズが理論偏重主義などに反発を覚えていったとみる。アロノウィッツは『大きくとらえろ』で、ホロヴィッツのこの著作について、「多くの点で、アーヴィング・ルイス・ホロヴィッツはミルズに反発した。だからこそ、ミルズに好意的とはいえない」伝記『C・ライト・ミルズ―米国のユートピア人―』では、ミルズの問題意識よりも、ミルズ自身について多く取り上げられている。アロノウィッツは、「左翼から転向して、（ミルズは―引用者注）明らかに反ラディカル的心情の学者企業家に成り下がった……」とホロヴィッツの手厳しい評価も紹介している。

身近にその人を知る者にとって、その人物評価は中立的なものではなく、手厳しいか、きわめて甘いかの両極端を揺れ動くものかもしれない(*)。ホロヴィッツにとって、コロンビア大学社会学部での研究傾向も含めた雰囲気への居心地の悪さが、ミルズの社会学的想像力に反映したとみた。

ホロヴィッツの『社会学的想像力』観からは当時、主流になりつつあった社会学に対するミルズの外部関係者への内部告発のような感じを受ける。名門コロンビア大学の周辺にあった黒人地区やアイルランド人地区の社会問題に対して、ホロヴィッツは、ミルズ自身は疎かったとした。郊外から大学への通勤者ミルズの「社会学的想像力」について、ホロヴィッツの評価は必ずしも高いものではなかったのである。

*同じミルズの教え子でも、のちにコロンビア大学などでも教鞭をとった社会学者のハーワード・プレス(一九三七年生まれ)の『C・ライト・ミルズ伝』はミルズに好意的である。

3

先に『社会学的想像力』は、ミルズの欧州諸国滞在中の成果だと紹介した。ミルズがフルブライト基金の援助の下で、デンマークのコペンハーゲン大学客員教授の時代に、同書のかなりの部分が完成していた。その一部はコペンハーゲン大学セミナーでも報告されている。この意味で、北欧デンマークのコペンハーゲンは、『社会学的想像力』ゆかりの生誕地でもある。ミルズ没後五〇年にあたる二〇一二年に、英国やノルウェーでも講演会やセミナーが開催された。ノルウェーのベルゲン大学でも、ミルズに関する国際シンポジウムが開催された。その報告内容は、ジョン・スコットとアン・ニールセン編『C・ライト・ミルズと社会学的想像力―現代的展望―』に収録されている。報告内容のいくつかを紹介しておこう。

オスロ大学のラルス・ミューセットは、「社会学的想像力は、不幸な題名の選択であった。ミルズにとって、社会学的想像力は学習方法論としての社会学に関するものではなく、それは仕事のスタイルに関してであって、ミルズはそこに他の社会諸科学と歴史においても見出したことであったのだ。ミルズは、社会学の学習方法に挑戦したのだ。彼は、一九四〇年代と五〇年代に、科学的な学習方法とされていたラザースフェルド流の抽象的経験論や、パーソン流の大理論を攻撃した。ミルズは、当時の傾向に抗して……彼のやり方が重要な役割を果たす社会学を擁護したかったのだ」としたうえで、ミルズの個人史（ミクロ）と、歴史（メソ・マクロ）をつなぐことのできる社会学的想像力について、「ミルズの理解では、社会学的想像力とは、一般にいえば、文化共同体によって獲得されつつ、社会科学研究界の外部者に向けて放った文化的期待であった」と指摘する。

これは、社会学者のやや気取ったアカデミックな物言いである。要するに、ミルズは自分たちが生きる社会と、自分たちの生き方との関連性を、社会学で生活する人びと、それ以外の人たちに対して、社会学的想像力を働かすことを期待したのである。では、ミルズ以後の社会学はどうなったのか。ミューセットは、いくつかの時期にわけて考察する。学生運動が盛んであった一九六〇年代から一九七〇年代後半、ミルズは生きていれば、盛んに発言したとみる。だが、ミルズが亡くなっていたからこそ、ミルズの社会学的想像力論が、当時の学生運動などによる大学批判にマッチしていたかもしれない、とも指摘する。

たしかに、当時、米国だけに限らず日本でも、大学でのアカデミックな研究と外部世界のあり方との関係が問われ、狭い学問的領域―丸山真男のいう「蛸壺」―から抜け出した学際的研究が必要とされた。ミューセットの北欧諸国などでも、そうだったのかもしれない。ミューセットによれば、つぎの時期は一九八〇年以降であり、「混乱が収束し、社会諸科学がそれぞれの研究方法を再び確立させるためのプロジェクトに着手しはじめた時期」とされる。この試行はいまも続いているというのが、ミューセットの見方である。ミューセットは、「わたしたちがミルズの社会学的想像力の真の意味にそって行動できる唯一の方法」とは何か、を問いかける。彼は、「わたしたちが研究方法の異種混交性を認め、創意に富む学際研究と賢く方法論を、さまざまに組み合わせることを実行できれば、そのことはわたしたちの資産となるだろう」と指摘する。

この見方は、ミルズ社会学についての著作をもつ、英国の社会学者ジョン・ブリューワーにも共通する。彼は自身の社会学観について、「ミルズと同様に、私は社会学を本来的に学際的な学問であるとみなしている。この点に関しては、『社会学的想像力』の第一章の情報満載の二番目の脚注で、ミルズが社会学を学際的学問であると位置づけたこと」に言及する。(*)

ブリューワーは、「ミルズを擁護するとしたら、彼の社会学著作の評価でしばしば見過ごされてきたことのひとつは、つねに創造する社会学者であったことだ」と前置きしたうえで、ミルズが大学内で学派をつくったわけでもなく、ウェーバー主義者から後年マルクス主義者へと転向しつつ、つねに新しい考えなどにはオープンであり、同僚たちとの口論が絶えなかったこと―先に紹介したアロノウィッツの指摘に呼応する―を紹介する。

ブリューワーは、新しい考えを求めたミルズが、もうすこし長生きをしていれば、彼の社会学もまた変わったはずであるとみなす。皮肉にも、ブリューワーも言うように、『社会学的想像力』だけが最後に残されたのである。現在でも、ミルズの名前は、この著作によって忘れ去られることはない。『社会学的想像力』という著作は、ブリューワーのいうように、社会学には、いろいろな研究方法論があってよいことを示唆している「車のバンパーステイッカー、旗、肖像（アイコン）」みたいのものかもしれない。

このシンポジウムでの報告論文をみるかぎり、多くの論者は学部生のころに、ミルズの『社会学的想像力』に大いに刺激を受けている。刺激を受けたがゆえに、ミルズの社会学的方法論

＊「私は『社会科学（the social science）』という語よりも、『社会研究（the social studies）』の方が好ましいと思う。それは、私が自然科学者を好まないからではなく（反対に私は大いに好む）、『科学』という語がこれまでの間に、大きな威信と不明確な意味を獲得してしまったからだ。……『行動科学（The Behavioral Sciences）』の語を用いるのは全く不可能である。……もっともよい言葉には歴史学（と人類にかんする限りでの心理学）がふくまれるであろうが、われわれは用語をめぐって闘争するのではなく、用語をつかって議論するのであるから、それはできるだけ論議の余地のないものでなければならない。……私は同僚たちが『社会学的想像力』という用語を受け入れてくれると思っている。私の原稿を読んだ政治学者たちは『政治学的想像力』を示唆したが、人類学者たちは『人類学的想像力』の語を提案した。だが、重要なのは、本書を通じて明らかになっていくその観念内容である。この語によって私が考えていることは、社会学者によっては全

の曖昧さに言及している。だが、この疑問に対する解答のすべてを、改訂されることのなかった『社会学的想像力』に求めるのも酷というものであろう。最後に、ブリューワーは、英国生まれで米国社会学会会長を務めたマイケル・ブラウォイ（一九四七〜）が提唱した「公衆（パブリック）社会学」を、ミルズ社会学の現代的意義に引き寄せて、つぎのように述べている。

「『社会学的想像力』は、社会学を実践するラディカルで新しいやり方のモチーフではもはやない。ブラウォイの公衆（パブリック）社会学の言語が、現在の隠語である。重要な社会学の仕事とは、人びとの個人的問題を公的課題に転換させるものだ、というミルズの有名な金言には関係なく、このよく引用された表現は、社会学の公的責任について二一世紀の社会学者が直面する規範的な答えにはならなくなっているようだ。『公衆（パブリック）』という用語は、権力の性質に関する近現代に現れた一連の規範的質問への符号なのだ。……『公衆（パブリック）』という形容詞は社会学の目的と要点に対する違反的な問いかけを思い起こさせる。だが、これらの規範的な問いに取り組むのはミルズではなく、より新しい世代の社会学者だ。でも、ミルズは私の中のスターであり、今後もそうであろうが、わたしの世代は、若い世代たちが異なった視点から自分たちのキャリアを切り開けるように、道をつくっているのだ」

製造業などの現場参与観察派であったブラウォイは、公衆（パブリック）が関与する諸問題から遠ざかって、専門家の狭い領域で、社会学的方法論の精緻さなどを競い合うような社会学のあり方に警鐘を鳴らしたのである。ブリューワーは、「公衆（パブリック）」を社会学の新しい用語であることを強く示唆した。だが、それはまさにミルズが『社会学的想像力』でとりあげた「社会構造に関するパブリックな課題（the public issues of social structure）」とも重なり合うのではあるまいか。(**)

く表明されていないのである。……私が『社会学的想像力』を言うのは、次のごとき理由に依る。（Ⅰ）すべての靴屋は革を唯一物と思い込む。そして私はよかれあしかれ社会学者である。（Ⅱ）歴史的にみると、精神のこの資質は、古典的な社会学者によって、他の社会科学者の場合より一層しばしば、しかもより生きいきと表現されたものである。（Ⅲ）私は以下において奇妙な社会学の諸派を批判的に検討しようとしているので、私の立場を示す反対語が必要である。」鈴木広訳『社会学的想像力』紀伊国屋書店（一九六九年）。

**ブラウォイのいう「パブリック」な関与を持つべき社会学とは、彼の提示する「誰のために」と「何のために」という視点から構築されるべきものである。専門家のための理論精緻化のための社会学は「専門家的社会学」、企業や政府のための政策実施を意識した社会学は「政策社会学」、専門家のための批判を前提とした社会学は「批判社会学」に対して、公衆（パブ

4

ブラウォイのパブリック社会学観(*)について、ミルズとの関連ですこしばかりふれておく。二〇〇四年の米国社会学会年次総会での会長講演「パブリック社会学に向けて」で、ブラウォイは、パブリック社会学と一括りにいっても、さまざまな分野の社会学から構成される有機体的なパブリック社会学があるとしてうえで、ミルズを「伝統的なパブリック社会学のチャンピオン」であったとして、つぎのように述べている。

「C・ライト・ミルズは、(『社会学的想像力』で―引用者注) 一九五〇年代の専門家社会学が見当違いで脱線しがちで、難解な大理論 (誇大理論) や社会的文脈からデータを遊離させた無意味な抽象的経験論へ向かっていることを告発したのである。……ミルズは、ラザースフェルドの社会調査研究所で求められた不自由な実用性に我慢できず、専門的社会学からパブリック社会学―『新しい権力者』、『ホワイト・カラー』、『パワー・エリート』―へ転向したのだ。ミルズはその短い人生の後半に、霊感的ともいえる『社会学的想像力』の社会学で期待と背任行為に及んだのだ。」

ブラウォイは、ミルズの「社会学的想像力」の社会学は、パブリック社会であると同時に、批判的社会学であったとも振り返る。ブラウォイは、年次総会の会長報告の最後で、彼の範疇では「批判的社会学」に属するアルビン・グールドナー (一九二〇～八〇) の「パルチザンとしての社会学者」からの一節―「経済学の立場が市場とその拡張にあり、政治学の立場が国家と政治的安定の保証にあるなら、社会学の立場は市民社会と社会の擁護である。市場の暴政と専制政治の時代に、社会学とは、公衆の面前において特に、人間性を擁護するものである」―を引用して、社会の諸問題に関与しつづける社会学の重要性を再度強調している。

リック) のための社会的な意味づけを重視する社会学を「公衆 (パブリック) 社会学」とした。ブラウォイは「パブリック社会学」という用語を米国的造語であるとも指摘している。Michael Burawoy, "*2004 Presidential Address*, For Public Sociology, American Sociological Review, 2005, Vol.70. ブラウォイの視点は、中小企業研究においても、中小企業学たるべきものの方向性を考えるうえで示唆に富む。この点については、つぎの拙著を参照。寺岡寛『強者論と弱者論―中小企業学の試み―』信山社 (二〇一五年)。

* 「パブリック」は、なかなか日本語に置き換えるのが容易でない用語の一つである。通常、「公衆」と訳される。また、「公共政策 (パブリック・ポリシー)」という用語がよく使われるようになった。パブリックが「公共」と訳されることも多くなった。一般に、公共政策とは政府という「公」権力をもつ政策主体が実施する道路網や港湾・通信などの整備、市場での

この約四年後に、ブラウォイは、「C・ライト・ミルズへの公開書簡」という短文を寄稿している。(**) 内容的は二〇〇四年の会長報告の補論といってよい。ブラウォイは、修士課程の学生のときに『社会学的想像力』、とりわけ、その補論である「知的職人論」に感動したことを振り返ったうえで、会長報告ではミルズの影響の下で二〇〇四年の「パブリック社会学」を取り上げたことを振り返っている。ただし、現在、ミルズが活躍したころとは、社会学を取り巻く情勢も社会学を学ぶ学生の気質や関心も、大きく異なってきていることを率直に語っている。

現在は、ミルズのいう個人的課題を社会的文脈に還元させて理解することが、必ずしも容易な作業でなくなってきた、という。ブラウォイは、ミルズが『パワー・エリート』や『ホワイト・カラー』で描いた米国社会そのものも、大きく変容したことで、ミルズの著作は、現在の社会学学徒にとって理解しがたいところもあると指摘する。

ブラウォイは『社会学的想像力』の影響について、「今日、権力の世界は、それが企業であれ国家であれ、社会学そのものに熱心ではなくなっている。それはたぶん、ミルズが社会学にラディカルな色をつけるのに成功を収めすぎたからだ……わたしたちは、公衆に対してどのようにはなしをすべきなのか。あなた―ミルズ―のやり方だが、わたしはあなたに言うべきだが、あなたは公衆をしゃべり負かすのだ。あなたは自分自身を公衆の上に置いている。事実、あなたは、周りのニューヨークのインテリ以外にも公衆が存在するとは思っていなかった。残りについては、あなたには大衆社会、細分化され、欺かれ、操作される個々人しかいなかったのだ。……あなたの孤立には、深くエリート主義が入り込んでいた。あなたは、わたしが名づけるところの『伝統的パブリック社会学』、つまり、公衆のために執筆されたが、公衆とともに執筆されなかった著作を代表していたのだ」と指摘する。

ブラウォイも、年次大会報告でもふれているように、米国社会学会だけで当時、一万四千人

公平・公正なルールの制定、福祉政策の総称である。

この意味では、公共政策とは大多数の国民＝公衆のための公権力による政策である。この文脈では、パブリック社会学を「公共社会学」と訳すべきなのか。公衆や公共という以外の言葉では、たとえば mass（一般大衆）、people（一般民衆）、crowd（一般大衆―とりわけ、専門家や特権階級を意識して）がある。パブリックという言葉は語源的には、ラテン語の *populus*（人民）から来ていることからすれば、特権階級などを除く社会を構成する「大多数の人びと」ということになろう。といっても、大多数の人びとのための社会学では長すぎる、日本でも用いられるようになったパブリック社会学としておく。

**Michael Burawoy, *"Open Letter to C. Wright Mills" Antipode* Vol.40, No.3, 2008.

の会員を抱え、二四人のフルタイムの学会事務職員—日本にこのような事務体制をもつ学会などあるだろうか—、学部で社会学を専攻する学生数、かなりの数の博士課程学生も存在し、彼らあるいは彼女らを収容する大学の教員の席は博士号取得者数に比べ少ないものの、連邦政府や州政府や地方自治体、研究機関、民間企業や財団に職をえる機会が、日本よりはるかに多い米国では、社会学者自体の大衆化はミルズの時代と比べものにならないほど進展している。

還元すれば、米国では社会学者を対象とする「社会学」が成立する。たしかに、この意味では、ミルズもまた時代の子であったにちがいない。ミルズが当時の専門的社会学への批判は公衆にとっては、いわゆる「上から目線」のメッセージであった。いまでは、それは中ぐらいかその下からの目線となって当然であろう。ミルズは、その後の米国社会でのフェミニズムの登場、労働組合運動の衰退、金融資本主義とグローバル経済の進展などを知らない。だからといって、ミルズも当時の現実社会の分析を強く意識した以上、現実社会の変化によって、今日の社会学学徒にとって重要なことは、ミルズの分析の前提となる与件から新たに分析を行うことであろう。ブラウォイは「長い書簡の最後に」と前置きして、公開書簡をつぎのように締めくくる。

「あなたの仕事へのわたしの畏敬に限りはない。社会学史において、あなたの地位は保証されている。あなたはパブリック社会学の先駆者として正しく再発見されてきた。だが、あなたのビジョンは、過去にとらわれたままである。……今日、あなたの個人的単子（モナド）は、専門的社会学、政策社会学、批判社会学、パブリック社会学のマトリックスから成る社会学分業で置き換えられている。……いまでは、社会学的想像力を働かせるだけでは、十分ではないのである。わたしたちは、政治学的想像力をまた必要としているのだ。あなたの長年にわたる崇拝者より」。

米国社会学史を振り返るのが目的ではないこの補論では、ミルズ社会学やミルズ没後五〇年を振り返って、現代社会学のあり方をミルズ批判論から何を学ぶべきかを探った。そこで参考にすべきは、ミクロとマクロ（メソ）との間にある関係を常に問いかける精神の重要性である。個々人の抱える問題や課題が、自分たちの働き生活する地域とのどのような関係をもつのか。また、それが地域社会のかかえる問題や課題とどのような関係にあるのか。わたしたちは、この課題に真剣に取り組んでいるのだろうか。

さらには、わたしたちの地域の問題が、国家あるいは世界全体とどのような関係にあるのか。政策社会学や政治社会学という観点からすれば、地域政策あるいは地域政治、さらには中央政府の政治において、そうした問題や課題のどこを問題とすべきか。ミルズの「社会学的想像力」は、そうしたことを問うことで、わたしたちに刺激を与え続けている。

あとがき

気がつけば、ライト・ミルズとの出会いから三五年ほど経過した。それは、当時、米国中小企業政策史の執筆のために、来る日も来る日も、米国連邦議会の無味乾燥な中小企業（small business）委員会の報告書や公聴会記録を読んでいたときではなかったかと記憶する。偶然手にした『ホワイト・カラー』で、ミルズの米国中小企業経営者（small businessmen）の社会的位置づけに興味をもったのが最初であった。

ミルズは南部の中流ホワイト・カラー家庭に生まれた。米国の中小企業―スモールビジネスへの関心は、メリーランド大学准教授のころに、第二次大戦下の小規模軍事工場公社（SWPC,Smaller War Plants Corporation）(*) のビジネスコンサルタントとして、短期間ではあるが、務めた経験と中小企業経営者たちとの出会いによるだろう。

以後、わたしのなかに眠る社会学的想像力を想起させたいと思ったときに、ミルズの著作を必要に応じて、断片的に読むこと―拾い読み―も多かった。とはいえ、今回は彼の著作をまとめて読んだ。半世紀以上前の著作とはいえ、『社会学的想像力』は、多くの論者の指摘のように、いまでも強烈な刺激を与え続ける不思議な力に溢れた著作である。振り返ってみれば、ミルズとの付き合いも長くなったものだ。

ミルズとの出会いは、経済学分野での研究者として生活してきたわたしに、つねに社会学的な視点を強く意識させてきた(**)。ミルズは『社会学的想像力』で、「社会諸科学の統合とは何を

*この機関についてはつぎの拙著を参照。寺岡寛『アメリカの中小企業政策』信山社、一九九〇年。

**たとえば、つぎの拙著を参照。寺岡寛『中小企業の社会学―もうひとつの日本社会論―』信山社、二〇〇二年。

意味するのだろうか」と自問する。彼の解答は、「わたしたちの時代の重要問題のうちどの問題であっても、それを指摘し解決するためには、資料や概念を選び、そして複数にわたる学問分野の学際的な取り組みの方法論を選択することである」と説いた。

わたしは、自分自身の中小企業研究、とりわけ、その政策研究において、ミルズの考え方に背中を押されてきた。カール・ポランニーではないが、経済は社会に「埋め込まれている」のであって、経済分析であっても、非経済的な要因や制度を考慮しなければならない。とりわけ、経済政策の分析において、この視点を欠いてはならない。

社会学や経済学などでも、一つの流行のようなサイクルがある。ある学説―理論―が流行すると、その理論的手続きの正統性だけが重要視される。だが、学問とは、何を問題視することが大前提である。にもかかわらず、そのことがしばしばどこかに打ち捨てられる。そんなとき、ミルズの著作は大きな刺激となる。さまざまな社会事象のなかから、わしづかみをするようにもっとも大きな問題をつかみ取る―Taking it big―のがミルズのやり方である。

もちろん、そのような知的職人（intellectual craftsman）のやり方では、そこから抜け落ちることも多い。多くの学者は、そのような大ざっぱなやりかたを批判する。数年ほどまえに、「ミルズ没後五〇年」ということで米国や欧州でも、ミルズ社会学に関する論文が発表されたりした。そのような論文にも目を通して、補論でミルズ批判の一端を紹介しておいた。

ミルズが亡くなったころと同様に現在でも、ミルズの方法論の粗雑さが指摘されている。だが、重要であるのは、ミルズの分析的見方が、当時の米国社会の真の問題点を的確にとらえていたかどうかであって、ミルズのやり方についてだけ取り上げ、その是非をめぐって論文を書くことが第一義ではないはずだ。そのようなことも考えながら、気がつけば、わたしの関心は経済学から経済社会学へと移るようになっていた。いずれにせよ、ミルズから受けた刺激のわたしなりの拙いアウトプットが本書である。

このようなミルズ社会学へのある種の回帰は、他方でわたしに若いころに勉強したことへの再関心へと向かうものでもあった。若いころに専攻した技術、あるいは経済地理学を再び考えてみたいという欲求もあった。とくに、化学専攻から経済学に転じた若いころ、地域経済については経済地理学者の川島哲郎先生の下で学んだことが本書の一つの導線となった。わたしにとっては、幸運な出会いであった。本書は中京大学経営研究双書の一冊として刊行される。出版にあたっては、大学関係者にお世話になった。また、出版までの細々した作業など、同文舘出版の市川良之氏、大関温子氏にお世話になった。感謝申し上げたい。

二〇一六年八月

寺岡　寛

参考文献

日本語文献

[あ]

青野豊作『夕張市長まちおこし奮戦記—超過疎化からの脱出作戦—』ＰＨＰ研究所、一九八七年
秋田魁新報社編『あきた平成大合併　自治の行方』秋田魁新報社、二〇一〇年
アステイオン編集委員会編『特集・財政破綻への挑戦』阪急コミュニケーションズ、二〇一〇年
アプセーカー（陸井三郎訳）『ライド・ミルズの世界—大衆社会論批判—』青木書店、一九六二年
阿部恒久『「裏日本」はいかにつくられたか』日本経済評論社、一九九七年
阿部真大『地方にこもる若者たち—都会と田舎の間に出現した新しい社会—』朝日新聞出版、二〇一三年
天達泰章『日本財政が破綻するとき—国際金融市場とソブリンリスク—』日本経済新聞社、二〇一三年
五十嵐恵邦『敗戦の記憶—身体・文化・物語　一九四五〜一九七〇—』中央公論社、二〇〇七年
アリエス、フィリップ（杉山光信訳）『歴史の時間』みすず書房、一九九三年
五十嵐太郎・山崎　亮編『三・一一以後の建築—社会と建築家の新しい関係—』学芸出版社、二〇一四年
石黒　格・李永俊・杉浦裕晃・山口恵子『「東京」に出る若者たち—仕事・社会関係・地域間格差—』ミネルヴァ書房、二〇一二年
磯野誠一・磯野富士子『家族制度—準風美俗を中心として—』岩波書店、一九五八年
井田啓二『国際管理の経済学』新評論、一九七八年
市川宏雄『人口減少時代の鉄道論』洋泉社、二〇一五年

伊藤善市編『都市問題の基礎知識―理論・現状・政策の総合的理解―』有斐閣、一九七五年

井手英策『財政赤字の淵源―寛容な社会の条件を考える―』有斐閣、二〇一二年

――『日本財政　転換の指針』岩波書店、二〇一三年

――編『日本財政の現代史Ⅰ―土建国家の時代　一九六〇～八五年―』有斐閣、二〇一四年

伊藤維年『戦後地方工業の展開―熊本県工業の研究―』ミネルヴァ書房、一九九二年

伊奈正人『ミルズ大衆論の方法とスタイル』勁草書房、一九九一年

猪瀬直樹『日本国の研究』文藝春秋、一九九九年

茨木秀行『世界経済危機下の経済政策』東洋経済新報社、二〇一三年

入江　昭（藤原初枝訳）『太平洋戦争の起源』東京大学出版会、一九九一年

岩崎信彦・矢澤澄子監修『地域社会の政策とガバナンス』（『地域社会学講座』第三巻）東信堂、二〇〇六年

植田浩史・立見淳哉編『地域産業政策と自治体―大学院発「現場」からの提言―』創風社、二〇〇九年

上野千鶴子『生き延びるための思想（新版）』岩波書店、二〇一二年

ヴェブレン、ソースティン（高哲男訳）『有閑階級の理論―制度の進化に関する経済学的研究―』筑摩書房、一九九八年

ウォルファレン、カレル・ヴァン（篠原勝訳）『人間を幸福にしない日本というシステム』毎日新聞社、一九九四年

宇沢弘文『ゆたかな国をつくる―官僚専権を超えて―』岩波書店、一九九九年

宇野史郎『まちづくりによる地域流通の再生』中央経済社、二〇一二年

内橋克人編『経済学は誰のためにあるのか―市場原理至上主義批判―』岩波書店、一九九七年

大石久和『国土と日本人―災害大国の生き方―』中央公論新社、二〇一二年

大谷信介『〈都市的なるもの〉の社会学』ミネルヴァ書房、二〇〇七年

太田聡一『若年者就業の経済学』日本経済新聞出版社、二〇一〇年

大澤真幸編『ナショナリズム論の名著五〇』平凡社、二〇〇二年

大森一宏『近現代日本の地場産業と組織化―輸出陶磁器業の事例を中心として―』日本経済評論社、二〇一五年

大山耕輔『行政指導の政治経済学―産業政策の形成と実施―』有斐閣、一九九六年
岡本雅美監修『自立と連携の農村再生論』東京大学出版会、二〇一四年
奥野信宏『地域は「自立」出来るか』岩波書店、二〇〇八年
小熊英二『〈日本人〉の境界―沖縄・アイヌ・台湾・朝鮮　植民地支配から復帰運動まで―』新曜社、一九九八年
――・上野陽子『〈癒し〉のナショナリズム―草の根保守運動の実証研究―』慶応義塾大学出版会、二〇〇三年
小田切徳美・藤山浩編『地域再生のフロンティア―中国山地から始まるこの国の新しいかたち―』農文協、二〇一三年
小田切徳美『農山村再生に挑む―理論から実践まで―』岩波書店、二〇一三年
――『農山村は消滅しない』岩波書店、二〇一四年
――・藤山浩・石橋良治・土屋紀子『はじまった田園回帰―現場からの報告―』農村漁村文化協会、二〇一五年
小田　実『中流の復活』ＮＨＫ出版、二〇〇七年
小和田泰直編『戦後的知と「私利私欲」―加藤典洋的問いをめぐって―』柏書房、二〇〇一年

［か］

加藤　敦『ソフトウェア・ビジネス―利用側と提供側の双方にたった複眼的研究―』晃洋書房、二〇一二年
加瀬和俊『失業と救済の近代史』吉川弘文館、二〇一一年
柏　雅之・白石克孝・重藤さわ子『地域の生存と社会的企業―イギリスと日本との比較をとおして―』公人の友社、二〇〇七年
加藤　寛『官僚主導国家の失敗』東洋経済新報社、一九九七年
金子勇編『高田保馬リカバリー』ミネルヴァ書房、二〇〇三年
――『地域福祉社会学―新しい高齢社会像―』ミネルヴァ書房、一九九七年
兼村英作『日本、国家財政破綻の現実―国債は元々、返済不能の仕組みだった⁉―』文芸社、二〇一一年
上岡直見『持続可能な交通へ―シナリオ・政策・運動―』緑風出版、二〇〇三年
――『市民のための道路学』緑風出版、二〇〇四年

――――『日本を壊す国土強靭化』緑風出版、二〇一三年
紙屋高雪『町内会は義務ですか？―コミュニティと自由の実践―』小学館、二〇一四年
神谷秀之・桜井誠一『自治体連携と受援力―もう国に依存できない―』公人の友社、二〇一三年
刈谷剛彦・菅山真次・石田浩『学校・職安と労働市場―戦後新規学卒市場の制度化過程―』東京大学出版会、二〇〇〇年
川上征雄『国土計画の変遷―効率と衡平の計画思想―』鹿島出版会、二〇〇八年
川上光彦編『地方都市の再生戦略』学芸出版社、二〇一三年
河宮信郎・青木秀和『公共政策の倫理学』丸善、二〇〇四年
河野健男『日本社会の変化と社会学―家族・地域・生活の場面から―』八千代出版、二〇一〇年
環境エネルギー政策研究所編『地域の資源を活かす再生可能エネルギー事業』金融財政事情研究会、二〇一四年
北川隆吉・島崎稔編『現代日本の都市社会』三一書房、一九六九年
北島　滋『高田保馬―理論と政策の無媒介的合一―』東信堂、二〇〇二年
橘川武郎・連合総合生活開発研究所編『地域からの経済再生―産業集積・イノベーション・雇用創出―』有斐閣、二〇〇五年
木原武一『ルイス・マンフォード』鹿島出版会、一九八四年
木村隆俊『一九二〇年代日本の産業分析』日本経済評論社、一九九五年
熊谷　宏・堀口健治・進士五十八・倉内宗一『わが国農業・農村の再起』農林統計協会、二〇〇九年
熊本学園大学産業経営研究所編『熊本県産業経済の推移と展望―自立と連携をめざす地域社会―』日本評論社、二〇〇一年
経済社会学会編『共通論題・地域コミュニティにおける新しいネットワークの可能性』（経済社会学会年報三六号）現代書館、二〇一四年
経済社会学会編『経済社会学キーワード集』ミネルヴァ書房、二〇一五年
ケインズ、ジョン・メイナード（山岡洋一訳）『ケインズ説得論集』日本経済新聞社、二〇一〇年
小池洋次『政策形成の日米比較―官民の人材交流をどう進めるか―』中央公論新社、一九九九年
香坂　玲『地域再生―逆境から生まれる新たな試み―』岩波書店、二〇一二年

小杉　毅・辻悟一編『日本の産業構造と地域経済』大明堂、一九九七年
小長谷一之『都市経済再生のまちづくり』古今書院、二〇〇五年
小西砂千夫『地方財政のヒミツ』ぎょうせい、二〇一二年
――編『日本財政の現代史Ⅲ―構造改革とその行き詰まり　二〇〇〇年～―』有斐閣、二〇一四年
小長谷一之『都市経済再生のまちづくり』古今書院、二〇〇五年
小室直樹『危機の構造―日本社会崩壊のモデル―』中央公論社、一九九一年
是枝裕和『雲は答えなかった―高級官僚　その死と生―』ＰＨＰ研究所、二〇一四年

［さ］

斎藤　修『商家の世界・裏店の世界―江戸と大阪の比較都市史―』リブロポート、一九八七年
――『地域再生とフードシステム―六次産業、直売所、チェーン構築による革新―』農林統計出版、二〇一二年
斎藤貴男『「心」と「国策」の内幕』筑摩書房、二〇一一年
――『強いられる死―自殺者三万人超の実相―』河出書房新社、二〇一二年
酒井直樹・筒井清忠他『日本社会科学の思想』（『岩波講座社会科学の方法』第三巻）岩波書店、一九九三年
作道洋太郎『関西企業経営史の研究』お茶の水書房、一九九七年
櫻井良樹『地域政治と近代日本―関東各府県における歴史展開―』日本経済評論社、一九九八年
桜田照雄『「カジノで地域経済再生」の幻想―アメリカ・カジノの運営業者の経営を見る―』自治体研究社、二〇一五年
佐々木孝明『不況学の現在』山川出版社、二〇〇九年
佐々木信夫『自治体政策学入門』ぎょうせい、一九九六年
貞包英之『地方都市を考える―「消費社会」の先端から―』花伝社、二〇一五年
佐藤利明『地域社会形成の社会学―東北の地域開発と地域活性化―』南窓社、二〇〇七年
佐藤俊樹『近代・組織・資本主義―日本と西欧における近代の地平―』ミネルヴァ書房、一九九三年

佐藤利明『地域社会形成の社会学―泉北の地域開発と地域活性化―』南窓社、二〇〇七年
佐藤　光『カール・ポラニー―と金融危機以後の世界』晃洋書房、二〇一二年
佐藤主光「地方税改革の経済学」日本経済新聞出版社、二〇一一年
ジェイコブス、ジェイン（中村達也・谷口文子訳）『都市の経済学―発展と衰退のダイナミズム―』TBSブリタニカ、一九八六年
――（香西泰・植木直子訳）『経済の本質―自然から学ぶ―』日本経済新聞社、二〇〇一年
――（香西泰訳）『市場の倫理　統治の倫理』日本経済新聞社、二〇〇三年
――（中谷和男訳）『崩れゆくアメリカ』日経BP社、二〇〇八年
――（山形浩生訳）『アメリカ大都市の死と生』鹿島出版会、二〇一〇年
――（中江利忠・加賀谷洋一訳）『都市の原理』鹿島出版会、二〇一一年
――（中村達也訳）『発展する地域　衰退する地域―地域が自立するための経済学―』筑摩書房、二〇一二年
ジェイムズ、ウィリアム（桝田啓三郎訳）『プラグマティズム』岩波書店、一九五七年
志賀　櫻『タックス・イーター―消えていく税金―』岩波書店、二〇一四年
時事通信社編『全論点・人口急減と自治体消滅』時事通信社、二〇一五年
シューマッハー、エルンスト（小島慶三・酒井懋訳）『スモールイズビューティフル―人間中心の経済学―』講談社、一九八六年
――（酒井懋訳）『スモールイズビューティフル再論』講談社、二〇〇〇年
――（長洲一二・伊藤拓一訳）『宴の後の経済学』筑摩書房、二〇一一年
シューマン、マイケル（毛受敏浩監訳）『スモールマート革命―持続可能な地域経済活性化への挑戦―』明石書店、二〇一三年
下河辺淳監修『政策形成の創出―市民社会におけるシンクタンク―』第一書林、一九九六年
清水義次『リノベーションまちづくり―不動産事業でまちを再生する方法―』学芸出版社、二〇一四年
新藤栄一編『公共政策への招待』日本経済評論社、二〇〇三年
神野直彦『システム改革の政治経済学』岩波書店、一九九八年
――・分権・自治ジャーナリストの会編『自治体倒産』日本評論社、一九九九年

――――・池上岳彦編『租税の財政社会学』税務経理協会、二〇〇九年
――――・小西砂千夫『日本の地方財政』有斐閣、二〇一四年
菅谷　章『日本社会政策史論（増補改訂版）』日本評論社、一九九二年
杉岡碩夫編『中小企業と地域主義』日本評論社、一九七三年
鈴木　亘『財政危機と社会保障』講談社、二〇一〇年
鈴木　浩・山口幹幸・川崎直宏・中川智之編『地域再生―人口減少時代の地域まちづくり―』日本評論社、二〇一三年
須田　寛『新・観光資源論』交通新聞社、二〇〇三年
関　満博・岡本博公編『挑戦する企業城下町―造船の岡山県玉野―』新評論、二〇〇一年

［た］

高木健二『市町村合併の財政論』公人の友社、二〇〇三年
高瀬淳一『武器としての〈言葉政治〉―不利益分配時代の政治手法―』講談社、二〇〇五年
高田保馬『社会学概論』ミネルヴァ書房、二〇〇三年
――――『勢力論』ミネルヴァ書房、二〇〇四年
高橋勇悦監修『改訂版・二一世紀の都市社会学』学文社、二〇〇八年
高畠通敏『地方の王国』岩波書店、一九九七年
田川健三『立ちつくす思想』勁草書房、一九七二年
――――『歴史的類比の思想』勁草書房、一九七六年
高山　巌『現代政治理論における人間像―タルコット・パーソンズ研究序説―』法政大学出版部、一九八六年
高寄昇三『地方財政健全化法で財政破綻は阻止できるか―夕張・篠山市の財政運営責任を追及する―』公人の友社、二〇〇八年
瀧本佳史編『地域計画の社会学―市民参加と分権化社会の構築をめざして―』昭和堂、二〇〇五年
武知京三『近代日本と地域産業―東大阪の産業集積と主要企業群像―』税務経理協会、一九九八年

田中重好『共同性の地域社会学―祭り・雪処理・交通・災害―』ハーベスト社、二〇〇七年
田中宏昌・本多哲夫編『地域産業政策の実際―大阪府の事例から学ぶ―』同友館、二〇一四年
田中裕二・小池洋一編『地域経済はよみがえるか―ラテン・アメリカの産業クラスターに学ぶ―』新評論、二〇一〇年
玉真之介『農家と農地の経済学―産業化ビジョンを超えて―』農文協、一九九四年
玉木研二『ドキュメント占領の秋一九四五』藤原書店、二〇〇五年
田村　明『まちづくりと景観』岩波書店、二〇〇五年
田村　秀『瀬戸際の新潟県・消滅か復権か―一二の課題―』新潟日報事業社、二〇一〇年
玉井金五『防貧の創造―近代社会政策論研究―』啓文社、一九九二年
玉野和志編『ブリッジブック社会学』信山社、二〇〇八年
地域社会学会編『縮小社会における地域再生』（『地域社会学会年報』第二一集）ハーベスト社、二〇〇九年
辻　悟一編『変貌する産業空間』世界思想社、一九九四年
鉄道まちづくり会議編『どうする？鉄道の未来―地域を活性化するために―』（増補・改訂版）緑風出版、二〇〇九年
デュベ、フランソワ（山下雅之監訳、濱西栄司・渡邊拓也訳）『教えてデュベ先生、社会学はいったい何の役に立つのですか？』新泉社、二〇一四年
テンニエス、フェルディナンド（杉之原寿一訳）『ゲマインシャフトとゲゼルシャフト―純粋社会学の基本概念―』岩波書店、一九五七年
トイボネン、トゥーッカ・古市憲寿『国家がよみがえるとき―持たざる国であるフィンランドが何度も再生できた理由―』マガジンハウス、二〇一五年
徳山大学総合経済研究所編『石油化学産業と地域経済―周南コンビナートを中心として―』山川出版社、二〇〇二年
トッド、エマニュエル（平野奉朗訳）『経済幻想』藤原書店、一九九九年
十名直喜編『地域創生の産業システム―もの・ひと・まちづくりの技と文化―』水曜社、二〇一五年
富田俊基『日本国債の研究』東洋経済新報社、二〇〇一年

富永健一・徳安　彰『パーソンズ・ルネッサンスへの招待―タルコット・パーソンズ生誕百年を記念して―』勁草書房、二〇〇四年
富野暉一郎『地方政府・地方主権のすすめ』三一書房、一九九四年
冨山和彦『なぜローカル経済から日本は甦るのか―GとLの経済成長戦略―』ＰＨＰ研究所、二〇一四年
鳥越皓之『環境社会学―生活者の立場から考える―』東京大学出版会、二〇〇四年
豊重哲郎『地域再生―行政に頼らない「むら」おこし―』出版企画あさんてさーな、二〇〇四年

［な］

長尾謙吉・本多哲夫編『大都市圏の地域産業政策―転換期の大阪と『連関』的着想―』大阪公立大学共同出版会、二〇一四年
中河伸俊『社会問題の社会学―構築主義アプローチの新展開―』世界思想社、一九九九年
中筋直哉・五十嵐泰正編『よくわかる都市社会学』ミネルヴァ書房、二〇一三年
中田　実・山崎文夫・小木曽洋司『増補版・地域再生と町内会・自治会』自治体研究社、二〇〇九年
中藤康俊『日本経済と過疎地域の再生』大学教育出版、二〇一四年
中村尚史『地方からの産業革命―日本における企業勃興の原動力―』名古屋大学出版会、二〇一〇年
中野茂夫『企業城下町の都市計画―野田・倉敷・日立の企業戦略―』筑波大学出版会、二〇〇九年
中野秀一郎『タルコット・パーソンズ―最後の近代主義者―』東信堂、一九九九年
中野雅至『財務省支配の裏側―政官二〇年戦争と消費増税―』朝日新聞出版、二〇一二年
中村良夫『都市をつくる風景―『場所』と『身体』をつなぐもの―』藤原書店、二〇一〇年
なにわ物語研究会編『大阪まち物語』創元社、二〇〇〇年
成田龍一『「故郷」という物語―都市空間の歴史学―』吉川弘文館、一九九九年
成沢　光『現代日本の社会秩序―歴史的起源を求めて―』岩波書店、一九九七年
西川一誠『「ふるさと」の発想―地方の力を活かす―』岩波書店、二〇〇九年
野村和宣『生まれ変わる歴史的建造物―都市再生の中で価値ある建造物を継承する手法―』日刊工業新聞社、二〇一四年

[は]

間　宏『経営社会学』（新版）有斐閣、一九八九年
――――『経済大国を作り上げた思想―高度経済成長期の労働エートス―』文眞堂、一九九六年
橋本行史編『地方創生の理論と実践―地域活性化システム論―』創友社、二〇一五年
パーソンズ、タルコット（佐藤勉訳）『社会体系論』青木書店、一九七四年
――――（稲上毅・厚東洋輔訳）『社会的行為の構造（第四分冊）』木鐸社、一九七四年
――――（井門富二雄訳）『近代社会の体系』至誠堂、一九七七年
――――（倉田和四生訳）『社会システム概論』晃洋書房、一九七八年
――――（倉田和四生訳）『社会システムの構造と変化』創文社、一九八四年
――――（丸山哲央訳）『文化システム論』ミネルヴァ書房、一九九一年
――――（徳安彰・油井清光・富永健一・萩本佳代・佐藤成基訳）『宗教の社会学―行為理論と人間の条件（第三部）―』勁草書房、二〇〇二年
――――（富永健一・盛山和夫・高城和義・鈴木健之訳）『人間の条件パラダイム―行為理論と人間の条件（第四部）―』勁草書房、二〇〇二年
――――（油井清光・杉本昌昭・土屋淳二訳）『知識社会学と思想史』学文社、二〇〇三年
――――（武田良三）『社会構造とパーソナリティ』新泉社、二〇一一年
服部民夫『開発の経済社会学―韓国の経済発展と社会変容―』文眞堂、二〇〇五年
パッペンハイム、フリッツ（粟田賢三訳）『近代人の疎外』岩波書店、一九六〇年
バーバラウッド（酒井懋訳）『わが父シューマッハー―その思想と生涯―』お茶ノ水書房、一九八九年
原　武史『団地の空間政治学』NHK出版、二〇一二年
原田正純『水俣病』一九七二年

――『豊かさと棄民たち―水俣学事始め―』岩波書店、二〇〇七年
樋口美雄、S・ジゲール、労働政策研究・研修機構編『地域の雇用戦略―中国の経験に学ぶ〝地方の取り組み〟―』日本経済新聞社、二〇〇五年
菱田信也・山本雄史『再生の町』TAC出版、二〇一〇年
日端康雄『都市計画の世界史』講談社、二〇〇八年
広井良典『人口減少社会という希望―コミュニティ経済の生成と地球倫理―』朝日新聞出版、二〇一三年
広岡和久・自治体問題研究所編『新しい時代の地方自治像と財政―内発的発展の地方財政論―』自治体研究社、二〇一四年
平岡守穂『近代日本の心象風景』木鐸社、一九九五年
平野正樹『地方財政論―受益と負担関係、明確化へのシナリオ―』慶応義塾大学出版会、二〇〇二年
福井勝義編『近所づきあいの風景―つながりを再考する―』昭和堂、二〇〇〇年
福井健策・吉見俊哉監修『アーカイブ立国宣言―日本の文化資源を生かすために必要なこと―』ポット出版、二〇一四年
藤井隆至『柳田国男―「産業組合」と「遠野物語」のあいだ―』日本経済評論社、二〇〇八年
福士隆三『青森県の経済産業事情―なにが所得格差をもたらしたのか―』北の街社、二〇〇九年
副田義也『生活保護制度の社会史』東京大学出版会、一九九五年
藤原章生『ギリシャ危機の真実―ルポ「破綻」国家を行く―』毎日新聞社、二〇一〇年
藤岡秀英『社会政策のための経済社会学』高菅出版、二〇一二年
ブルデュー、ピエール（加藤晴久訳）『市場独裁主義批判』藤原書店、二〇〇〇年
ヘントン、メルビル、ウォルシュ（加藤敏春訳）『市民起業家―新しい経済コミュニティの構築―』日本経済新聞社、一九九七年
北海道総合研究調査会『地域人口減少白書―全国一八〇〇市区町村地域戦略策定の基礎データ・二〇一四―二〇一八―』生産性出版、二〇一四年
ポラ（ン）ニー、カール（玉野井芳郎・栗本慎一郎訳）『人間の経済（一）―市場社会の虚構性―』岩波書店、一九八〇年
――（玉野井芳郎訳）『人間の経済（二）―交易・貨幣および市場の出現―』岩波書店、一九八〇年

――（玉野井芳郎・石井溝・長尾史郎・平野健一郎・木畑洋一・吉沢英成訳）『経済の文明史』筑摩書房、二〇〇三年
――『経済と文明』筑摩書房、二〇〇四年
――『カール・ポラニー―の社会哲学―「大転換以後」―』ミネルヴァ書房、二〇〇六年
――（栗本慎一郎・端信行訳）（野口建彦・栖原学訳）『新訳・大転換』東洋経済新報社、二〇〇九年
――（若森みどり・植村邦彦・若森章孝訳）『市場社会と人間の自由―社会哲学論選―』大月書店、二〇一二年
ホロビッツ、アービング編（青井和夫・本間康平訳）『ライト・ミルズ　権力・政治・民衆』みすず書房、一九七一年
本田由紀『もじれる社会―戦後日本型循環モデルを超えて―』筑摩書房、二〇一四年
――『社会を結びなおす―教育・仕事・家族の連携へ―』岩波書店、二〇一四年
本間義人『土木国家の思想―都市論の系譜―』日本経済評論社、一九九六年
――『地域再生の条件』岩波書店、二〇〇七年

［ま］

毎日新聞社編『第三回人間とは何か？世界写真展　明日はあるか』毎日新聞社、一九七五年
前田靖一『財政破綻―ドイツマルク一兆分の一のデノミ―』ミヤオパブリッシング、二〇一二年
増田　正・友岡邦之・片岡美喜・金光寛之編『地域政策学事典』勁草書房、二〇一一年
松浦正孝『財界の政治経済史―井上準之助・郷誠之助・池田成彬の時代―』東京大学出版会、二〇〇二年
松尾尊兊『石橋湛山評論集』岩波書店、一九八四年
松下圭一『シビル・ミニマムの思想』東京大学出版会、一九七一年
――『現代政治の基礎理論』東京大学出版会、一九九五年
松下竜一・森崎和江他『さまざまな戦後（第一集）』日本経済評論社、一九九五年
松永桂子『創造的地域社会―中国山地に学ぶ超高齢社会の自立―』新評論、二〇一二年
マルクス、カール（城塚登・田中吉六訳）『経済学・哲学草稿』岩波書店、一九六四年

マンフォード、ルイス（生田勉訳）『歴史の都市　明日の都市』新潮社、一九六九年
――――（樋口清訳）『機械の神話―機械と人類の発達―』河出書房新社、一九七一年
――――（生田勉訳）『ペンタゴンの権力―機械の神話（第二部）―』河出書房新社、一九七三年
――――（中村純夫訳）『現代都市の展望』鹿島研究所出版会、一九七三年
――――（生田勉訳）『都市の文化』鹿島出版会、一九七四年
――――『人間―過去・現在・未来―』（上・下）岩波書店、一九七八年、一九八四年
――――（生田勉・山下泉訳）『現代文明を考える―芸術と技術―』講談社、一九九七年
――――（関裕三郎訳）『ユートピアの系譜―理想の都市とは何か―』新泉社、二〇〇〇年
――――（生田勉・横山正訳）『都市と人間』新思索社、二〇〇六年
――――（富岡義人訳）『褐色の三十年―アメリカ近代芸術の黎明―』鹿島出版会、二〇一三年
溝口禎三『文化によるまちづくりで財政赤字が消えた―都市再生豊島区篇―』めるくまーる、二〇一一年
溝口雄三・浜平武志・平石直昭・宮島博史編『近代化像』東京大学出版会、一九九四年
見田宗介『現代社会の理論―情報化・消費化社会の現在と将来―』岩波書店、一九九六年
宮島　洋『高齢化時代の社会経済学―家族・企業・政府―』岩波書店、一九九二年
宮津大輔『現代アート経済学』光文社、二〇一四年
宮本常一『宮本常一著作集二―日本の中央と地方―』未来社、一九六七年
――――『宮本常一著作集二三―産業史三篇―』未来社、一九七六年
三和　治『生活保護制度の研究』学文社、一九九九年
ミルズ、ライト（村上光彦訳）『第三次世界大戦の原因』みすず書房、一九五九年
――――（村上光彦訳）『キューバの声』みすず書房、一九六一年
――――／ガース、H（山口和男・犬伏宣宏訳）『マックス・ウェーバー―その人と業績―』ミネルヴァ書房、一九六二年
――――（陸井四郎訳）『マルクス主義者たち』（上・下）青木書店、一九六四年

――（鈴木広訳）『社会学的想像力』紀伊国屋書店、一九六五年
――（本間康平訳）『社会学とプラグマティズム―アメリカ思想研究―』紀伊国屋書店、一九六九年
――（杉政孝訳）『ホワイト・カラー―中流階級の生活探求―』東京創元社、一九七一年
――（河村望・長沼秀世訳）『新しい権力者―労働組合幹部論―』青木書店、一九七五年
――（鵜飼信成・綿貫譲治訳）『パワー・エリート』（上・下）東京大学出版会、二〇〇〇年
三輪芳郎『政府の能力』有斐閣、一九九八年
森岡清志編『地域の社会学』有斐閣、二〇〇八年
森賀盾雄『産業文化都市創造論―市民的基礎と地域の固有性―』コスモの本、二〇〇九年
森下　正『空洞化する都市型製造業集積の未来―革新的中小企業経営に学ぶ―』同友館、二〇〇八年
諸富　徹編『日本財政の現代史Ⅱ―バブルとその崩壊一九八六～二〇〇〇年―』有斐閣、二〇一四年

［や］

安田信之助編『地域発展の経済政策―日本経済再生へむけて―』創成社、二〇一二年
矢野恒太記念会編『データでみる県勢』国勢社、各年版
山出　保『金沢の気骨―文化でまちづくり―』北國新聞社、二〇一三年
矢作　弘『都市はよみがえるか―地域商業とまちづくり―』岩波書店、一九九七年
――『縮小都市の挑戦』岩波書店、二〇一四年
藪野祐三『ローカル・デモクラシーⅠ―分権という政治的仕掛け―』法律文化社、二〇〇五年
――『ローカル・デモクラシーⅡ―公共という政治的仕組み―』法律文化社、二〇〇五年
――『社会力の市民的創造―地域再生の政治社会学―』法律文化社、二〇一〇年
山川充夫編『日本経済と地域構造』原書房、二〇一四年
山口恵子編『故郷サバイバル―フィンランドと青森のライフスタイル―』恒星社厚生閣、二〇一二年

山崎　亮・ＮＨＫ「東北発・未来塾」制作班『まちの幸福論―コミュニティデザインから考える―』ＮＨＫ出版、二〇一二年
山崎　怜『《安価な政府》の基本構成』信山社、一九九四年
山下祐介『地方消滅の罠―「増田レポート」と人口減少社会の正体―』筑摩書房、二〇一四年
読売新聞北海道支社・夕張支局編著『限界自治夕張検証―女性記者が追った六〇〇日―』梧桐書院、二〇〇八年
寄本勝美『政策の形成と市民―容器包装リサイクル法の制定過程―』有斐閣、一九九八年

［ら］

ラインハート、カーメン／ロゴフ、ケネス（村井章子訳）『国家は破綻する―金融危機の八〇〇年―』日経ＢＰ社、二〇一一年
ラミス、Ｃ・ダグラス『経済成長がなければ私たちは豊かになれないのだろうか』平凡社、二〇〇四年

［わ］

若森みどり『カール・ポランニ――市場社会・民主主義・人間の自由―』ＮＴＴ出版、二〇一一年
渡辺　深『経済社会学のすすめ』八千代出版、二〇〇二年

外国語文献

Aronowitz, Stanley, *Taking it Big: C. Wright Mills and the Making of Political Intellectuals*, Columbia University Press, 2012.
Blyth, Mark, *Great Transformation: Economic Idea and Institutional Change in the Twentieth Century*, Cambridge University Press, 2002.
Blyth, Mark, *Austerity: The History of A Dangerous Idea*, Oxford University Press, 2013.
Hayden,Tom, *Radical Nomad :Wright Mills and His Times*,Paradigm, 2006.
Horowitz, Irving Louis, *C. Wright Mills :An American Utopia*, The Free Press, 1983.

Kerr, Keith, *Postmodern Cowboy: C. Wright Mills and a New 21st Century Sociology*, Paradigm Publishers, 2009.

Mills, C. Wright, *The Sociological Imagination: Fortieth Anniversary Editon,* Oxford University Press, 2000.

———, *The Politics of Truth: Selected Writings of Wright Mills/Selected and Introduced by John H.Summers*, Oxford University Press, 2008.

Mills, Kathryn ed., *Wright Mills: Letters and Autobiographical Writings*, University of California Press, 2000.

Parson, Talcott, *The Social System*, Quid Pro Books, 2012.

Press, Haward, *C.Wright Mills*, Twayne Publishers, 1978.

Schafer, Armin and Streeck Wolfang, *Politics in the Age of Austerity,* Polity Press, 2013.

Scott, John and Ann Nilsen, *C.Wright Mills and the Sociological Imagination: Contemporary Perspectives*, Edward Elgar Publishing Limited, 2013.

Summers, H. John,ed.,*The Politics of Truth: Selected Writings of C.Wright Mills*, Oxford University Press, 2008.

Tillman, Rick, *C.Wright Mills: A Native Radical and His American Intellectual Roots*, The Pennsylvania University Press, 1984.

《ま　行》

《や　行》

《ら　行》

人名索引

《あ　行》

《か　行》

《さ　行》

《な　行》

《は　行》

《た　行》

《さ　行》

事項索引

【著者紹介】

寺岡　寛（てらおか・ひろし）

1951年　神戸市生まれ
中京大学教授，経済学博士（京都大学）
主　著
『アメリカの中小企業政策』信山社（1990年），『アメリカ中小企業論』信山社（1994），『アメリカ中小企業論（増補版）』信山社（1997年），『中小企業論』（共著）八千代出版（1997年），『日本の中小企業政策』有斐閣（1997年），『日本型中小企業』信山社（1998年），『日本経済の歩みとかたち』信山社（1999年），『中小企業政策の日本的構図』有斐閣（2000年），『中小企業と政策構想』信山社（2001年），『日本の政策構想』信山社（2002年），『中小企業の社会学』信山社（2002年），『スモールビジネスの経営学』信山社（2003年），『中小企業政策論』信山社（2003年），『企業と政策』（共著）ミネルヴァ書房（2003年），『アメリカ経済論』（共著）ミネルヴァ書房（2004年），『通史・日本経済学』信山社（2004年），『中小企業の政策学』信山社（2005年），『比較経済社会学』信山社（2006年），『起業教育論』信山社（2007年），『スモールビジネスの技術学』信山社（2007年），『逆説の経営学』税務経理協会（2007年），『資本と時間』信山社（2007年），『経営学の逆説』税務経理協会（2008年），『近代日本の自画像』信山社（2009年），『学歴の経済社会学』信山社（2009年），『指導者論』税務経理協会（2010年），『アレンタウン物語』税務経理協会（2010年），『市場経済の多様化と経営学』（共著）ミネルヴァ書房（2010年），『アジアと日本』信山社（2010年），『イノベーションの経済社会学』税務経理協会（2011年），『巨大組織の寿命』信山社（2011年），『タワーの時代』信山社（2011年），『経営学講義』税務経理協会（2012年），『瀬戸内造船業の攻防史』信山社（2012年），『田中角栄の政策思想』信山社（2013年），『地域文化経済論』同文舘（2014年），『恐慌型経済の時代』信山社（2014年），『福島後の日本経済論』同文舘（2015年），『強者論と弱者論』信山社（2015年）

《検印省略》
平成28年9月20日　初版発行　　略称：地域社会学

地域経済社会学
―人びと・地域・想像力―

著　者　寺　岡　　寛
発行者　中　島　治　久

発行所　同文舘出版株式会社
東京都千代田区神田神保町1-41　〒101-0051
営業（03）3294-1801　編集（03）3294-1803
振替 00100-8-42935　http://www.dobunkan.co.jp

印刷・製本：萩原印刷

ISBN978-4-495-44251-4